coleção
Logos

Copyright © 2010 by Nadiejda Santos Nunes Galvão e Yolanda Lhullier dos Santos
Copyright da edição brasileira © 2017 É Realizações

Editor
Edson Manoel de Oliveira Filho

Coordenador da Coleção Logos
João Cezar de Castro Rocha

Produção editorial
É Realizações Editora

Diagramação, capa e projeto gráfico
Nine Design Gráfico | Maurcio Nisi Gonçalves

Ilustração da Capa
Cido Gonçalves

Preparação de texto
Mariana Cardoso

Revisão
Fernanda Simões Lopes

Reservados todos os direitos desta obra. Proibida toda e qualquer reprodução desta edição por qualquer meio ou forma, seja ela eletrônica ou mecânica, fotocópia, gravação ou qualquer outro meio de reprodução, sem permissão expressa do editor.

CIP-BRASIL. CATALOGAÇÃO NA PUBLICAÇÃO
SINDICATO NACIONAL DOS EDITORES DE LIVROS, RJ

S236f

    Santos, Mário Ferreira dos, 1907-1968
        Filosofias da afirmação e da negação / Mario Ferreira dos Santos ; coordenação João Cezar de Castro Rocha. - 1. ed. - São Paulo : É Realizações, 2017.
        320 p. ; 23 cm. (Logos)

    Inclui índice
    ISBN 978-85-8033-310-7

    1. Filosofia. I. Rocha, João Cezar de Castro. II. Título. III. Série.

17-45034   CDD: 100
                                                                                             CDU: 1

28/09/2017   29/09/2017

É Realizações Editora, Livraria e Distribuidora Ltda.
Rua França Pinto, 498 · São Paulo SP · 04016-002
Caixa Postal: 45321 · 04010-970 · Telefax: (5511) 5572 5363
atendimento@erealizacoes.com.br · www.erealizacoes.com.br

Este livro foi impresso pela Gráfica Loyola em outubro de 2017. Os tipos são das famílias Impact e Minion Pro. O papel do miolo é o Lux Cream 70 g, e o da capa, cartão Duplex 250 g.

2

MÁRIO FERREIRA DOS SANTOS

FILOSOFIAS DA AFIRMAÇÃO E DA NEGAÇÃO

É Realizações
Editora

SUMÁRIO

Nota do editor..................7

Prólogo..................9

Diálogos sobre a verdade e a ficção..................19

Diálogo sobre o fundamento de todas as coisas..................33

Diálogo sobre o ser e o nada..................39

Diálogo sobre o ceticismo..................47

Diálogo sobre o relativismo..................59

Diálogo sobre o idealismo..................65

Diálogo sobre o idealismo anti-intelectualista..................71

Diálogo sobre a fenomenologia..................79

Diálogo sobre a verdade..................87

Diálogo sobre o critério do conhecimento..................101

Alguns pequenos diálogos..................111

Diálogo sobre a coragem..................129

Diálogo sobre a verdade e o erro..................139

Diálogo sobre a existência do mundo exterior..................145

Diálogo sobre os conceitos universais..................151

Diálogo sobre a demonstração e o método..................159

Diálogo sobre os preconceitos modernos...............165
Um diálogo sobre Deus...............169
Um diálogo sobre a matéria...............179
Diálogo sobre a criação...............187
Diálogo sobre a metafísica...............199
Diálogo sobre Platão...............211
Diálogo sobre Kant...............219
Diálogo sobre Pitágoras...............225
Diálogos sobre os sofistas modernos...............243

Textos Críticos

João Cezar de Castro Rocha
Arqueologia de um pensamento e de um estilo:
a obra dialógica de Mário Ferreira dos Santos...............253

André Gomes Quirino & Ian Rebelo Chaves
Impressões sobre *Filosofias da Afirmação e da Negação*...............269

Arquivo Mário Ferreira dos Santos...............287

Índice analítico...............307
Índice onomástico...............317

Nota do editor

Logo no princípio deste livro, o filósofo Mário Ferreira dos Santos esclarece o sentido arquitetônico de sua reflexão:

> Não é difícil demonstrar o que postulamos agora. Em nossa *Filosofia da Crise*, mostramos que todo existir finito é crise. E por isso também o é o homem em todos os aspectos da sua existência. Mas a crise, que aponta a separação e a negação relativas, não é a prova da negação absoluta.

No livro que ora publicamos, as duas pulsões, negativa e afirmativa, se confrontam por meio de um conjunto de diálogos, colocando os dois títulos em paralelo. Por isso, *Filosofias da Afirmação e da Negação* é o segundo livro publicado na nova fase de edição das obras do grande filósofo.

Fiel ao projeto de colocar a É Realizações a serviço do legado de Mário Ferreira dos Santos, esta reedição conta com índices analítico e onomástico, cuja principal finalidade é a de elaborar um glossário que explicite os eixos da produção do autor de *Filosofia Concreta*. Pretendemos, assim, estimular pesquisas inéditas em torno de sua obra.

Nos últimos meses, André Gomes Quirino e Ian Rebelo Chaves, supervisionados por João Cezar de Castro Rocha, trabalharam intensamente na catalogação e organização do Arquivo Mário Ferreira dos Santos / É Realizações. Graças à generosidade da família do filósofo, tivemos acesso a documentos de ordem variada e mesmo livros inéditos. Nesta reedição, reproduzimos achados de grande importância para a reconstrução do pensamento de Mário Ferreira dos Santos. De igual modo, os jovens pesquisadores contribuem com uma reflexão sobre *Filosofias da Afirmação e da Negação*.

Não é outro nosso objetivo: ampliar ao máximo o círculo de leitores da fundamental contribuição de Mário Ferreira dos Santos à cultura filosófica. Afinal, em suas sábias palavras, que são hoje mais precisas do que nunca, "a verdade é que o negativismo não se sustenta por muito tempo".

Edson Manoel de Oliveira Filho

Prólogo

Não se pode deixar de reconhecer que Nietzsche foi o grande profeta do século XIX. A sua antevisão do século XX está confirmada, pois a ascensão do niilismo, em sentido filosófico, conhece um novo avatar. E dizemos avatar porque, nas épocas de decadência dos ciclos culturais, não é outro o espetáculo a que se assiste. Julgamos conveniente expressar aqui num bem rápido esboço, embora veemente, a fisionomia de nossa época de farisaísmo e filisteísmo intelectual, em que a moeda falsa substitui a verdadeira, em que as mais abstrusas e estultas doutrinas, já refutadas com séculos de antecedência, surgem como "novidades", que atraem para o seu âmbito as inteligências deficitárias de nossa época, que cooperam, conscientemente ou não, na tentativa de destruir o que havia de mais positivo no pensamento humano.

Há necessidade de denunciar esse aviltamento da cultura e dos valores, e também demonstrar a improcedência das tentativas de dissolver o que havia de mais elevado no pensamento humano.

Neste prólogo, faremos o diagnóstico. A terapêutica vem depois, nos diálogos, nos quais examinamos a falta de base das afirmativas niilistas, da filosofia da negatividade, a filosofia do *não*, em luta com a filosofia positiva, a filosofia afirmativa, a filosofia do *Sim*. A ação destrutiva das doutrinas negativistas já provocou muitas lágrimas e derramou muito sangue. Estamos vivendo em pleno niilismo, e este está alcançando as suas fronteiras. E é um dever dos que se colocam do lado da afirmação e da positividade trabalhar, afanar-se, esforçar-se para combater a sanha da decadência, cujos vícios estimularam inúmeros males à humanidade e ainda prometem outros maiores.

O niilismo moderno tem suas raízes em dois fatores importantes: nos erros filosóficos dos sofistas modernos e na crise econômica.

Os que julgam que se é capaz de explicar os primeiros em função dos segundos esquecem-se de que a sofística não nasceu entre nós. Ela se repete em nós, quando as condições ambientais lhe são favoráveis. Assim, os fatores ideais encontram um campo fértil para o seu desenvolvimento quando os fatores reais lhes dão o conteúdo fático, que os fundamentam de modo melhor e mais seguro.

A economia implica a inteligência. Não é ela uma obra animal, mas humana. O fato econômico não é um simples produto do esforço físico, mas, sobretudo, da direção inteligente. Se não fosse assim, os animais seriam capazes de construir uma economia. O fato econômico é um fato cultural, e não meramente físico. Nele se revela uma escolha, um arbítrio da inteligência. Nele, há a direção dada aos esforços pela consciência e pelo saber humanos. A economia não cria a inteligência, mas é um produto desta, embora a estimule. Não é um produto puro e simples, mas sim uma síntese da natureza e do espírito.

Por sua vez, a crise instaurada nas ideias, a qual testemunha a invasão do niilismo, tem suas raízes mais longínquas nas próprias ideias, e seu esforço e intensidade são estimulados pelos fatos econômicos.

Não é difícil demonstrar o que postulamos agora. Em nossa *Filosofia da Crise*, mostramos que todo existir finito é crise. E por isso também o é o homem em todos os aspectos da sua existência. Mas a crise, que aponta a separação e a negação relativas, não é a prova da negação absoluta. Se há o não ser relativo, nada nos pode levar à afirmação do nada absoluto ao qual tende inevitavelmente o niilismo, quando levado até às suas últimas consequências. A crise revela dois aspectos antagônicos, mas escalares: a direção de afastamento, o diástema, que é a *diácrise*, e o de aproximação, a *síncrise*. Naquela obra, demonstramos que as ideias diacríticas tendem a separar e a afastar o homem da solução dos seus problemas, como as ideias sincríticas apenas oferecem falsas soluções. A crise é inevitável, mas pode ser agravada. O homem só pode salvar-se no homem. A solução da crise não pode ser encontrada na reunião mecânica das coisas, mas através de uma transcendência que a supere.

Na sociedade medieval, havia classes também. Mas havia um sentido universalizante (católico, de *Katholikon* dos pitagóricos), que unia os homens na transcendência religiosa. A sociedade moderna surge quando aquela perde aos poucos esse poder unificador. A diácrise instala-se. Surge o progresso econômico, e o homem domina cada vez mais a natureza graças à ciência e, sobretudo, à técnica. Seria absurdo negar os aspectos positivos desta vitória, mas absurdo também seria negar-lhe os aspectos negativos. A alternância é sempre inevitável nas coisas humanas, e, se não considerarmos os polos antagônicos, teremos sempre uma visão abstratista e falsa da realidade.

O desenvolvimento da técnica e da ciência, com a redução do poder sintetizador transcendente da religião, fez o homem perder muito da sua dignidade. Transformando-o em uma coisa entre coisas, o progresso econômico fez-se também à custa do valor humano. Quando predominava o sistema artesanal, o homem tinha um valor econômico, mas também, e sobretudo, moral. Numa sociedade que reverte a escala de valores nobres para instaurar uma escala de valores utilitários, o homem passa a ser nada mais que um instrumento de uma grande máquina de produção. Um instrumento que a inteligência apenas valoriza, mas já palidamente, porque a máquina, aos poucos, por superar em muitos aspectos a habilidade do indivíduo, passa a ter mais valor que ele. Se na sociedade escravagista o valor do escravo é apenas o econômico, o seu valor humano é mínimo. Na sociedade industrial de nossos dias, enquanto é o homem olhado apenas pelo lado econômico, seu valor tende, normalmente, a diminuir. Quem pode negar que o sonho de todo empresário industrial é a produção apenas realizada por máquinas? O homem é um entrave, um obstáculo até. Que é a cibernética moderna, no seu afã de construir máquinas que substituam os poderes intelectuais do homem, senão a tentativa de superar o óbice da inteligência? Que ideal maior do que fabricar a inteligência? Quanta esperança perpassa nessas experiências, na realização do *robot*, o símbolo mais representativo de toda a nossa época! Desnecessitar da inteligência humana, máquinas capazes de projetar máquinas, de escolher máquinas, de realizar máquinas para produzir tudo. Nesse dia, poder-se-ia desterrar a inteligência humana para os museus. E poderiam as gerações futuras rir dos cálculos matemáticos de um Newton, de um Leibniz, das especulações dos filósofos. "Libertamo-nos da inteligência!" poderia ser a frase-galardão de uma era. Quantos sonhos povoados dessas esperanças não agitarão a mente de tantos empresários e de tantos niilistas de hoje.

Mas essa esperança também se desfará em pó. Também a derrota se aproxima.

Pois bem, tudo isso, levando o homem a perder muito em dignidade, colocou ante o homem moderno a mais angustiante das perguntas: Que valemos, afinal? E que vale o valor? Que é valor?

Essas perguntas, que o agitam, espicaçam-no afinal a procurar. Essa procura não será inútil. Essa procura há de lhe oferecer ainda um imprevisto, e ele terminará por encontrar no meio do caminho, outra vez, uma solução que unirá, mas através de uma transcendência.

As filosofias niilistas de hoje são os avatares da sofística grega que destruiu uma cultura e deu um triste final a páginas tão belas da história.

Quando intitulei este livro de *Filosofias da Afirmação e da Negação*, quis colocar-me plenamente no meio do que assoberba a consciência moderna. E também quis tomar uma atitude.

A diácrise em que vivemos, a crise instaurada, que cria abismos entre os elementos constituintes, não pode ser solucionada por síncrises, como as que tentamos realizar. A coesão pode ser adquirida pela força, mas será caduca. Só um poder une os opostos: é a transcendência. Querer forçar a unidade mecânica da nossa sociedade através do aumento do poder do Estado, da polícia e do exército e do organismo burocrático ou partidário, é uma forma brutal de coesão, e fadada ao malogro. Cairá fatalmente. Porque só a síntese transcendental consegue a coesão intrínseca. Parece haver uma contradição aqui, mas esta é meramente aparente. Quando as partes de um todo estão unidas pela coesão dada por uma força exterior, essa coesão é apenas transeunte e falha. Não nos unimos por estarmos mais próximos uns aos outros, por convivermos ao lado uns dos outros, por nossos corpos se aproximarem mais e se esfregarem mais. O que une os homens não é o físico, mas o espiritual. O homem não é apenas um animal, mas um animal que tem racionalidade, entendimento, e uma inteligência especulativa e também apofântica, porque também capta o que não se exterioriza, o que se oculta. A lei não nos une porque decreta a nossa união. O Estado moderno é uma abstração dentro da sociedade, e não é um organismo. É apenas uma máquina. Falta-lhe a vida. Se fosse a sociedade organizada, seria ela mesma. Só então o Estado seria a sociedade. Por mais que alguns queiram, a polícia não é um substituto de Deus, nem a lei decretada pelos poderes constituídos, a lei que brota dos corações e da inteligência. Tudo isso é uma mentira que custará muito caro aos homens, como já vem custando. O Estado moderno conseguiu realizar mais uma brutalidade, e nada mais. É preciso que surja espontaneamente o que une, como surge o amor de mãe ao filho, a amizade entre os indivíduos humanos. Não se decretam simpatias. Eis o que queremos chamar de imanência. Enquanto o humano não unir os humanos, estes não transcenderão a si mesmos. A transcendência sintética de que falo é aquela que tem raízes na imanência humana. E quem pode negar que o homem moderno trai a si mesmo? Não se afasta cada vez mais de si mesmo? Não nega cada vez mais a si mesmo?

Tudo na sociedade moderna separa. Não são apenas as coletividades que se separam, as classes que se separam, os grupos que se separam; são os indivíduos, e estes dentro de si mesmos. Quantos são estranhos a si mesmos! Quantos permanecem atônitos quando se debruçam no exame de sua própria personalidade! Sim, cada vez mais nos desconhecemos, quando pensamos que nos aproximamos de nós mesmos. Quão poucos resistem à contemplação de sua própria pessoa! E quantos conflitos na impossibilidade de admitirem a si mesmos e de admitirem os outros!

E de onde nasce essa ânsia de separação? O homem é um animal inteligente. É mister buscar na sua inteligência um dos fatores de suas misérias intelectuais. E a miséria intelectual de nossa época chama-se niilismo. O homem é hoje um buscador do nada. Um negador de si mesmo, e de tudo. Mas essa negação o angustia. Angustia-se de não ser. E nela não poderá perdurar.

Nós escolhemos uma posição. Ante as filosofias da negação, lutamos pela positividade. Este livro responderá melhor e mostrará melhor o que pensamos.

É preciso combater as filosofias da negação. Não combatê-las pela força, mas pela própria filosofia. Mostrar que lhes falta fundamento, e que elas são falsas. Não basta apenas denunciá-las. É mister ainda provar a sua inanidade. É com afirmações que se alimentará o homem, um homem mais sadio e mais sábio.

Uma pergunta poderia surgir agora: Por que escolhemos a forma do diálogo, e quem são essas personagens que apresentamos no livro?

Escolhemos o diálogo para mais facilmente pôr, face a face, as oposições que surgem na alternância do processo filosófico. Quanto às personagens, há uma história mais longa. Em nossa juventude, escrevemos dois romances ainda não publicados porque sempre julgamos que o romance é obra de maturidade, e esperamos muitos anos, mais de trinta, para que eles amadurecessem e depois pudessem vir à luz, se julgássemos que mereciam vir à luz. Deveriam ter antecedido esta obra, mas motivos outros o impediram. Por isso devo justificar as personagens. Esses dois romances se chamam *Homens da Tarde* e *Homens da Noite*. E serão seguidos de mais dois outros, ainda inacabados: *Homens da Madrugada* e *Homens do Meio-dia*. Os homens da tarde são os homens crepusculares, os que vivem a heterogeneidade dos cambiantes cromáticos das ideias, os que vivem a filosofia do entardecer. Sua visão se limita a contemplar os cambiantes luminosos. São os intelectuais sistemáticos, os *littérateurs* estéreis, que se esgotam numa obra apenas, os superficiais investigadores do cromatismo, os que não penetram além das coisas, e que vivem apenas esteticamente a exteriorização dos símbolos.

Homens da noite são os que interrogam as trevas, os que buscam estrelas no céu para que os guiem pelos caminhos desconhecidos que as trevas ocultam, os que buscam além, e anseiam pelas madrugadas que lhes darão um novo dia. São cheios de esperanças, enquanto os primeiros são homens nos quais desfaleceram todas as formas de fé. Homens da noite são os que investigam, os que procuram, os que não se cansam de investigar, os que não sentem o sono pesar-lhes nas pupilas, os despertos nas trevas, os vigilantes nas sombras.

Homens da madrugada são os novos crentes, os que já acharam uma solução, os que, tendo penetrado pelas trevas, conseguiram alcançar uma madrugada. Não sonham mais; sabem. Não esperam nem confiam, porque já encontraram. Afirmativos como a luz da manhã, são iluminados por respostas categóricas.

Homens do meio-dia são os que realizam o que os homens da noite sonharam, o que os homens da madrugada afirmaram. Ainda estão muito longe de nós. Pois bem, entre as personagens, encontramos homens tardios, crepusculares como Josias, Vítor, Samuel, Paulsen, Reinaldo, e homens da noite como Pitágoras, anelante de uma madrugada que já desponta aos seus olhos. Próximo a ele um jovem crê na madrugada, Artur, e segue Pitágoras porque tem fé em que ele o guiará. Mais remotamente, Ricardo. Surge como um tardio, que não se obstina na contemplação do crepúsculo. Para ele, este é apenas uma inversão da ordem. E certamente aponta ao que o contradiz. Opõe-se para conhecer as razões adversas. Não contraria para abismar-se na contradição. Contraria para conhecer as razões opostas. É livre para escolher. Não se compromete, não por temor ou medo, mas porque ainda não achou. O que busca não é aferrar-se ao niilismo de sua época, mas conhecer os pontos fracos e fortes para poder escolher. É acima de tudo honesto. E essa honestidade não o desmentirá na hora precisa.

A principal personagem é Pitágoras de Melo. Nasceu-nos essa personagem logo às primeiras páginas de *Homens da Tarde*. Nada prometia ainda à nossa consciência, mas logo se impôs, e libertou-se de tal modo que passou a ter uma vida própria. E poderia dizer, sem buscarmos fazer paradoxos, que teve ele um papel mais criador de nós mesmos que nós dele. Não pautou ele sua vida pela nossa, mas a nossa vida pela dele. Propriamente o imitamos. É quase inacreditável isso. Mas é verdade: a personagem criou o autor. E é espantoso que foi de tal modo que até mesmo muitas das nossas experiências futuras foram vividas por ele. Aconteceu-me na vida o que nós já havíamos escrito no livro. Muitas das peripécias da nossa existência foram antecedidas por ele. E é essa a razão por que o respeitamos tanto, por que o veneramos. Essa existência metafísica se tornou real para nós. As ideias que a personagem expunha não eram então as nossas. Hoje, em grande parte, o são. A personagem nos conquistou. Na verdade, não pudemos resistir à tentação e ao fascínio que ela exerceu sobre nós.

Pois bem, foram essas as razões por que a escolhemos para este livro, que é uma obra construtiva, e que pretende apenas ser construtiva. Estamos outra vez em face da sofística, e precisamos denunciá-la. Mais uma vez, temos que sair à rua, como outrora o fez Sócrates, para denunciar os falsos sábios.

O niilismo agoniza, sem dúvida, mas é demorada essa agonia, e ele deixa atrás de si, e à sua volta, os destroços de sua destruição.

Devemos lutar pela madrugada que há de vir. E, para tanto, é mister enfrentar os sofistas crepusculares de nossa época, não recear as trevas, e nelas penetrar.

Há uma nova esperança, e esta certamente não nos trairá.

Mário Ferreira dos Santos

MÁRIO FERREIRA DOS SANTOS

FILOSOFIAS DA AFIRMAÇÃO E DA NEGAÇÃO

Diálogos sobre a verdade e a ficção

A proposta partira de Ricardo, a quem Pitágoras havia manifestado seu desgosto em manter conversações com certas pessoas, por que se cingiam a divagações inúteis, ao sabor das associações de ideias mais várias, sem que nenhum ponto fosse abordado com a necessária profundidade que se impunha. Ademais, alegara que estávamos vivendo um momento em que se impunha que viessem à tona discussões sobre os mais importantes problemas, pois a confusão das ideias, a nova Babel, já se instalara entre os homens, anunciando uma nova destruição.

– Devemos disciplinar outra vez o nosso espírito metropolitano e tardio, que tende sempre a tratar dos temas com a natural displicência ou falta de profundidade do metropolitano. Não desejo proceder desse modo, e gostaria de acercar-me de pessoas desejosas, como eu, de examinar com cuidado os grandes temas. Estamos às portas do desespero, e isso se deve, em grande parte, ao espírito tardio e metropolitano que nos domina, eminentemente mercantilista, que necessita, para sobreviver, lançar constantemente ao mercado novos produtos, novas fórmulas, novos rótulos, novas embalagens, embora os conteúdos sejam os mesmos. Toda essa moderna vagabundagem do espírito, através das mais variadas teorias e doutrinas, essas buscas desorientadas e várias, contribuíram apenas para colocar o homem de hoje numa situação gravíssima: a de sentir-se sem firmeza, sem chão, onde pisar com cuidado os pés, e poder depois fixar os olhos em algo que lhe ofereça uma firme direção, um norte para o seu novo caminhar. Tudo isso lhe falta. E por quê? Porque vagabundeou desorientadamente pelo caminho das ideias, do abstratismo, dos ismos vários, sem o cuidado de colher dessa messe imensa de doutrinas o que nelas havia de positivo e fundamental, que lhe permitisse encontrar o porto seguro para as suas ânsias. Por que devemos nós – dizia ele com os olhos vivos e penetrantes voltados para Ricardo –, por que devemos repetir esse *ritornello* dos nossos tempos? Se temos consciência do que se passa – e eu sou agora essa consciência –, e se em nós há a aceitação desse ponto de vista, por que prosseguir assim? Por que não damos uma ordem às nossas conversações e diálogos? Assim, por exemplo, como procediam os gregos?

Pois foi assim que tudo ficou combinado. Nossas reuniões não se caracterizariam mais pela "vagabundagem das ideias", para usar-se a expressão de Pitágoras, mas sim pelo exame cuidadoso de modo a evitar os desvios e as associações que se afastam do tema principal e não favorecem melhores clareza e compreensão. Ora, entre os que tomavam parte nessas reuniões vespertinas e noturnas, havia pessoas que se dedicavam ao estudo da filosofia e das ciências sociais com um afinco incomum. Quase todos tinham alguma escolaridade superior, mas, na verdade, todos eram autodidatas, guiados mais pelo instinto, se assim se pode chamar essa ânsia de saber e de discutir pontos de vistas, comparar perspectivas e buscar afinal soluções para resolver as mais sérias dificuldades. E essa era a razão por que não estavam tão submetidos à natural tolice, covardia ou timidez do que sofreu a marca da escolaridade, do que permaneceu nos bancos acadêmicos, onde em geral se encontram mestres cuja única preocupação é assassinar no aluno o ímpeto realizador, criando-lhe um clima de medo insuperável de aventar uma ideia, propor uma solução, examinar por si mesmo um problema. Esse medo tem sido a destruição de muita inteligência, e tais esquemas inibitórios envolvem de tal modo a maneira de agir de um estudioso, que este, ao examinar matérias diversas das que cursou, em que não há a memória das inibições e dos temores tolos dos mestres, sente-se livre, desembaraçado, e cria. Esta é a razão por que, entre as maiores mentes criadoras do mundo, a quase totalidade é formada de autodidatas na matéria em que se tornaram inovadores.

Pitágoras sempre chamava a atenção dos outros para esse ponto. E notava que há filósofos tolos que afirmam que nada sabem, mas cometem a tolice de afirmar que sabem que nada sabem; que há homens tímidos, que não aventam uma ideia nova, e baseiam-se sempre em autoridades, receosos de cometer um erro, e que revelam não ter por isso capacidade de julgar nem sabem se o que afirmam ou examinam tem fundamentos, ou não. Há, finalmente, aqueles covardes do espírito, incapazes de invadir qualquer setor do conhecimento, porque o medo lhes gela a alma e o corpo, e que envolvem numa capa de agnosticismo o que realmente pensam, não afirmando e exibindo exteriormente o que julgam, por covardia, apenas por covardia. Procuram, assim, uma posição que os coloque, equidistantemente de todos, e possa servir de ponto de partida, sem compromissos anteriores, para assumir uma posição que as circunstâncias imponham. Mas essa nova posição só será mantida pelo medo, e terá a força pálida de tudo quanto é sustentado apenas pelo medo.

– Suporto esses espíritos – costumava dizer Pitágoras. Minha compaixão é tão grande que chega a isso. E até discuto com eles. Devemos fazê-lo, não convencidos de que os salvaremos da fórmula anêmica em que se encontram, mas com a finalidade de, pelo menos, espantar do espírito dos que ouvem os malefícios que esses linfatismo intelectual costuma realizar nos cérebros jovens, ainda indecisos.

E realmente Pitágoras assim o fazia. Vale a pena recordar um dos seus diálogos com Josias, homem inegavelmente bom, um funcionário envelhecido nos arquivos, embora de idade jovem, com as marcas das decepções e do desespero gravados nas faces, e sobretudo nas ideias.

– Não tenho muita fé nesses métodos que vocês propõem. Não quero, porém, ser desmancha-prazeres dos outros. Aceito responder às perguntas que me fizerem, e apenas a elas, sem me afastar do tema principal, que será conduzido por Pitágoras ou quem quer que seja. Está certo. Mas afianço a vocês todos que não adiantará nada.

– Mas por quê? – perguntou Ricardo.

– Porque apenas nos obstinará cada vez mais. Continuaremos de cada lado, e mais extremados ainda. As oposições só servem para extremar cada vez mais as posições contrárias. Não creio que dessas discussões *surja a luz* de que falou o Samuel. A única luz que eu conheço é a do sol e a dessa lâmpada. E ela surge apertando aquele botão. Não temos nenhum botão na cabeça... – e resmungou mais alguma coisa que ninguém entendeu.

Quase todos riram. Pitágoras apenas fez um sorriso em que havia muito de compaixão, mas de uma compaixão viril, amiga, para com Josias. Na verdade, apesar das diferenças tão grandes nas ideias, Pitágoras gostava de Josias, porque sempre que a ele se referia era com palavras cheias de afeto. Costumava mesmo dizer: – Josias é uma espécie de chamada de consciência para mim. Seu pessimismo e, sobretudo, seu ceticismo me fazem bem. Quando me sinto tomado pelo entusiasmo, por haver descoberto algo novo que me ilumina e me enche de satisfações quase voluptuosas, logo me assoma a imagem de Josias. Aquele sorriso sem fé, aquele gesto de desprezo, aquelas palavras frias e arrastadas de descrença desafiam-me a imaginação. Então, sentindo-me forte, meu primeiro gesto é o de afastar a imagem que me parece ridícula. Mas dura pouco essa indiferença. Josias torna a crescer dentro de mim. E sinto que preciso dele. Preciso da sua oposição, da sua dúvida, da sua descrença. É nela que temperarei as minhas novas ideias e as novas vivências. Preciso dele... e então o procuro. Josias é, assim, uma necessidade para mim.

E, quando lhe perguntavam se isso não o aborrecia às vezes, ele costumava responder mais ou menos nestes termos:

– Não... E sabem por quê? Porque Josias, no fundo, é sincero. Sua dúvida não é uma atitude covarde. Josias não é covarde. É o temperamento que o domina. E acrescentem-se as desilusões e experiências que teve. Quem passou pelo que ele passou não é de admirar que tenha a alma coberta de cinzas...

E, quando lhe perguntavam se era possível que um dia mudasse, Pitágoras permanecia sério por algum tempo, e notava-se que havia em seu rosto a passagem constante de uma dúvida e de uma esperança, porque ele se tornava ora sombrio, ora iluminado. E dizia:

– Talvez... talvez. – E depois de uma pausa, em que manifestava uma confiança num desejo há muito tempo acalentado, acrescentava: – tudo se há de fazer para que tal aconteça.

É verdade, recordo-me agora, que uma vez Pitágoras, quando se falava sobre esse assunto, dissera estas palavras que lhe brotaram sinceras e bem afetivas, vindas do peito, num tom quente que impressionou aos que o rodeavam:

– Depois de um longo inverno, quem não pode compreender o anseio da luz do sol? Quem não pode compreender que há carnes que desejam despertar, esperanças dormidas que cansaram de seu longo sono? São como pássaros de quem as asas exigem liberdade, para quem as gaiolas são a sua grande inconformidade. Jamais a asa que voa se conciliará com os espaços estreitos. Josias é uma asa que voa, mas asa partida. E que poderá sarar. E nesse dia, quem impedirá que ela anseie pelas distâncias sem fim? Há brasas dormidas que, se não iluminam, aquecem, contudo. E nele há dessas brasas dormidas, à espera do sopro que as despertará em auroras de luz. Um dia verei essa aurora brilhar nos olhos de Josias. E, juro, nesse dia estará justificada mais uma vez a vida.

Era assim Pitágoras. A amizade por Josias era evidente, e a oposição, em vez de afastá-los, parece que os unia mais. Mas é que Pitágoras aguardava uma ressurreição, e por amor a essa ressurreição nada o afastaria do amigo.

Mas, certa ocasião, numa roda em que estavam Josias e Pitágoras, aquele disse:

– Não há dúvida, o que vocês desejam é interessante, embora eu creia que tudo será inútil, quanto ao desejo de alcançar alguma certeza. Mas aceito colaborar nesse trabalho.

– Não há dúvida – interrompeu Ricardo – que esse método ainda é o melhor. Do contrário, seremos borboletas que andam a aspirar todas as flores.

Creio no diálogo, quando bem conduzido, e sob regras rigorosas. O homem de hoje não sabe mais conversar. Ele disputa apenas. É um combate em que os golpes mais diversos e inesperados surgem. Mas num diálogo, conduzido em ordem, tal não acontece. Deixa de ser um combate para ser uma comparação de ideias. Um sentido culto domina aí. Não é mais o bárbaro lutador, mas o homem culto que se enfrenta com outro, amantes ambos da verdade, em busca de algo que permita compreender melhor as coisas do mundo e de si mesmo.

– Julgam vocês, então, que por esse caminho acabarão por pilhar com a verdade nalguma esquina? Bonita esperança!...

– Mas que deseja mais o homem que a verdade? – perguntou Artur, um jovem estudante, que fora admitido naquela roda.

– Vão desejo – respondeu Josias – vaníssimo desejo. O homem considera como verdade apenas aquilo sobre o que não lhe cabe nenhuma dúvida, aquilo sobre o que ele concorda sem vacilações. Mas, para outro não é assim. A verdade é apenas subjetiva; é a certeza de uma verdade, e não a verdade de uma certeza...

– Você sabe muito bem, Josias, que não se entende a verdade apenas desse modo. Essa é a verdade psicológica. Mas há outras; há a lógica, a metafísica, a ontológica...

– Sei... sei – Josias interrompeu Pitágoras com uma vivacidade que impressionava. – Mas o que afirmo, Pitágoras, é que o homem não está apto a alcançar a verdade como *esplendor do ser*, como você costuma chamar. Tudo quanto construímos, nossos conceitos, nossos juízos, nossos raciocínios, nossos conhecimentos são apenas espelhismos de nós mesmos. No fundo, o que vemos nas coisas somos nós mesmos. O mundo para nós é como o lago onde se debruçava Narciso. O que via era a sua própria imagem. O mundo é apenas uma imagem mal imitada de nós mesmos. O que pensamos, julgamos, são criações nossas apenas, que são fiéis ao que somos, mas que nada têm a ver com a realidade que há fora de nós. Na verdade, o homem é um emparedado em suas ideias, e a sua libertação equivale ao sonho de um prisioneiro, e nada mais. Todo o nosso conhecer e todas as nossas operações mentais constroem apenas ficções sobre a realidade que há fora de nós. Nossos pensamentos em nada correspondem à realidade.

Era tão intenso o entusiasmo de Josias que ninguém interrompeu as suas palavras. Pitágoras tinha um sorriso cheio de amizade. Sabia-se que discordava de Josias, mas havia uma simpatia tão evidente em seu rosto que contaminava a todos, e, mesmo quando discordássemos de Josias, não provocava ele em nenhum de nós o mínimo desgosto. Assim como Pitágoras parecia alegrar-se com as suas palavras, uma satisfação quase igual inundava também os nossos corações. Era o que se percebia no rosto de todos. Foi quando Pitágoras disse:

– Eis um bom tema para uma análise, Josias. Você ofereceu matéria, que, creio, é ótima para todos, não é? – Houve um assentimento geral, e Pitágoras prosseguiu ante o silêncio de Josias: – Que acha você se iniciássemos um diálogo dentro das nossas regras sobre esse assunto?

– Que assunto?

– Ora, Josias, você não negou ao homem um conhecimento do mundo exterior? Não reduziu todo o seu saber a um ficcionalismo geral, afirmando que o mundo exterior nada mais é que uma imagem torpe do homem, como a imagem desfalecida que as águas paradas dão do rosto de Narciso?

– Foi.

– Pois então? Temos aí um tema bem interessante, e que pode servir também de ponto de partida para muitas análises futuras. Trata-se de saber qual o valor do nosso conhecimento. Você estabeleceu uma tese bem dogmática...

– Dogmática? – Perguntou Josias com veemência.

– Sim, bem dogmática. É sempre difícil, Josias, que não caiamos no dogmatismo, por mais receio que haja de fazer afirmações decisivas. Mas você cometeu o erro de que acusa os outros: o dogmatismo.

– Que dogmatismo, Pitágoras... qual nada!

– Suas afirmações foram dogmáticas, Josias. Você deu um *dogma*, porque você sabe que todo nosso conhecimento é ficcional. Você sabe, sem a menor dúvida, sem vacilações, que o que conhecemos do mundo exterior é apenas uma imagem desfalecida de nós mesmos. O nosso mundo exterior é apenas um reflexo imperfeito de nós mesmos. Foi isso que você disse. E disse com convicção, com veemência, com certeza, como um dogma, como uma verdade para você indiscutível, e sobre a qual não paira nenhuma dúvida.

Josias resmungava alguma coisa. Olhou para todos, e notou que havia na maioria uma aprovação muda às palavras de Pitágoras, embora em Paulsen e Ricardo se notasse um desejo de que respondesse, de modo a evitar a maneira como Pitágoras havia colocado as suas palavras. A pausa de Pitágoras era uma atitude de combatente digno e nobre. Ele dava oportunidade ao adversário para realizar também o seu golpe. Esperava as palavras de Josias:

– Já sei o que você quer. Quer colocar-me na posição de haver afirmado uma verdade, de que há alguma coisa que não é ficcional para mim, que seria, nesse caso, a afirmação pura e simples de que tudo quanto o homem constrói é ficcional.

– Mas foi você quem afirmou isso dogmaticamente...

– Afirmei de certo modo, apenas. Essa *verdade* – e sublinhou com asco essa palavra – é apenas uma convicção minha. Eu estou *convencido*, eu, de que tudo quanto sabemos é ficcional; eu... Não afirmei que fora de mim tudo é ficcional, mas, para mim e para o homem geral, o que ele constrói é ficcional.

– Mas, caro Josias, por favor, sigamos a linha prometida, e responda-me apenas dentro das nossas normas. Tudo quanto o homem intelectualmente constrói é ficcional ou não?

– É.

– Então, a sua afirmação de que tudo é ficcional também o é, porque é uma realização intelectual do homem?

– Sim, é ficcional também.

– Quer, então, afirmar que no mundo exterior ao homem não há ficções, ou que as há?

– Deve havê-las, porque não é o homem o único ser inteligente. Os animais também constroem ficções. O mundo do cão é outro que o nosso, é uma coisa feita por ele...

– ...uma *res ficta*...

– Seja. E fui bem claro, e todos podem afirmar que não quis fugir ao sentido de minhas palavras: o mundo do homem é o mundo feito pelo homem. É uma *res ficta*, para usar suas palavras, o mundo. Quando afirmamos que tudo quanto construímos intelectualmente é uma *res ficta*, essa nossa afirmação não se exclui da ficcionalidade de nossa mente.

– Mas isso, então, é uma verdade para você.

– É relativamente a mim mesmo. Se é em si mesma, fora de mim, não sei.

– Nesse caso, admite que pode haver um erro em sua afirmação dogmática.

– Admito.

– Que, por exemplo, tudo poderia ser diferente. E esse ficcionalismo ser apenas um erro seu.

– Pode ser...

– Mas nós gostaríamos de buscar certezas e evidências. E, nessa situação em que você se coloca, nada adiantamos. Não seria preferível que nós dois, como bons amigos, e bem fundados em nossas regras, procurássemos juntos uma solução?

– Estou pronto a fazer o que me pede.

– Aceita que eu tome o papel de interrogante, e garante que me responderá, seguindo fielmente as perguntas?

– Pode começar.

– Estamos, pois, ante um dilema; ou tudo quanto o homem constrói intelectualmente é ficção, ou nem tudo é ficção. Não é isso?

– É.

– Se tudo é ficção, todas as suas verdades são apenas ficções.

– São ficções.

– E a correspondência que tenham com a realidade exterior pode ser de duas maneiras: ou há uma correspondência que tem um fundamento na realidade fora do homem, ou, então, não há nenhuma correspondência.

Josias nada respondeu. Aguardava as palavras de Pitágoras, que prosseguiu:

– Se tudo quanto o homem constrói intelectualmente fosse puramente ficcional, e não tivesse correspondência em nenhum fundamento exterior à mente humana, essa mente seria, então, alguma coisa absolutamente outra que o mundo exterior. E, nesse caso, como poderíamos saber que o que a mente constrói intelectualmente é absolutamente outra coisa que o que há no meio exterior, sem poder surgir dessa comparação o divórcio total, o abismo entre os dois? Esse abismo afirmaria a impossibilidade da comparação, porque, se o mundo exterior ao homem é absolutamente outro que o que constrói em sua mente, não haveria jamais possibilidade de comparação e, consequentemente, seria também impossível afirmar que há esse absoluto divórcio.

Josias meditava. Como Pitágoras fizera uma pausa, viu-se na contingência de falar:

– Está certo. Seria impossível

– Naturalmente que o seria. Pois, como poderíamos saber que o outro é absolutamente outro se todo o nosso conhecer é dependente da estrutura e do funcionar de nossa mente, e tudo quanto ela produz é ficcional? Nada podemos nesse sentido afirmar, então. Portanto, a afirmação de que tudo é absolutamente ficcional em nossa mente é uma afirmação dogmática...

– Bem, pensando desse modo há certo dogmatismo. – Concedeu Josias.

– Mas, o pior é que sabemos que isso não pode ser assim.

– Como sabemos?

– Sabemos, Josias. E permita que lhe mostre. A nossa afirmação do divórcio absoluto não tem fundamento nenhum, e não poderia haver esse divórcio absoluto, mas apenas poderíamos nos colocar numa posição relativista aqui;

ou seja, que as construções mentais nossas são certamente ficcionais de certo modo, mas absolutamente ficcionais não podemos afirmar.

– Não podemos afirmar, porque nos é impossível fazer a comparação com a realidade em si das coisas, pois não podemos alcançá-las, uma vez que estamos prisioneiros da estrutura de nossa mente e do seu funcionar.

– Muito bem, Josias. Gostei da sua coerência. Você quer evitar a pecha de dogmático, e prefere cair num dualismo antinômico e abissal. Há, assim, dois mundos irredutíveis para você: o da nossa mente e o mundo fora da nossa mente. Há duas realidades: a nossa, e a que nos escapa. A que construímos do que está fora de nós é, pelo menos, relativamente ficcional. Não podemos afirmar que é absolutamente ficcional, porque, para tal afirmarmos, precisaríamos poder compará-las, o que nos é impossível, como disse você.

– Mas admito que pode dar-se esse divórcio absoluto, esse *abissal* de que você fala. Só que não podemos saber com absoluta certeza.

– E bem fundadamente também não. É o que você aceita.

– É isso. Mas, voltando ao que disse, onde está o meu dualismo de que você falou?

– Sem dúvida, há esse dualismo. E poderíamos caracterizá-lo melhor, se você quiser. Vamos examinar bem este ponto. Acompanhe-me, pois, nos seguintes raciocínios: nossos conhecimentos – ficcionais para você – revelam que há uma ordem, uma coerência entre eles, pois foi-nos possível construir um saber culto, uma ciência, uma matemática. Não é?

– Sem dúvida.

– E verificamos, ademais, que os fatos, que captamos, sucedem com certa obediência a constantes, e a fórmulas gerais, que chamamos comumente de leis.

– Sim, leis que construímos.

– Sem dúvida, mas que correspondem a invariantes desses fatos, que constituem o objeto de nossos conhecimentos. Há regularidades pasmosas, repetições que não podemos negar, e que nos permitem classificar e dar uma ordem ao conjunto dos acontecimentos.

– Mas uma ordem também ficcional.

– Não tanto ficcional assim, Josias –, afirmou, com um sorriso, Pitágoras. – Note que aqui já há alguma coisa que se distingue. O conjunto dos fatos é caótico; desses fatos ficcionais que constituem a matéria bruta do nosso conhecimento e das nossas experiências. Estas se dão numa heterogeneidade fascinante. Mas nós observamos que, em nosso conjunto de ficções, há normas que presidem como invariantes daqueles, que nos permitem ordená-los em classificações que são inerentes a outras, e que nos permitem, afinal, dar uma ordem unitária desse mundo ficcional, ordem que constitui a base de toda a nossa ciência, facilitando o fortalecimento do nosso saber culto. Você não pode negar isso.

– Não nego.

– No meio dessas ficções, há uma regularidade impressionante. As ficções-laranjeiras geram sempre ficções-laranjas, as ficções-seres humanos geram ficções-seres humanos, as ficções-químicas dão combinações ficcionais-químicas regulares, e assim na física, na matemática, em tudo... Não concorda?

– Concordo.

– Há, assim, uma ordem no mundo ficcional do homem. E o que o homem considera fora de si também oferece a mesma ordem. Quer dizer, as ficções, que constituem os conceitos e juízos do homem, correspondem às ficções que constituem o que parece ser o mundo exterior do homem. Está de acordo?

– Estou.

– Verifica-se, ademais, que o que constitui o corpo humano é composto de elementos ficcionais-químicos, que correspondem aos elementos ficcionais-químicos que encontramos nas pedras, na terra, nas plantas, no ar. Está de acordo?

– Estou. – E acrescentou: – nesse ponto, e dentro desse âmbito, estou.

– Nesse mundo de ficções, o homem não é outro, absolutamente outro.

– Não é.

– Desse modo, o seu conhecimento do mundo exterior ficcional não é total e absolutamente divorciado do mundo ficcional mental do homem. Há um parentesco tão grande que se pode afirmar que a natureza ficcional do homem corresponde à natureza ficcional do que lhe parece ser o mundo exterior a ele.

– Está certo.

– Resta, então, apenas, saber se há um mundo exterior real ao mundo exterior que você afirma ser ficcional. Se não há nenhuma correspondência entre ambos, esse mundo exterior real, que está fora da ficcionalidade, é absolutamente outro que o mundo da ficcionalidade do homem.

Josias não respondeu. Mas Pitágoras, vendo a sua vacilação, prosseguiu:

– Como então? Se correspondem, há entre o mundo exterior ficcional e o mundo exterior real uma *correspondência* e, consequentemente, uma parte que se repete; ou seja, uma parte do mundo ficcional humano é o mesmo que o mundo exterior real. Há, então, alguma verdade do mundo ficcional humano que corresponde à verdade do mundo exterior real. Do contrário, há o divórcio absoluto.

Teríamos, nesse caso, duas realidades: a do homem e a que não é o homem. E, entre essas duas realidades, nada haveria em comum. Um seria absolutamente outro que o seu oposto. Estaríamos no dualismo. E toda a nossa discussão se deslocaria para saber se realmente é possível tal dualismo. Se é possível haver duas afirmações, duas positividades, duas realidades, sendo cada uma absolutamente diferente da outra.

– Está certo. Prossiga. Quero ver até onde vai, para responder depois.

– Não concorda você que no mundo ficcional do homem se verifica que todas as coisas têm entre si algo em comum? O homem e o animal ficcionais têm em comum algo na animalidade-ficcional, e os animais com as plantas em serem ficcionais seres vivos, e assim por diante. Não encontramos um dualismo absoluto aí. Todas as coisas ficcionais em seu último fundamento revelam que têm uma origem comum em um ser que pode ser chamado com o nome que quiserem por exemplo, como matéria, ou energia, e a que prefiro dar, por ora, o nome comum de *ser*. Não vemos nesse mundo ficcional divórcios absolutos. Concorda?

– Concordo.

– No entanto, no mundo exterior real poder-se-ia dar o mesmo, ou não. Ou seja: que tudo quanto é realmente, também tem algo em comum. Nesse caso, o mundo exterior real teria um ser fundamental, certamente real em si mesmo.

– Está certo.

– O dualismo, portanto, estaria apenas entre o mundo ficcional do homem e o mundo real, pelo menos.

– Pelo menos esse é possível.

– Sim, porque, se não há esse dualismo absoluto, então o nosso mundo ficcional não seria absolutamente ficcional. Nele haveria alguma coisa que corresponderia fielmente ao outro, não é?

– É.

– Nesse caso, nós nos encontramos já numa situação bem clara, sem dúvida. Resta-nos saber agora se há realmente esse dualismo, ou não.

Diálogo sobre o fundamento de todas as coisas

Josias e Pitágoras haviam silenciado, como se procurassem tomar fôlego para prosseguir. Um esperava que o outro usasse em primeiro lugar a palavra. Foi Ricardo quem iniciou:

– Perdoem-me que entre no diálogo. Na verdade, sou apenas um ouvinte. Mas, como tenho a certeza de que a minha opinião é semelhante à de todos os que nos cercam, creio que o tema ficou bem colocado, e o diálogo agora poderia manter-se em base mais segura. Compreendi, assim, o estado da questão: há uma realidade ficcional do homem, e outra realidade fora do homem. Ou são essas duas realidades absolutamente estanques, ou não. Resta saber, pois, se entre elas há uma comunicação, um ponto comum de identificação, ou se são duas paralelas, isto é, se são linhas que jamais se encontram.

– Isso mesmo – aquiesceu Pitágoras, com o assentimento de Josias. – É nesse caminho que devem prosseguir agora as nossas buscas. Vou, portanto, tomar outra vez a palavra, seguindo essa ordem, e Josias me responderá.

– Prossigamos – aprovou Josias.

– Esse mundo ficcional do homem não pode ser um puro nada. É uma ficção, está certo, mas é alguma coisa, e não absolutamente nada, não é?

– É. Mas é uma ficção.

– Sim, mas uma ficção é ficção de alguma coisa, é produzida por alguma coisa, e não pelo nada.

– É produzida por nós.

— Mas nós não seremos, então, puramente nada, mas alguma coisa.

— Sim, mas poderíamos ser uma ficção de outra coisa.

— Nesse caso, essa outra coisa seria alguma coisa, e não nada, e a sua ficção, se é nada, é nada de ficção. Ela é alguma coisa de qualquer modo. A ficção é, assim, alguma coisa, uma presença, e não uma absoluta ausência. Concorda?

— Não poderia deixar de concordar.

— Não sendo a ficção pura e absolutamente nada, é de certo modo um ser. Não sabemos como é esse ser, mas sabemos que não é um puro nada.

— Está certo.

— Ora, sabemos em nosso mundo ficcional que o homem nem sempre existiu. Houve uma época em que o homem não era ainda.

— É uma das nossas ficções.

— Sem dúvida, dentro da maneira em que nos colocamos, podemos partir dessa afirmativa, a qual nos impede de atribuir o puro nada à ficção. Nosso mundo pode ser ficcional, e nós, outras tantas ficções, mas não puros e absolutos nada e, portanto, ficção de alguma coisa que não é um puro nada. De qualquer forma, já sabemos que há alguma coisa que é, que nos antecede, e que não pode ser mera ficção, porque a ficção é ficção de alguma coisa. Se predicássemos à ficção o ser absolutamente ficção, nós a transformaríamos num puro nada. Concorda?

— Não posso deixar de concordar.

— Neste caso, a ficção está a denunciar-nos que há alguma coisa que a sustenta, e que não pode ser mera ficção.

Josias respirou fundo e com certa dificuldade. Não respondeu logo. Procurava, sem dúvida, o que responder. Depois de certo esforço, pronunciou estas palavras:

— Sim, deve haver uma realidade, mas nós não a conhecemos.

— Não a conhecemos frontalmente, concordo. Terá, contudo, de admitir que de certo modo a conhecemos.

— Não temos dela uma visão realmente total.

– Aceito. Mas sabemos que há, que há realmente, embora não possamos discriminar ainda como ela é em sua realidade, mas sabemos que ela existe realmente, pelo menos.

– Sabemos... – essas sílabas saíram como que balbuciadas.

– Neste caso, há certamente uma realidade que não é ficcional, e que é absolutamente real. E essa realidade é que sustenta a realidade ficcional do homem e das suas ficções. Discorda do que afirmo?

– Bem..., em última análise, deve haver uma realidade, assim como você diz. Senão, eu teria de afirmar a absoluta ficcionalidade de tudo.

– E esse outro mundo exterior real, será ficcional também?

– Talvez seja a ficção de um outro ser.

– Então, teríamos que admitir que a realidade desse mundo exterior, que é outra que a nossa realidade ficcional, também se fundamenta em alguma coisa que tem de ser real, porque, se todas as ficções fossem ficções, toda a série seria absolutamente nada, o que seria absurdo. Portanto, temos de admitir que todos os mundos ficcionais, que podemos admitir como possíveis, têm de se fundamentar, em última análise, em alguma coisa que é, e que é realmente, e não ficcionalmente.

– Tenho de concordar.

– E tem de concordar ainda mais que esse sustentáculo de todos os universos ficcionais possíveis é absolutamente real, e sem mescla de ficcionalidade nenhuma, porque qualquer ficcionalidade que haja sustenta-se numa realidade última. Não concorda?

Josias não respondeu logo. Temia responder, e meditava. Pitágoras, com energia, prosseguiu:

– Veja bem, Josias. Você não pode negar isso, a não ser que faça um apelo à loucura, e não terá nenhum valor esse apelo. Você tem de admitir que todos os universos ficcionais possíveis se fundamentam em alguma realidade que é absolutamente real, e sem mescla de nenhuma ficcionalidade.

– Sem dúvida... – respondeu Josias, com a voz desfalecida.

– E essa realidade última ou é uma só, ou são várias. Que acha?

– Não sei – respondeu vacilante.

– Vejamos se é a mesma ou se são muitas. Mas antes não podemos deixar de aceitar que a realidade absolutamente sem mescla de ficcionalidade, que é o sustentáculo do que somos, da qual somos uma ficção, não pode ser outra, absolutamente outra, separada absolutamente de nós, porque somos sustentados por ela. Neste caso, algo há em nós, à semelhança dessa realidade, porque, do contrário, como poderíamos ser dela sem ser dela?

– Aceito.

– E também o mesmo se daria com todos os outros universos ficcionais.

– Também – era um sopro a voz de Josias.

– Então, entre todos os universos ficcionais haveria algo em comum: o terem uma semelhança com a realidade absoluta que os sustenta. Não é?

– É.

– Neste caso, entre o nosso universo ficcional e os outros universos ficcionais, também há algo em comum: o sermos à semelhança do sustentáculo.

Josias concordou apenas com um leve aceno.

– Então, entre o nosso universo e os outros há algo que identifica, pois o assemelhar-se é uma realidade, uma vez que, se não há tudo, tudo cairá outra vez. Temos, pois, algo em comum com os outros.

– Temos.

– E qual é o sustentáculo dessa realidade comum? Não pode deixar de ser senão um mesmo sustentáculo, porque, sendo ficcionais todos esses universos ficcionais, o que os unifica é a semelhança de algo que é comum a eles, e esse algo, que é comum a eles, tem de ser o mesmo, e o mesmo só pode ser o sustentáculo. Portanto, há um sustentáculo que é o mesmo de todos os universos ficcionais. Há, pois, uma realidade absolutamente real, que é o sustentáculo de todos os universos ficcionais. Não está certo, Josias? – Perguntou Pitágoras com insistência.

Josias concordou sem força.

E Pitágoras prosseguiu:

– Neste caso, Josias, o nosso universo ficcional, o do homem, não é absolutamente estanque do universo do mundo exterior, e, havendo entre eles algo em comum, tudo quanto o constitui, sendo à semelhança do mesmo fundamento, tudo o que há, tanto num como noutro, tem de ter uma semelhança.

Josias não respondia mais. Havia uma ansiedade em todos. E Pitágoras continuou:

– ...portanto, o nosso universo ficcional não pode deixar de ser ficcional em relação ao mundo real exterior, e, assim sendo, as nossas ficções não são puras ficções, e deve haver entre ambos um ponto de realidade comum. Neste caso, o homem em alguma coisa conhece verdadeiramente o mundo real exterior. Não é a conclusão inevitável a que chegamos?

Josias abaixou a cabeça e desviou o olhar. Não queria responder. Mas Ricardo interrompeu o silêncio para dizer:

– Seus argumentos são sólidos, Pitágoras. Estão certos. Há esse fio de realidade que ligaria, então, o mundo ficcional intelectual do homem com a realidade. Mas não é ele absolutamente a cópia fiel do outro. Há um ponto em que ambos se encontram, mas também no qual ambos se separam. Não é nosso dever aceitar com honestidade essa afirmação, Josias?

Josias apenas meneou inexpressivamente a cabeça.

– É nosso dever, sem dúvida – acrescentou Pitágoras, corroborando as palavras de Ricardo –, é nosso dever ainda procurar esse elo comum. E, depois de achá-lo, poderemos cimentar um conjunto de normas, que nos favorecerão uma análise mais longa. Não acham?

Todos concordaram. E Pitágoras, então, disse:

– Pois, ponhamo-nos a caminho para buscar esse elo comum, e veremos o que vai surgir disso tudo.

– Vamos, exclamaram Paulsen e Ricardo, com o apoio de todos, menos de Josias, que permanecia calado, aparentando indiferença, mas que, na verdade, reconhecia razão em tudo aquilo; senão, segundo seu temperamento, teria manifestado uma oposição decidida.

Diálogo sobre o ser e o nada

Como havia prometido, voltou-se no dia seguinte, à mesma hora, à discussão do tema anterior. Achavam-se todos os da véspera reunidos, menos Pitágoras, que se demorara.

– Estranho – dizia Ricardo – que Pitágoras se demore tanto. Não é seu costume chegar tarde.

– Daqui a pouco, estará aí, respondeu-lhe Paulsen. E, voltando-se para Ricardo, dirigiu-lhe estas palavras:

– Estamos, portanto, no seguinte problema: o que vocês terminaram por chamar de "elo comum". Mas julgo que o problema agora é o que se chama de problema crítico, o problema do conhecimento humano. E tudo deve ser discutido de novo.

– Olhe, aí está Pitágoras.

– Boa tarde. Desculpem a demora. Um homem desta cidade grande, por mais que queira dominar o tempo e dirigi-lo, é dele escravo cada vez mais. – E dirigindo-se para Ricardo e Paulsen: – Bem, o que vamos fazer?

– Pitágoras, Paulsen diz que o tema fundamental agora é o problema crítico do conhecimento humano – respondeu Ricardo. – Que acha você?

– É isso mesmo. Colocamo-nos, em face da análise de ontem, nesse caminho. E ele tem um roteiro que devemos seguir. Na verdade, a maneira de considerar o problema crítico é a causa fundamental da heterogeneidade do pensamento humano e das grandes divergências que se observam.

– Diga-me uma coisa, Pitágoras – atalhou Paulsen –, creio que você há de concordar que realmente, na discussão de ontem, você foi brilhante e nós reconhecemos o seu valor, mas que também ainda não foi dita a última palavra e há muito pano para mangas. Chegou você à conclusão de que nem tudo quanto compõe o mundo intelectual do homem é ficção, e que alguma coisa corresponde à realidade do mundo exterior, não é isso?

– É isso, sim, Paulsen; mas realmente o que ficou comprovado é que nem tudo é mentira...

– ...e que nem tudo é verdade também – interrompeu-o Paulsen.

– É isso mesmo, Paulsen. O mundo de nosso conhecimento não pode ser todo mentira, nem todo verdade. A essa conclusão chegaremos também se seguirmos outros caminhos. E, quem sabe, talvez tenhamos de segui-los, porque sempre a dúvida, que jamais abandona o homem, em suas múltiplas investigações, termina por exigir dele uma e mais vezes o mesmo roteiro. A época negativista que vivemos exige de todos essas provas continuadas. O homem moderno vive uma crise perene, e dela não sabe afastar-se por mais que o deseje. E, quando nela se abisma, afunda-se na voragem do pessimismo, do desespero. Só nos salvamos quando encontramos um ponto firme, um ponto de segurança, de onde contemplamos o espetáculo do mundo.

– Mas onde está esse ponto de segurança? – Perguntou Paulsen. – Se você o achou, nem todos o acharam.

– É por isso que o problema crítico se impõe, e devemos seguir o exame desse ponto cuidadosamente. Sem confiança em nossos meios de conhecimento e sem saber qual o critério dos mesmos, o seu alcance e a sua validez, estamos perdidos e ameaçados de cair no desespero.

– E se eu me colocasse na seguinte posição – propôs Ricardo – de achar que não há nenhuma razão de ser na prática, porque não há nenhum conhecimento suficiente para garantir a validez dos limites ou do âmbito que possamos estabelecer à nossa capacidade de conhecer? O que você diria, Pitágoras?

– Não poderia concordar, e estou certo de que você também não concorda. A exigência se legitima porque há aí um grande problema humano: o da validez do nosso conhecimento. Não é de admirar que muitas filosofias comecem por enfrentá-lo, pois é da validez e do âmbito do conhecimento que se poderá estabelecer o valor de uma posição filosófica, no grau em que ela se justifica. O exame, portanto, do problema crítico é fundamental para a filosofia, pois a exigência do nosso conhecer exige que se avalie o próprio conhecimento. Como poderemos afirmar que um conhecimento é certo e válido sem que saibamos qual o grau de certeza e de validez de nossa própria afirmação?

– Mas julga que podemos situar esse problema e analisá-lo? Não seria necessário dispormos já de certezas? E quais são essas certezas? E que validez haveria em tais certezas? O problema crítico, portanto, da validez do conhecimento exige a validez do conhecimento, já dada previamente. Creio que, desse modo, ficamos num círculo vicioso, e toda afirmação implica uma *petitio principii*, pois irá exigir que se prove o que prova.

– Não pode você negar, Ricardo, que só pode partir de alguma certeza. Josias partiu da ficção. Era para ele certo que todo o operar intelectual do homem se realiza sobre ficções em relação à realidade do mundo exterior, ou à realidade das coisas. Você não quer partir de alguma certeza? Pelo menos de você mesmo, da certeza de que você existe, da certeza de que duvida, da certeza de que não tem certezas?

– Bem, não seria tão ingênuo nem tolo para querer negar tudo, e colocar-me num negativismo completo.

– Mas há quem nele se coloque.

– Sei, e até poderia, para ajudá-lo a dialogar, colocar-me numa posição assim. Mas agora quero reconhecer que temos certezas, que tenho alguma certeza. Mas como fundar sobre ela uma validez para o problema crítico? É este o ponto para mim mais importante. Sem isso demonstrado, todo o problema crítico perde o seu valor.

– Não concordou você que é uma exigência da filosofia a colocação do problema crítico? Que sem abordá-lo, e nele tomar uma posição, toda filosofia está fadada a perder-se, a evaporar-se, a desvanecer-se?

– Concordo.

– Na verdade, toda posição filosófica denuncia uma posição gnoseológica. Qualquer maneira de considerar filosoficamente a matéria em exame testemunha uma maneira de considerar a validez do nosso conhecimento. Creio que, neste ponto, todos estamos de acordo, e ninguém irá discordar. Não há quem não reconheça que o problema crítico tem importância para o filosofar...

– Pitágoras exigia com as palavras, os olhos e os gestos uma resposta geral. O assentimento de todos era evidente, menos de Ricardo, que disse:

– Reconheço que, para o filosofar, se exige a solução do problema crítico, do valor gnoseológico. Inegavelmente, a filosofia quer alcançar conhecimentos verdadeiros, legítimos, infalíveis.

– Muito bem, Ricardo. A sua atitude agora é positiva e muito útil. Reconhece você que o próprio cético tem a certeza infalível e verdadeira de que não há nenhuma certeza infalível nem verdadeira. Não é possível permanecer na pura negação, pois a pura negação é nada, absolutamente nada. Até o que nega obstinadamente afirma alguma coisa, porque negar obstinadamente uma verdade, um legítimo conhecimento, é recusar o conhecimento. Até o cético tem certezas, pelo menos a certeza de que não tem certeza. Mas, para se ter uma certeza filosófica, impõe-se uma certeza crítica. Fez uma pausa e prosseguiu: – Poderíamos colocar a questão num determinado ponto: estamos todos certos de que há alguma coisa, e que nós, sendo ou não uma ficção, *somos* de certo modo. Temos, pois, certeza do fato de nossa existência, e prova-o até mesmo o estado mental de nossa pesquisa sobre ela.

– Sim – interrompeu Ricardo –, mas em que consiste a certeza? Não é ela apenas afetiva? É ela suficiente para demonstrar alguma coisa?

– Ao lado da certeza – respondeu Pitágoras –, temos a dúvida e a opinião. Na primeira, há o assentimento firme de nossa mente sem receio de errar.

Na dúvida, há esse receio, e a mente permanece suspensa entre opostos: na opinião, há adesão da mente, mas com receio de errar.

– Então, na certeza como na dúvida, temos apenas estados afetivos.

– Há um temor afetivo, mas um temor intelectual, de que se ausenta o afeto. Na dúvida, há simplesmente uma visão intelectual de possibilidades opostas. O que define a certeza não é a inclusão, mas a exclusão do temor de errar. Quando discutimos há pouco, chegamos a algumas conclusões sobre as quais temos certeza, como a de que nem tudo é mentira nem tudo é verdade, que há mentira e há verdade. Se Ricardo, Josias e vocês todos quiserem acompanhar-me, dentro das normas que regem as nossas discussões, creio que só ganharemos todos com isso.

– Ninguém está se opondo ao que desejas, Pitágoras – afirmou Ricardo, com uma voz grave.

– Sei disso. Mas sabemos todos que o momento que abordamos é grave e difícil, e é preciso que seja palmilhado com segurança e boa-fé. Vou prosseguir, pois. – Houve um silêncio entre todos, e Pitágoras, com lentidão, mas com segurança, começou a falar assim:

– Os problemas solúveis são os que podem ser resolvidos por nós, e são legítimos os problemas que não são absurdos. Se o número de estrelas do céu é par ou ímpar, é um problema legítimo, porque não é absurdo, mas é insolúvel, não em si, mas por nós. Quando se pergunta pelo valor do conhecimento humano, precisamos desde logo caracterizar se estamos em face de um problema legítimo e também solúvel. Que é legítimo não há dúvida, porque não é absurdo; que é solúvel, conviria fazer uma distinção. Solúvel em si não pode padecer dúvida. Solúvel, porém, por nós, é inegável, como o provarei. Para os céticos, o valor do nosso conhecimento é negado, permanecendo eles numa constante dúvida sobre a validez de nossos conhecimentos. Contudo, já vimos, quando respondi a Josias, que há verdades as quais alcançamos sem dúvida. Negar a validez de nosso conhecimento ou transformar o conhecimento num problema é estabelecer um pseudoproblema. Perguntar-se se a razão humana tem valor é um pseudoproblema, porque não se pode resolver esse problema sem usar-se da própria razão. O cético não examina nada sem usá-la, e é fundado na validez de argumentos racionais que ele nega o valor à razão humana. Naturalmente, que não vou daí afirmar um dogmatismo exagerado, a ponto de reconhecer que a razão humana é sempre válida para alcançar a verdade, e é por isso que aceito que o problema crítico é legítimo, o que, para um dogmático, não é problema sob nenhuma forma. A pergunta que então se coloca é a seguinte: é a nossa mente apta a conhecer? E se o é, em que grau o é?

Para o dogmático, não há problema, pois seria impossível investigar sobre o valor do conhecimento, porque essa investigação implica dúvida, e esta afirma a aptidão da mente a conhecer, pois duvidar é saber que não se sabe. A dúvida não pode resolver o problema, mas sim uma reflexão precisa. Os céticos também não têm razão em suas afirmações, porque sua posição é contraditória, como já mostrei, e o estado dubitativo é puramente imaginário, porque o cético não procede em sua vida como tal. A posição mais segura é a do exame cuidadoso que procurarei propor. Aceito que há um problema crítico, e sei que aqui todos aceitam que há.

– Permita-me, Pitágoras, que perturbe por um momento a sua boa exposição, mas a finalidade é atalhar caminhos, que, acredito, podem permitir que alcancemos mais facilmente o ponto de chegada. O que você deseja, e também eu desejo, é encontrar um critério seguro para que possamos, então, com ele, aferir o valor das nossas afirmativas, e o diálogo entre nós se torne mais seguro e mais proveitoso. Não há que negar que a inteligência moderna, perplexa ante as dificuldades teóricas e em face do malogro de todas as posições filosóficas, coloca-se numa atitude pessimista quanto ao conhecimento, chegando até o negativismo mais completo. Não é verdade? – perguntou Ricardo.

– Sem dúvida. É um espetáculo a que todos nós assistimos. Mas o negativismo, seja de que espécie for, nega-se a si mesmo.

– Gostaria que me provasse o que diz – propôs Paulsen.

– E não será difícil fazê-lo. Ponhamos de lado as razões de ordem histórica e psicológica, que levam *certa* inteligência, um número elevado de intelectuais, a se colocar numa posição que eu preferiria chamar de niilista, porque, na verdade, tende para o nada. Há duas maneiras de filosofar: uma positiva e outra negativa. A primeira busca afirmações e coloca positividades, e sobre elas erige o edifício de uma construção filosófica segura. A segunda posição predica a negação, a ausência de qualquer base suficiente. Mas a verdade é que o negativismo não se sustenta por muito tempo se lhe for feita uma análise mais consentânea. Senão vejamos: a negação tomada em si mesma é nada, absolutamente nada. Se digo *não*, digo nada. Se digo *não isto*, ou aquilo, nego isto ou aquilo. Tomada em si mesma, pois, a negação é absoluta; é relativa quando é a negação *de* alguma coisa. Ora, o sustentáculo de tudo quanto há aparece, surge, deve, vem a ser, transforma-se, transmuta-se, seja o que for, não pode ser uma negação pura e simples, mas somente uma negação de alguma coisa, ou seja, em função de alguma coisa. Não é possível que o sustentáculo de tudo quanto há seja em si negativo, mas positivo. O que sustenta é uma presença, e não uma ausência total. Consequentemente, a afirmação tem de preceder necessariamente à negação; uma afirmação positiva, uma positividade tem de anteceder a tudo. E é a essa positividade que em todos os pensamentos cultos do mundo chamou-se *ser*. O ser é, pois, de qualquer modo, antecedente a tudo; a afirmação antecede necessariamente a negação, e esta não pode ser compreendida sem aquela. Portanto, há um ser de qualquer modo, um SER que não é apenas a sigla de uma companhia de transportes, como já houve um tolo que assim o chamou, mas uma positividade, uma realidade, que antecede na ordem da eminência, na ordem cronológica, na ordem ontológica e na ordem ôntica a qualquer outro aspecto negativo.

Nenhuma posição, por mais cética que seja, poderia negar a realidade de uma afirmação, a afirmação de uma positividade. Pode o cético negar validez ao conhecimento humano, ou pôr dúvidas sobre ele; ou seja, flutuar seu pensamento, sua mente, sem decidir-se em afirmar com convicção que sabe ou que não sabe. O que, contudo, não pode fazer é afirmar a negação absoluta como fonte e origem de tudo, e terá, de qualquer modo, de partir da afirmação de que há alguma coisa sobre a qual ele desconhece o que seja, como seja, não, porém, que seja. Mesmo um louco, que tal afirmasse, estaria negando as suas palavras apenas em pronunciá-las. Não há negação por parte do nosso espírito, mas apenas a recusa de atribuir-se algo a algo. Não há uma função absolutamente negativa, porque, se tal se desse, ela aniquilaria tudo e afirmaria o nada absoluto, o que é absurdo, porque, teria de afirmar a ausência total e absoluta de qualquer coisa, o que estaria negado pela própria ação de negar, que afirmaria a ação de recusar.

O ceticismo, desse modo, não pode ser absoluto, porque então cairia no mesmo erro em que cai o dogmatismo absoluto. Na discussão que mantive com Josias, comprovou-se que era impossível o ceticismo absoluto, e creio que não há mais necessidade de prosseguir num caminho que já ficou suficientemente esclarecido.

– De minha parte – disse Ricardo –, não tenho dúvida de que o ceticismo absoluto é uma posição falha, e creio que Josias e Paulsen também concordam comigo. Não sou um niilista absoluto, nem eles, segundo me parece, também o são. – Voltou-se para os amigos que confirmaram com um gesto de cabeça. E, tornando-se para Pitágoras, acrescentou: – Contudo, gostaríamos que você provasse que a mente humana é suficientemente apta para conhecer e dispor de um critério seguro para afirmar que isto é verdadeiro ou não.

– Este é inegavelmente o ponto que mais me interessaria abordar. Já disse a todos que ele oferece muitos perigos, e exige uma justificação desde as bases. Creio que não serei aborrecido a vocês se continuar o exame cuidadoso, com maiores análises, a fim de alcançar o ponto que desejam.

– De minha parte, não – atalhou Ricardo. – Desejamos todos, estou certo, que você proceda assim. O tempo pode ser pouco, mas, se não conseguirmos tudo hoje, paciência, prossegue-se amanhã. Não estão vocês de acordo?

Todos afirmaram que sim.

E, então, Pitágoras prosseguiu.

Diálogo sobre o ceticismo

Pitágoras parecia entregue a uma longa meditação. Notava-se claramente que ele procurava o caminho melhor para iniciar a sua exposição. Sabia perfeitamente que lhe cabia abordar um tema difícil, em torno do qual gira, inegavelmente, quase toda a problemática moderna, e que é também ponto de partida para a solução de muitas das maiores preocupações humanas. Depois de algum tempo, tendo perpassado o olhar pelos circunstantes, começou assim:

– Que vale o conhecimento humano? É essa, sem dúvida, a grande pergunta. Dizem os céticos, para justificar a sua descrença no conhecimento, que o homem erra. Mas, se erra, não erra sempre, porque, se sempre errasse, como poderia saber que erra, sem que alguma vez não tenha errado?

Mas a mente humana se contradiz, alegam. Mas, se se contradiz algumas vezes, é porque nem sempre se contradiz. Pois, como poderia ser possível notar que se contradiz se não houvesse o inverso da contradição?

Os idealistas afirmam que não podemos saber o que a coisa é em si. Não negam o conhecimento, mas apenas mostram um aspecto da natureza do conhecimento. Os relativistas afirmam que o conhecimento é relativo e que, portanto, não há verdades imutáveis.

Enfim, todos que negam certa validez ao conhecimento afirmam que a mente humana não é apta a adquirir uma verdade indubitável.

— Gostaria, Pitágoras, que você apontasse alguns pontos de certeza para justificar a sua posição, que serviria também para justificar o que teve oportunidade de dizer quando dialogou com Josias, propôs Reinaldo.

— É o que pretendo fazer. Podemos começar pela certeza de que há alguma coisa, desde que somos capazes de pensar, de sentir, amar, sofrer. Nós somos alguma coisa, e não nada, porque somos capazes de cogitar, de sentir, de sofrer.

— Não poderíamos ser o sonho de uma borboleta como dizia aquele filósofo chinês? – atalhou, para perguntar, Ricardo.

— Vamos admitir que fôssemos o sonho de uma borboleta e que, nesse sonho, há alguém que imagina que é consciente: nós.

— Nesse caso, não existiríamos?

— Não existiríamos em nós mesmos, mas existiríamos no sonho da borboleta. Tal possibilidade afirmaria apenas que não temos o que em filosofia se chama *aseidade*, ter o ser por si mesmo, pois seríamos em outro, na mente da borboleta. Teríamos, então, inalidade; ou seja, seríamos em outro, *alius*, ou vindos de outro, *ab alius*, abaliedade. Mas quem poderia predicar que esse sonho dessa borboleta é absolutamente nada?

— Acho que você tem razão, Pitágoras – apoiou Artur.

— E, sem dúvida, tenho razão. Tais argumentos não afirmam o nada absoluto, mas apenas que algo existe, seja em si, ou seja em outro. Portanto, podemos afirmar que somos alguma coisa, e o homem tem conhecimento de si ao sentir-se, ao pensar, ao cogitar. Temos a certeza, portanto, da nossa existência. Se há alguma objeção aqui, gostaria que alguém a fizesse.

— Mas, num sonho, Pitágoras, podemos pensar que somos outra pessoa e, nesse sonho, essa pessoa ter a consciência de que é ela mesma, e não nós, que sonhamos.

— Que seja! – concedeu Pitágoras. – Mas jamais poderíamos dizer que o sonhado é meramente nada.

— Mas, passado o sonho, deixou de ser – propôs Josias.

— Sim, deixou de ser. Mas, de qualquer modo, foi, não sendo um absolutamente nada. Podemos ser o pensamento de um ser outro que nós, mas de qualquer modo somos e existimos nesse pensar desse ser superior. E, ao termos consciência de que somos, temos um saber certo da nossa própria existência. Posso não saber o que seja esta pera, mas sei que não é um absoluto nada, mas alguma coisa, uma ilusão, uma ficção, um pedaço de sonho; não, porém, *nada*. Sei que quero, que conheço, e não posso dizer que não existo. — Pitágoras esperou que alguém objetasse. Vendo que ninguém se atrevia a discordar, prosseguiu: — Não pode tudo ser ficção, já vimos. Mas a própria ficção afirma que há alguma coisa. E, se todos os nossos espontâneos conhecimentos fossem ficcionais, fossem ilusórios, todos seriam então ilusórios, e não haveria possibilidade de refletir de modo certo em nenhum momento. E, se todos fossem ilusórios, nada haveria em nossos conhecimentos, senão uma universal ilusão. E, se assim o fosse, se padecêssemos de universal ilusão, afirmaríamos alguma coisa de certo, conheceríamos alguma coisa de certo.

— Como assim, Pitágoras? — perguntou, avidamente, Artur.

— Sim. É fácil compreender, como já vimos, que nem tudo pode ser falso, como já o provamos. E também que nem tudo pode ser ilusório, porque seria ilusória a afirmação de que tudo é ilusório, pois seria certo que tudo é ilusório e, então, nem tudo seria ilusório. Afirmar que tudo é verdade ou que tudo é mentira é contraditório, já vimos. Do que não há dúvida é que conhecemos certas verdades.

— Admite, então, você que o homem conhece naturalmente a verdade? — perguntou Ricardo.

— Sem dúvida, — respondeu Pitágoras.

— Então, por que há filósofos que duvidam dessas verdades obtidas espontaneamente? Ninguém deveria duvidar delas.

— Que realmente duvidam, concordo. Duvidam ilusoriamente. Alguns filósofos negaram a verdade dos princípios primeiros, mas duvidaram em algumas das suas aplicações. Excluo naturalmente os céticos, porque esses teimam sempre em duvidar.

– Mas, se não é possível demonstrar as verdades fundamentais, como se pode, com base científica, aceitar as verdades derivadas? – perguntou Ricardo.

– Nenhum cientista aceita como demonstrável o que não é demonstrado; mas nenhum de bom senso aceitará como indemonstrável o que não foi ainda demonstrado.

– Mas aquilo que é demonstrável deve ser demonstrado cientificamente.

– E também o que é indemonstrável. E como poderia alguém arguir que as primeiras verdades são indemonstráveis porque, para o serem, deveriam ser demonstradas, e essas, que demonstram, por sua vez, demonstráveis, e iríamos ao infinito. Mas há verdades que se *mostram* imediatamente, como as que já salientamos. Fundados nelas, podemos mostrar a validez de outras, ou seja, *de monstrá-las*.

– Então, teria você que provar que a nossa mente é apta a conhecer verdades – propôs Reinaldo.

– Já o fiz, pois *mostrei* que alcançamos a verdade, como a de que tudo não pode ser ficção, que nem tudo pode ser verdade, nem tudo pode ser falso. A mente humana é apta a alcançar certas verdades, sem dúvida, de evidência objetiva, mas proporcionadas ao homem, porque, naturalmente, nossa mente não é algo que esteja fora e seja totalmente outra que a natureza. Essas verdades destroem, de uma vez, o ceticismo universal.

– Mas não pode você negar que nossos sentidos nos levam ao erro – alegou Ricardo.

– Não o nego; mas nego que nos levem *sempre* ao erro. Se nossas faculdades cognoscitivas nos levassem sempre ao erro, poderia haver razão. Mas tal é contraditório, porque sentir-se em erro é ter já certa visão da verdade, porque saber que estamos errados é saber que não estamos na verdade, e que, portanto, há verdades. Nossos meios cognoscitivos nos levam ao erro acidentalmente, não necessariamente. Se erramos, não erramos sempre. Precisaríamos provar que nossos meios cognoscitivos nos levam ao erro por condição de sua natureza, o que não é possível admitir, porque, então, provaríamos a capacidade de perceber o erro, o que implica uma comparação a uma verdade perscrutada de certo modo.

– Não se pode negar que há erros intelectuais – afirmou Josias.

– Sei que os há. Mas não se pode dizer que nosso intelecto necessariamente erra sempre.

– Mas podemos errar sem saber que erramos.

– Sim, mas podemos saber que erramos. E tanto é assim que posteriormente descobrimos nossos erros.

– Então, o seu único critério é a evidência. Mas essa é subjetiva e não suficiente para afirmar a verdade – alegou Ricardo.

– Se eu realmente me fundasse apenas na evidência, ou nas ideias claras de Descartes, ou nos três princípios de Balmes e da neoescolástica, estaria certa a sua alegação. Contudo, essa não é a minha posição. Sei que a evidência é subjetiva, e não é nela que desejo fundar um critério de conhecimento, mas uma evidência objetiva; melhor diria, numa objetividade independente de todos os preconceitos ou condições psicológicas de qualquer espécie.

– Pois é essa demonstração que está fazendo falta – acrescentou Josias.

– Chegarei lá se tiver forças para tanto.

– E não esqueça que o valor da razão prova apenas a seu favor e nada mais – apoiou Ricardo.

– Se me fundasse apenas na razão, e em si mesma, essa afirmativa estaria certa. Mas é que o estabelecido pela razão pode ser comprovado objetivamente. A força da razão está na sua adequação aos fatos e nada mais. Contudo, há validez de ordem ontológica que supera até a razão, embora não negue seus fundamentos, pois, ao contrário, os fortalece. Mas, para prosseguir e alcançar o que desejo, impõe-se que eu examine certas doutrinas, para que não sejam seus argumentos apresentados depois, obrigando-me a retornar aos pontos já examinados. – Fez uma pausa e prosseguiu: – Verificamos que o ceticismo universal é de desprezar. Verifiquemos agora se cabem melhores fundamentos ao relativismo em geral. Estabelecemos de início o fundamento do relativismo. Para essa teoria filosófica, a nossa verdade e o que conhecemos são relativos ao sujeito cognoscente. O objeto conhecido é proporcionado à atividade subjetiva do cognoscente. Assim, o mundo do cão Riquet é outro que o do homem. Conclui o relativismo em geral que não conhecemos o objeto como ele o é em si; que não somos capazes de distinguir entre o conhecimento verdadeiro e o falso, e que não há oposição contrária entre verdade e falsidade e, consequentemente, que os contraditórios não podem ser simultaneamente verdadeiros ou simultaneamente falsos. Há um relativismo universal e um particular. Para o primeiro, todas as nossas verdades são relativas, enquanto para o segundo são a quase totalidade. Desse relativismo universal, devemos salientar o que se caracteriza por ser intelectualista de o que é anti-intelectualista. Se o segundo nega a verdade absoluta, porque nega valor especulativo ao intelecto, o primeiro nega a verdade absoluta porque nega ao intelecto especulativo capacidade de medir suficientemente o objeto. E é esse relativismo intelectualista que surge com o nome de idealista ou fenomenística, que afirma que a atividade cognoscitiva capta o próprio ser do objeto, o qual não tem uma existência em si, e que é como realmente aparece na consciência.

– Pitágoras, perdoe-me, mas não compreendi bem – interrompeu-o Vítor. – Ouço muitas vezes falar em fenomenologia, e já tenho lido alguma coisa a respeito, mas gostaria que você me precisasse este ponto, pois há tanta confusão sobre o idealismo que gostaria que me mostrasse onde está claramente a sua diferença.

– Pois não – respondeu Pitágoras. – Dentro do que entendo e do que parecem entender os que melhor estudam esses temas, para o idealismo, o objeto em si, o objeto por exemplo do mundo exterior, não é como ele nos aparece. O que dele captamos é o fenômeno, o que aparece à nossa mente, já que esse termo fenômeno vem de *phaos,* luz, em grego, que indica, portanto, o que vemos das coisas. Na verdade, esta árvore não é em si como ela é fenomenizada para nós. O que dela captamos, como árvore, é apenas a construção do que aparece à nossa visão intelectual. Para o relativismo, tomado em geral, a verdade é relativa à nossa mente, segundo o modo pelo qual a conhecemos. Ora, essa tese é positiva, e o relativismo, se apenas permanecesse aqui, só poderia ser negado pelo dogmatismo absoluto, que já mostramos ser tão absurdo como o ceticismo absoluto. Mas onde o relativismo em geral se excede é ao acrescentar ainda que é relativo segundo o que conhecemos.

– Parece-me, Pitágoras que, se você explicou bem a primeira parte, esta segunda está confusa, não só para mim, mas, creio, para todos – alegou Vítor.

– Talvez não me tenha explicado ainda bem, mas pretendo fazê-lo melhor um pouco mais adiante. Este ponto, que julgo não ser positivo, terá sua explicação se me deixarem examinar alguns aspectos que são de magna importância. Eu lhes disse que primeiro teria de mostrar o pensamento alheio que é improcedente no setor do conhecimento, para, finalmente, justificar a posição que adoto, e que, naturalmente, tais providências exigem certas medidas que não podem ser dispensadas. O filósofo que melhor representa o relativismo é, sem dúvida, Protágoras, que concluiu ser o homem a medida de todas as coisas que são e das que não são. O conhecimento humano é, portanto, algo que o homem modela segundo o que o homem é. Górgias dizia que não existe o ente inteligível e imutável, e, se existisse, nós nada dele poderíamos conhecer, e, se acaso conhecêssemos algo, nada poderíamos comunicar aos outros.

Ora, o relativismo, na verdade, reduz-se ao ceticismo, e refuta-se pela mesma impossibilidade de ser tudo falso ou de ser tudo verdadeiro, pois há coisas falsas e coisas verdadeiras, como já vimos. Nem tampouco podem as coisas ser verdadeiras e falsas sob o mesmo aspecto, porque seria ofender o princípio de identidade...

– Permite-me um aparte, Pitágoras? – pediu Ricardo.

– Pois não.

– A validez do princípio de identidade você ainda não provou; como é que deseja sustentar-se nele para querer demonstrar que não procedem as afirmativas do relativismo?

– Julguei que não haveria dúvidas quanto a esse princípio, o que me obrigaria a fazer uma interrupção na minha exposição para justificá-lo.

– Creio que é isso que deveria fazer antes de prosseguir. Essa opinião, julgo, é também a de todos aqui. – E voltou-se para os companheiros, que concordaram com gestos.

– Está bem – disse Pitágoras –, farei o que desejam. Mas creiam que as melhores provas não são as que vou oferecer, embora sejam suficientes para esclarecer o que, na verdade, se entende por princípio de identidade. E digo isso porque há muitos filósofos, até mesmo de certo renome, que não sabem bem em que consiste esse princípio. – Fez uma pequena pausa e prosseguiu: – Quando se atribui a um sujeito um predicado, afirma-se a presença deste no sujeito. Ou o sujeito o é, ou o tem, ou dele participa de certo modo. Quando se nega um predicado de um sujeito, recusa-se a presença do predicado de qualquer modo que seja. Ora, afirmar-se a presença e ao mesmo tempo a ausência é um contrassenso, pois se afirma que algo há e que esse mesmo algo não há. Há contradição, porque se diz agora contra, quando se afirmam simultaneamente a presença e a ausência. Como essa situação é impossível, porque uma diz que há, e outra diz que não há, constrói-se, daí, o que o homem chama de princípio de contradição, cujo melhor enunciado, a meu ver, seria o seguinte: não se pode, por haver falta de validez, afirmar a presença e, simultaneamente, a ausência de um predicado, sob o mesmo aspecto, em alguma coisa. Assim, o relativista não ofende o princípio de contradição quando diz que todas as coisas são relativas, ao atribuir relatividade a todas as coisas; digo contradição, porque há contradição em serem todas as coisas relativas, porque o relativo implica algo real que dê realidade à própria relação. Uma relação sem bases reais não é real.

– Mas essas bases a que você chama reais poderiam ser relativas – alegou Vítor.

– Poderiam – prosseguiu Pitágoras. – Mas, por sua vez, se fundariam em outras relativas. Contudo, não poderíamos ir assim ao infinito, e afirmar que tudo é relativo porque vem de relações, pois estas não sustentariam a si mesmas, já que a relação exige relacionantes, e os últimos sustentáculos teriam de ser reais, e não relativos, para dar fundamento à relação. Quando o relativismo afirma que há coisas relativas, não erra, mas o faz quando diz que *só há* coisas relativas.

– Mas, no tocante ao conhecimento, o relativismo não nega essa realidade, nega apenas o conhecimento humano, afirmando que esse conhecimento é relativo; ou seja, que o homem não pode conhecer como as coisas são em sua realidade, mas só como fenomenisticamente elas aparecem para ele.

– Muito bem, Reinaldo. Você explicou bem, e suas palavras muito me vão ajudar. Mas antes, digam-me vocês, concordam que é suficiente a explicação do princípio de identidade que dei?

Alguns concordaram, mas Vítor reiterou sua posição, dizendo:

– Mas, Pitágoras, as coisas fluem, sem dúvida, e, quando fluem, elas não são sempre as mesmas, pois, a cada instante, somos diferentes, e são diferentes todas as coisas umas das outras e de si mesmas. Como haver identidade entre elas?

– Mas isso não destrói o princípio de identidade. Julga você que os filósofos que defendiam o princípio de identidade não sabiam que as coisas fluem e que são diferentes em cada instante do que foram no instante anterior? Dessa ingenuidade não os acuse, porque não a cometeram. O fato de haver mobilidade, e até mutação, das coisas não implica que elas neguem a identidade da presença, porque alguma coisa permanece quando algo se mutaciona. Uma mutação absoluta seria absolutamente negativa e negaria a própria mutação. O fato de mudarmos constantemente não é uma mutação absoluta, porque então deixaríamos de ser. Alguma coisa muda em nós e alguma coisa permanece, porque, do contrário, não notaríamos mutações, mas apenas aniquilamento.

Quando meu braço se move, ele é diferente em cada instante do movimento, mas é o meu braço que, como *meu braço*, permanece no movimento. A mutação não destrói o princípio de identidade, nem destrói a mutação substancial, a corrupção, pois, quando uma coisa deixa de ser o que é para ser outra, como a madeira que, pela combustão, deixa de ser lenha para ser cinza e carvão, tal fato não nega a identidade, porque a madeira é madeira enquanto é madeira, e é carvão enquanto é carvão. O carvão é uma possibilidade da madeira apenas, que se tornou em ato, deixando aquela de ser madeira para tornar-se em carvão. Nada disso ofende o princípio de identidade.

– Mas, se a madeira pode tornar-se carvão, e sendo o carvão outro que a madeira, a madeira é contraditada pelo carvão, pois ela de certo modo é já o carvão, embora potencialmente – alegou Vítor.

– Muito bem – respondeu Pitágoras. – Seu argumento vem a meu favor. A madeira enquanto é, em ato, madeira é madeira. Mas, em potência, ela pode vir a ser carvão. Mas o que é em potência alguma coisa não é em ato. Não há aí contradição, porque só haveria se, sob o mesmo aspecto e simultaneamente, a madeira fosse em ato madeira e, em ato, carvão.

– Mas a madeira pode conservar-se, então, como madeira e pode ser carvão. Se carvão é outro que a madeira, a madeira tem a possibilidade simultânea, sob o mesmo aspecto, de ser, ora de não ser, o que afirma, portanto, a contradição – alegou, com energia, Vítor.

– Ótima a sua intervenção, Vítor. Este ponto é de máxima importância para o esclarecimento do que estamos abordando. No que é em ato, ou o atributo é presente ou é ausente, porque no que está em ato não pode haver, ao mesmo tempo, e sob o mesmo aspecto, a presença e a ausência de um atributo. Mas, no que é em potência, o atributo ainda não está presente em ato nem ausente, porque o que pode vir a ser pode ser de modos diferentes. A contradição pode dar-se potencialmente, não atualmente. Eu poderia agora estar aqui ou em outro lugar. Essa possibilidade eu tinha, mas eu estou aqui, estou aqui, e não em outro lugar, salvo se tivesse o dom da ubiquidade, o que não tenho. Este ponto é de grande importância, e seu valor revela-se agora, e ainda há de revelar-se mais adiante. Note-se, agora, que a possibilidade atualizada exclui as outras possibilidades que não o foram. Se a madeira se torna carvão, a possibilidade de permanecer madeira desvaneceu-se. A matéria, que compõe a madeira, não pode ser, ao mesmo tempo e sob o mesmo aspecto, a madeira que foi, e o carvão que ela é agora. Vê-se, assim, que o fluir das coisas não ofende o princípio de identidade.

E fez uma pausa. Pitágoras aguardou algum tempo, e, como ninguém objetasse mais nada, prosseguiu ele do modo que se segue.

Diálogo sobre o relativismo

Pitágoras, voltando-se para os amigos, recomeçou com estas palavras:
– Disse que o relativismo universal é contraditório e que pode ser refutado como se refuta o ceticismo universal. O ceticismo universal leva ao nada, como o relativismo universal também. Mas o relativismo, quando apenas se cinge ao conhecimento humano, assemelha-se ao ceticismo moderado, puramente gnoseológico. É o que me cabe demonstrar. O ceticismo nega o princípio de contradição. Ora, esse princípio decorre do princípio de identidade. Pois, se uma coisa é o que ela é, sob o mesmo aspecto não se poderia predicar a presença de um atributo e ao mesmo tempo a sua ausência e haveria contradição quando se afirmassem a presença e a ausência simultâneas sob o mesmo aspecto, de tal atributo. É esse o verdadeiro sentido do princípio de contradição. E notem que o relativismo universal fenomenístico nega que possamos conhecer a realidade, enquanto é em si mesma, mas apenas a conhecemos como a realidade aparece para nós. Ora, não há meio-termo entre a verdade e a falsidade, porque uma coisa, se fosse verdadeira e simultaneamente falsa, ofenderia o princípio de contradição. Nesse caso, o relativismo universal fenomenístico não pode admitir uma cognição certa, porque, se tal admitisse, deixaria de ser universal. Uma teoria que defende essa tese torna-se cética consequentemente, porque o ceticismo universal afirma que todos os conhecimentos são ilusórios.

— Mas, se não é possível alcançar a verdade, é possível alcançar certa verossimilhança — alegou Ricardo. — Não posso saber como absolutamente verdade que estejamos aqui, mas é suficientemente verossimilhante que estamos aqui.

— Mas a verossimilhança, Ricardo, é um grau de ilusão que se afasta da ilusão pura para aproximar-se da verdade. Nesse caso, admitiria você que há graus nas ilusões; umas menos e outras mais próximas da verdade. Como medir a verossimilhança senão por um critério de verdade? E afirmar tal não é negar validez ao próprio ceticismo? Pois o que dá mais verossimilhança não é a presença de mais verdade que de ilusão? Desse modo, negaria a sua afirmação de que tudo é falso, e afirmaria que tudo é verdadeiro em certo grau. A verdade seria gradativa, mas haveria um grau máximo, e esse seria a verdade em seu esplendor. E, ademais, afirmaria que há no homem um critério de verdade, que é o da verossimilhança, que lhe permite alcançar um grau maior de verdade. Mas como poderia medir esse grau de verdade sem a verdade? Se meço os graus de calor, preciso, em primeiro lugar, do calor para dizer que há mais calor aqui que ali. O ceticismo, admitindo a verossimilhança, nega a si mesmo. E, como o relativismo universal fenomenístico é nada mais que ceticismo universal, refutado está como está aquele.

Ninguém respondeu às palavras de Pitágoras. Ele então prosseguiu:

— Toda concepção cética nega uma verdade natural ao homem. Consequentemente, também a nega o relativismo, por ser cético. E refuta-se, como se refutou aquele. E não se pode alegar também o fato de haver discordância entre os filósofos quanto às verdades. As discrepâncias surgem porque o nosso intelecto não leva indefectivelmente à verdade absoluta, mas esse defeito é defeito, e não é de sua natureza, pois alcançamos verdades, como já o mostramos quando iniciamos este diálogo.

— Mas como se explica que se possa disputar sobre essas verdades? — perguntou Vítor.

— Sim, disputa-se sobre o que é disputável, não sobre o que é indisputável. É indisputável que alguma coisa há, e sobre isso toda disputa provaria que alguma coisa há. De mente sã, é impossível disputar aqui. Há, portanto, verdades indisputáveis. As disputáveis são apenas aquelas que oferecem dificuldades teóricas, o que a filosofia chama de *aporia*. Disputam-se as aporias, não o que é *de per si* evidente. As dificuldades partem de pressuposições que não são suficientemente esclarecidas, e a disputa revela que nossa mente se dispõe, e está disposta, a alcançar verdades; senão por que disputaríamos? Se o relativismo tivesse razão, não haveria possibilidade de antagonistas colocarem-se em pontos opostos. A presunção de possibilidades verdadeiras indica que há alguma verdade absoluta, pois como a verossimilhança e as comprovações seriam possíveis? Depois, não se deve exagerar a discrepância que há entre os filósofos. Se há pontos onde há discrepâncias, há outros em que elas não surgem. Não há discrepância alguma possível sobre *haver alguma coisa*. E as conclusões absurdas, que verificamos em certos filósofos, facilmente percebemos que surgem elas de premissas falsas, que não foram suficientemente examinadas. Pode-se concluir, e é o que desejo fazer, e depois provar, que o homem pode alcançar a verdade, embora imperfeita em seu enunciado e em sua visão; que o homem pode construir uma ciência, embora seja ela difícil.

– Afirma então você que o homem pode conhecer uma ciência perfeita. Pois bem, onde está ela? – perguntou Ricardo.

– Não afirmei tal coisa. Afirmei apenas que o homem pode ter uma ciência certa, não perfeita de modo absoluto, mas apenas na perfeição que cabe à certeza. É certo que sou eu, não o sei porém de modo absolutamente perfeito – respondeu, com firmeza, Pitágoras.

– Mas você sabe que me dedico ao estudo das ciências naturais, pois estudo medicina, e o faço com afinco. À proporção que se progride no conhecimento científico, mais coisas obscuras surgem, mais sombras se colocam no horizonte do conhecimento. O muito saber não nos aproximou mais das soluções últimas. Não é isso uma demonstração de que não há uma ciência certa, como você afirma?

Essa alegação de Ricardo agradou vivamente a Vítor e a Josias, que revelavam em seus rostos um vislumbre de vitória. Pitágoras compreendeu a satisfação que lhes causaram tais palavras. Deixou que gozassem de sua satisfação. Não se perturbou por isso. Ao contrário, uma imensa simpatia humana se revelava em seus olhos, e um sorriso cheio de bondade e até de amor brilhava em seu rosto. E, com uma voz bem cálida e suave, respondeu:

– Nem todas as conclusões da ciência são obscuras ou se tornam obscuras. A ciência esclarece, e muitos pontos tornam-se simples. Onde a ciência nada consegue esclarecer (e este é um aspecto importante e que vem a meu favor) é quando ela se refere aos primeiros princípios e às primeiras conclusões. Estas escapam ao seu âmbito e pertencem à filosofia. Aí, só esta é hábil para examiná-los. Mas tal fato não pode negar o progresso da ciência enquanto tal, apenas revela que o seu âmbito é proporcionado aos seus métodos. Há outro âmbito que a transcende. E esse é o da filosofia.

– Mas há afirmações da ciência que se opõem às da filosofia – alegou Vítor.
– Vimos muitas vezes, na história, os filósofos digladiarem-se com os cientistas. O exemplo de Galileu é um deles.

– Realmente. Seria estultícia negar tal coisa. Mas é preciso fazer justiça aos adversários de Galileu. Que afirmava este? As suas afirmações fundamentais eram de que a Terra se movia, que o Sol permanecia estático, e que era este o centro do universo. Contrariava, assim, as afirmações dos estagiritas, seguidores que eram de Aristóteles. Na verdade, a Terra é movida, e não se move, ela não se move por uma força intrínseca, mas extrínseca. Negavam os adversários de Galileu que a Terra fosse semovente, ou seja, que tivesse um princípio imanente de seu movimento. A Terra é um móvel, e um móvel exige uma causa eficiente extrínseca que o mova. A Terra é movida, e não *se* move. Dizer-se que o Sol é estático era absurdo, e o é. Afirmar, afinal, que o Sol é o centro do universo não tinha a seu favor nenhuma base. Não julguem que justifico os adversários de Galileu, mas tanto este como aqueles não conheciam plenamente os fatos. Mas note-se que os adversários de Galileu se fundavam apenas no fato de serem temerárias as suas afirmações, por não terem a seu favor fatos suficientes que as justificassem. E, ademais, por seu espírito polêmico, Galileu fora além do âmbito da ciência, e fazia afirmações precipitadas.

– Mas os antigos, ou pelos menos os dessa época, não admitiam que a Terra fosse esférica – alegou Vítor.

– Tal não é verdade, Vítor. A esfericidade da Terra já fora afirmada por Pitágoras, e muitos escolásticos, antes de Galileu, já sabiam disso. Esta é uma das tantas afirmações sem fundamento que é costume fazer-se.

– Vejo que você gosta de defender sempre os escolásticos! – afirmou Vítor.

– Defendo todas as ideias quando justas. Não pertenço a nenhuma delas, pois penso por mim, e, sempre que minhas ideias encontram semelhança com uma posição filosófica, faço-lhe justiça. Procuro saber o pensamento de todos, mas não me submeto a nenhum. Mas peço a todos que convenham numa coisa. Nossa conversação está-se afastando das normas aceitas, e tomando rumos acidentais. Prometo um dia justificar a minha admiração pela escolástica, mas prefiro que, por ora, permaneçamos no terreno do relativismo e da refutação que lhe estou fazendo. Concordam com a minha proposta?

– Sem dúvida, Pitágoras – alegou Artur. – Há tempo depois para examinar esse e outros pontos. Prossiga de onde estava, pois, do contrário, perde-se o fio da meada.

Todos concordaram, apoiados pelo silêncio de Ricardo, Vítor e Josias. Pitágoras prosseguiu então:

– A mutabilidade das coisas que pertencem à ciência não impede que esta fundamente seus conhecimentos, porque nessa mutabilidade há sempre algo que se estabiliza e que revela uma necessidade. Nem se pode alegar que a ciência não possa progredir, pois o terreno, no qual ela exerce suas experimentações, é um terreno movediço, porque esse movediço é acidental, e não substancial. E do que se move, do que se muda e transmuta, o espírito humano pode abstrair noções essenciais e fixas, e com elas construir juízos seguros, que são deduzidos e induzidos.

– Mas tudo quanto conhecemos está sujeito às nossas condições psicológicas, são relativas a elas – alegou Vítor.

– Sim – respondeu Pitágoras –, mas apenas ao que é relativo às nossas condições psicológicas. Com essas coisas que são relativas, concordo, com as outras não. O que é conhecido é relativo, como o é essa árvore; mas o conceito pelo qual é conhecida essa árvore, a forma que temos, como esquema noético, mental, dessa árvore, não. Esse objeto é verdadeiramente *árvore*, porque é existencialmente o que o conceito *árvore* quer dizer. Você é verdadeiramente homem, porque tem a forma humana, embora eu só o conheça relativamente.

Ninguém mais respondeu nem perguntou nada. Pitágoras então, dirigindo-se a todos, continuou:

– E digo mais. Também o idealismo, tomado em seu sentido genérico, é refutável quanto ao que se refere ao conhecimento. Se não estiverem cansados, prosseguirei provando essa minha afirmação. Querem que o faça?

Diálogo sobre o idealismo

O assentimento foi geral. E Pitágoras, então, prosseguiu:

– Qual é a afirmação fundamental dos idealistas? É que simplesmente o objeto, que é conhecido, é totalmente imanente ao sujeito cognoscente. Mas é preciso distinguir o idealismo moderno do antigo idealismo, como o platônico. Para este, há uma distinção entre a mente humana e a realidade da experiência. Mas o idealismo moderno nega essa distinção; para ele, não há essa distinção. Há um idealismo moderno acósmico, que chega a negar até mesmo a existência real do mundo corpóreo. Há outro, o chamado empírico, que admite apenas a existência do eu individual da existência. O idealismo fenomenístico afirma que nos é impossível transcender nossas subjetivas modificações, ou seja, os fenômenos, e há um idealismo integral, mais conhecido por solipsismo, que nega toda a coisa em si, e que coincide com o idealismo empírico, afirmando apenas a existência do eu individual da experiência, que, para os solipsistas, é apenas o eu do solipsista em sua individualidade única. Mas o idealismo transcendental admite um eu comum e estável.

– Seria preferível que você mostrasse, Pitágoras, que o idealismo em gênero é falso – propôs Ricardo. E acrescentou: – De minha parte, não morro de amores por idealismo de nenhuma espécie, e gostaria de conhecer suas razões em desfavor dessa posição.

– É o que pretendo fazer – respondeu Pitágoras – Mas será impossível não fazer referência a um e a outro, porque, se posso refutá-los genericamente, gostaria também de refutá-los especificamente.

— Faça como achar melhor, Pitágoras — interveio Artur. — De minha parte, desejo penetrar em todos os caminhos, pois creio que será melhor conhecer a todos que a alguns, e noto que suas palavras parecem coincidir com o que há de mais profundo em mim mesmo.

— Parece que Pitágoras já tem um discípulo — disse, rindo, Vítor, sem esconder certo sarcasmo. Artur compreendeu a sua intenção. Por ser o mais jovem, não pôde evitar certo enleio, que se revelava no rosto, que se coloriu de um leve rubor. E não esperou mais para responder:

— Não seria nenhum motivo de vergonha para mim. Todos nós temos de reconhecer que Pitágoras fala como um mestre. E, se eu fosse seu discípulo, bastante me honraria.

— Obrigado, Artur. E creia que não o decepcionaria — disse, com um sorriso benévolo, Pitágoras. — Eu muitas vezes já disse que os homens podem ser classificados como homens da tarde, homens tardios, crepusculares, que são bem a expressão da hora que passa. E, para mim, não escondo nunca as minhas opiniões. Tanto Vítor como Ricardo como Paulsen são ainda homens predominantemente tardios, embora, em graus diferentes, sejam um pouco noturnos, homens da noite, aqueles que gostam de interrogar as trevas e perscrutar as estrelas. Você, Artur, é um desses homens. E quem poderia conhecer as madrugadas senão aqueles que permanecem despertos nas trevas assim. Você é noturno como eu, e as trevas nos confraternizam, porque ambos gostamos de interrogá-las. Elas nos propõem enigmas que desafiam a nossa argúcia. Os homens tardios nem pressentem a noite que vem, porque, voltados para o crepúsculo, não percebem as sombras que avançam às suas costas. Você gostaria de descobrir uma aurora que o iluminasse de uma luz tão clara que aos poucos alcançasse a plenitude do meio-dia. É essa a sua meta. De homem noturno, quer ser um homem da madrugada, para ser afinal um homem do meio-dia. Mas pode ficar sabendo que só se alcança essa plenitude de luz depois de enfrentar o crepúsculo. Enfrentemos o crepúsculo...

— Nós somos o crepúsculo, Ricardo, e você também, Paulsen, como eu – disse com sarcasmo Vítor. – Pitágoras não nos poupa pelo simples fato de não estarmos sedentos de certezas e não vivermos a sua verdade.

— Não é isso. Não compreendam mal as minhas palavras. Não os desprezo. Ao contrário, quero bem a vocês todos, e preciso de vocês para prosseguir o meu caminho. O que deploro é que vocês se satisfaçam apenas em admirar os cambiantes crepusculares, e não queiram ir além, por medo, ou covardia.

— Parece-me, Pitágoras, que suas palavras se tornaram um pouco fortes. Mas não lhe quero também mal por isso. Compreendo que não se compatibilize com as nossas atitudes, mas não precisa ofender-nos – disse, com sarcasmo maior ainda, Vítor.

— Não há ofensa no que disse – afirmou Pitágoras com tranquilidade. – Não lhes desgosto por isso. Quero apenas salientar que há muitos caminhos e mais belos, e queixo-me apenas de vocês se comprazerem nas belezas crepusculares. Mas estou certo de que não ficarão aí sempre. Um dia também há de se iluminar a sua aurora, como já se iluminou a minha, quando, em certo período de minha vida, extraviei-me na contemplação dos crepúsculos, pensando que eles eram eternos.

— Deixemos essas divagações líricas, Pitágoras – propôs Vítor. – Sejamos práticos, e aproveitemos melhor nosso tempo, porque já se faz tarde, e creio que, por hoje, pouco adiantaremos. Você nos prometeu refutar o idealismo. Pois faça-o. Não iremos, creio, defendê-lo, porque, de minha parte pelo menos, antipatizo solenemente com essa posição filosófica, que, para mim, tem feito mais mal que bem ao pensamento humano.

— Essa também é a minha opinião – apoiou Ricardo.

— E a minha também – afirmou Paulsen.

— Contudo, gostaria que alguém me objetasse quando eu fizer as minhas demonstrações, porque estamos todos aqui movidos por uma intenção digna, e não seria conveniente que não se esclarecesse, dentro de nossas forças, o que deve ser esclarecido. Voltemos, pois, ao tema que estamos examinando.

E prosseguiu: – O idealismo funda-se no princípio da imanência, de que, portanto, só conhecemos o objeto interno de nossa cognição. Este é um produto total da atividade cognoscitiva. Seu ser é puramente seu conhecer. Ora, cabe ao idealismo provar, em primeiro lugar, seu princípio da imanência. E como o demonstram os idealistas? Afirmando a presença do objeto de cognição em nossa mente. Mas isso prova apenas uma imanência intencional, e não uma imanência total. Não se pode afirmar que apenas o objeto existe em nossa mente. Se nossa mente produz entes de razão, tal não prova que produz totalmente o objeto. Ora, tal coisa não provam os idealistas. Em oposição aos idealistas, os realistas afirmam que há algo que transcende o nosso conhecimento, e que a verdade é independente de nossa cognição. É aí que se trava o debate, o qual eu gostaria de discutir. A posição idealista, em sua afirmação universal, torna-se relativista e cética, e é refutável enquanto tal, porque, na verdade, o idealismo acaba por reduzir-se ao ceticismo e ao relativismo.

– Proponho uma objeção, Pitágoras – interveio Ricardo. – Nós só conhecemos o que está presente em nossa cognição. Portanto, o que conhecemos é imanente à nossa cognição.

– Boa objeção, Ricardo. Mas o que está presente na cognição está intencionalmente, não realmente. Não prova que toda sua realidade esteja na cognição.

– Mas, Pitágoras, para que se conheça a verdade no ente real, haverá necessidade de que o conhecimento seja adequado à coisa. Observamos que o cognoscente não pode sair de sua cognição. Nesse caso, como poderia conhecer a verdade fundada no ente real? – perguntou Ricardo.

– Em parte, assiste razão a você – respondeu Pitágoras. – Impõe-se a adequação entre o cognoscente e a coisa conhecida. Mas é preciso saber qual adequação, e aqui vai a resposta à sua objeção. O homem não pode excluir-se, em seu conhecimento, de suas condições psicológicas, mas pode intencionalmente, ou representativamente, sair da sua cognição. A coisa é representada ou é reproduzida intencionalmente, segundo as nossas condições, mas a coisa é, de certo modo.

— Então, não há identidade entre o cognoscente e a coisa conhecida — objetou Ricardo.

— Há uma identidade de ordem cognoscitiva, não de ordem real. A coisa não é em si o que é no espírito, quanto à existência, porque o que existe fora da mente é outro que o que existe na mente. Mas o que existe na mente é uma reprodução intencional ou representativa do que existe fora da mente. E basta essa identidade para justificar o conhecimento. O que afirmamos é que a coisa conhecida não existe apenas no cognoscente, nem que a cognição é algo totalmente diferente da coisa conhecida. A cognição não é a coisa conhecida, mas a reproduz intencionalmente, segundo as condições do cognoscente. Sei muito bem que, se dispusesse de outros órgãos sensíveis, poderia captar mais realidade do que a que capto nessa mesa. Teria dela uma imagem mais rica, muito mais complexa. Se pudesse sentir seu campo eletromagnético, talvez a sentisse imersa e penetrando em tudo quanto os meus olhos abarcam. Outros seriam os limites que não os que apenas me mostra a minha visão. Mas uma coisa continuaria a mesma: este objeto seria uma árvore, formalmente uma árvore. A minha verdade estaria aí, e salva. Você não deixa de ser um homem e um ser existente pelo simples fato de uma humanidade de surdos e de cegos o conhecerem apenas pelo tato. A imagem que formariam de você seria distinta da que eu posso formar, mas nem por isso se poderia dizer que toda a sua realidade se reduziria apenas à imagem, ao que é fenomenizado de você por tais seres. Nem tampouco se poderia dizer que o conhecimento de tais seres seria falso. Nem você se reduziria apenas a um conjunto de sensações táteis. A imagem que se formaria de você seria intencionalmente verdadeira e adequada à sua realidade, segundo as condições de tais seres cognoscentes. Daí porque tenho afirmado que, se o nosso conhecimento não é perfeito, não quer dizer que seja falso. O erro das doutrinas, que examinamos até aqui, consiste precisamente em negar toda validez ao conhecimento humano, apenas porque ele não conhece exaustiva, completa e absolutamente uma coisa. Nesse caso, seria erro afirmar que o país em que vivemos é o Brasil, pelo simples fato de que não conheço esse país em todos os seus recantos e em toda a gama da cognoscibilidade que ele oferece.

O tom enérgico e a rapidez com que Pitágoras pronunciou essas palavras teve um efeito teatral sobre os ouvintes. Todos se calaram, e não surgiu nenhuma voz discordante. Pitágoras esperou um pouco para que alguém apresentasse novas objeções. O silêncio permitiu-lhe que prosseguisse, dizendo:

– E não são procedentes outras posições, como não é também a dos idealistas anti-intelectualistas. Senão, vejamos.

Diálogo sobre o idealismo anti-intelectualista

Foi nesse momento que Vítor perguntou:
– Onde funda então você, Pitágoras, a verdade absoluta?
– Onde poderia fundá-la senão no ente real? Essa árvore é verdadeira em si mesma. A verdade dessa árvore está nela. E todo o ser em si mesmo é verdadeiro. Que não possamos alcançar com plenitude a verdade absoluta e total, exaustivamente dessa árvore, não implica que seja falso afirmarmos que esse objeto é árvore. Se atribuir a esse ente ser árvore, e ele realmente o é, digo verdade, sem ter dito toda verdade sobre ele. É aqui que está o ponto fundamental das grandes disputas e diferenças de posições filosóficas. Pelo fato de não sabermos tudo das coisas, concluem alguns precipitadamente que tudo quanto conhecemos é falso. Se sei que neste lugar se acham dez pessoas, e realmente podemos contá-las, porque seria falso dizer que há dez pessoas pelo simples fato de não saber tudo sobre elas? Como o homem não sabe tudo sobre tudo, afirmam então que não sabe nada. A ciência geológica pode saber que no âmago da Terra há esses ou aqueles corpos. É falso esse conhecimento pelo simples fato de não saber tudo quanto há ali? É falso o que sabemos sobre o fundo dos oceanos porque não sabemos tudo quanto há ali?

– Pitágoras, a sua argumentação parece rigorosa. Pelo menos para mim é suficiente. Não creio que ninguém possa objetar alguma coisa até aqui, que tenha solidez – afirmou Artur com um gesto desafiador. – Queria, sem dúvida, responder diretamente aos sarcasmos que lhe dirigira Vítor.

Como ninguém respondesse, Pitágoras, fazendo um gesto de simpático agradecimento para Artur, prosseguiu:

– Vejamos agora o idealismo anti-intelectualista. Este afirma que nós não podemos atingir pelo intelecto a realidade das coisas; ou seja, que o intelecto não é instrumento hábil para o homem conhecer a verdade. Como a razão é função intelectual, e como esta sedimenta a lógica, que é uma sistematização das funções racionais, os idealistas anti-intelectualistas, negando valor ao intelecto, negam a razão, declaram-se alógicos e irracionalistas até, e afirmam que só captamos as coisas através de experiências apenas vitais e alógicas. Assim, vemos Bergson dizer que só pela intuição, em oposição à razão, alcançamos a verdade das coisas, verdade vivida, verdade apenas vivencial, e não intelectual. O intelecto não é hábil para o conhecimento, porque é um criador de ficções, e está submetido a uma esquemática conceitual e fundamentalmente histórico-social. Sem a intuição, não poderíamos construir uma metafísica...

– Mas que é essa intuição para Bergson? – perguntou Reinaldo.

– Essa intuição, para ele, é um ato de interiorização simples e emotiva, que surge de um *élan* que se opõe à tendência natural do intelecto. Por meio desse ato, há uma coincidência entre o cognoscente e a coisa conhecida. Esse ímpeto é o que ele chama de *élan vital*. Bergson chama essa intuição de faculdade de ver, imanente à faculdade de agir. A intuição não é abstratora, mas penetradora na concreção da coisa. Vivemos a verdade, não à custa do pensamento sobre ela.

– Nos existencialistas, também encontramos posições semelhantes. O existencialismo também é antirracionalista, também é anti-intelectualista? Não concorda você? – perguntou Ricardo.

– Isso mesmo, Ricardo – respondeu Pitágoras satisfeito. – É verdade que também são assim. Ao desejarem combater o racionalismo de Descartes e o idealismo monístico, caíram nos naturais excessos da atitude polêmica, mal de que não poucos padecem.

– Não quer você reconhecer que também padece de tais males? – perguntou com sarcasmo Vítor.

– Não o nego, nem quanto a mim, nem quanto a você, nem quanto a todos nós. A posição polêmica oferece os perigos dos excessos e da deformação. Contudo, tenho consciência disso, o que nem todos têm, e procuro ser o mais sensato possível, evitando cometer erros dessa espécie, embora reconheça que humanamente os cometa. – Vítor sorriu a contragosto. E Pitágoras prosseguiu:
– Contudo, a posição idealista anti-intelectualista não é propriamente cética senão parcialmente. Admite que se chegue ao coração da verdade das coisas, mas por caminhos não intelectuais, e alguns afirmam até mesmo místicos. Contra eles, caberia a mim apenas mostrar que o defeito de que acusam a razão, a ponto de quererem negar ao intelecto humano todo o seu calor, é o seu pecado maior. Que há verdades intuitivas também aceito, mas que só haja verdades dessa espécie cabíveis ao homem é de que discordo.

– Nesse caso, Pitágoras, como o tempo corre, e já é tarde, e teremos logo que nos despedir, gostaria que você se cingisse a abordar apenas esse aspecto – propôs Paulsen.

– É o que farei, pois não há necessidade de entregar-me a um exame mais completo, mesmo porque certos aspectos já foram demonstrados, e o que falta é apenas mostrar como é improcedente a afirmação estreita dessa posição, sob o aspecto negativista que ela apresenta quanto ao valor do intelecto humano.

Em primeiro lugar, o anti-intelectualismo reduz-se afinal ao relativismo, e merece a mesma refutação. Em segundo lugar, é falsa a negação que faz da validez do intelecto.

– Permita-me interrompê-lo, Pitágoras – pediu Reinaldo. – Mas parece-me que há certa relação entre o anti-intelectualismo e Kant. Qual a sua opinião?

– Há, no referente à subjetividade do conhecimento sensível e da incapacidade do intelecto humano em atingir a realidade ontológica das coisas. Mas isso é discutível, porque, também, o que na verdade Kant pensava, é em muito diferente do que se costuma atribuir-lhe. Mas, se penetrasse nesse terreno, eu me perderia, e fugiríamos do tema principal, e como o tempo urge, como disse Paulsen, prefiro ser mais explícito e mais lacônico no meu exame, embora reconheça que palmilho um terreno cheio de anfractuosidades e de grandes e difíceis aporias. Se tomarmos Kierkegaard como exemplo, logo verificaremos que prima sua obra por um ataque severo ao idealismo de Hegel e, sobretudo, contra o seu racionalismo. Afirma a irracionalidade singular da *existência* humana, existência trágica, angustiosa. Modernamente, vimos Heidegger começar seguindo as pegadas do existencialismo, mas terminando por tentar a fundação de uma ontologia. Mas deixemos isso tudo para outra ocasião. Sei que há aqui entre nós alguns que andam enamorados pelo existencialismo, e gostaria muito de dialogar com eles oportunamente. Como isso exigiria muito tempo, prefiro que fique para outra ocasião. Por ora, gostaria apenas de abordar o aspecto gnoseológico do anti-intelectualismo.

Já mostrei, no início deste diálogo, que a nossa razão alcança fundamentos reais, que nenhum anti-intelectualismo é capaz de remover. Temos uma experiência objetiva da realidade, o que já provamos. E também uma experiência subjetiva da nossa existência e da existência verdadeira de alguma coisa. Não se pode negar o valor de nossas especulações racionais, pois, sem elas, como formaríamos a ciência e a filosofia? Que o nosso intelecto não nos dê tudo não quer dizer que não nos dá nada. Se nem tudo o que ele nos oferece é verdadeiro, não quer dizer que tudo que nos dá é falso, como já se disse. Ademais, tem sido possível, graças a ele, retificar nossos conhecimentos, escoimá-los de seus defeitos, ampliá-los e torná-los mais sólidos. As deficiências que apresenta não são bastantes para que lhe neguemos totalmente validez. Toda a *práxis* (toda a atividade humana) seria impossível se não houvesse a presidi-la a segurança da ação intelectual. O anti-intelectualismo se presta a literatos sistemáticos, não a homens práticos, e, quando digo práticos, não quero reduzi-los apenas a homens de negócio. O homem que trabalha num laboratório, o engenheiro que desenha a planta e o projeto de uma grande realização técnica são acompanhados sempre e auxiliados pelos instrumentos intelectuais. Poetas ou literatos sistemáticos – e os olhos de Pitágoras punham-se intencionalmente sobre Vítor

– podem acreditar que o intelecto nada vale. Talvez tenham eles razão ao examinarem o seu próprio intelecto... – Houve alguns sorrisos. Mas Pitágoras esforçou-se logo em desfazer suas intenções: – Bem, não quero ser piadista, pois isso de fazer piadas com coisas sérias é a maneira mais tola de proceder, e só revela deficiência mental. As coisas sérias devem ser tratadas como tais. Foi apenas uma fraqueza de minha parte, que peço perdoarem. Deixem-me, pois, prosseguir: o anti-intelectualismo termina por negar valor objetivo a todas as noções inteligíveis essenciais. E como tal, é relativismo universal e, portanto, refutável como relativismo. E, é relativismo porque este nega qualquer estabilidade à realidade. Mas o anti-intelectualismo não pode deixar, contudo, de contradizer-se, porque termina por aceitar certas constatações estáveis, e também termina por afirmar certos princípios, e deles tirar conclusões. E em tudo isso o anti-intelectualismo usa o intelecto, trabalha com o intelecto e raciocina com a razão. É assim incoerente consigo mesmo.

– Permita-me uma objeção, Pitágoras – pediu Ricardo. – O fato de um anti-intelectualista usar do intelecto e da razão não quer dizer que dê valor especulativo a essa faculdade. Ele o usa apenas praticamente.

– Sim, mas não pode negar que ela se conexiona com essa praxe, e suas conclusões são decorrências raciocinadamente rigorosas com as premissas. Pode ele negar o valor cognoscitivo do intelecto, ou o especulativo deste, mas o emprega necessariamente na prática. De qualquer modo, o anti-intelectualismo cai na contradição. O que fica de pé, ante tudo quanto disse, é que a realidade é inteligível, e o nosso intelecto é apto a captar tal inteligibilidade.

– Permite, Pitágoras, uma objeção? – propôs Reinaldo.

– Faça-a

– A realidade das coisas é limitada, é deficiente. Como é inteligível uma realidade que é deficiente? Não pode ser ela explicada de modo absoluto.

– Nesse sentido concordo, porque dizer-se que uma coisa é inteligível não quer dizer que a podemos *inteligir* absolutamente, exaustivamente. Mas há o inteligível proporcionado à nossa mente.

– E como se explica que a realidade concreta nos apresente sempre dificuldades e problemas? – perguntou Ricardo.

– Aceito que surgem sempre aporias, problemas, dificuldades e até contradições. Mas é preciso reconhecer que, se não é absolutamente compreensiva, ela é, contudo, adequadamente inteligível à nossa mente. E muitas dificuldades ou contradições são apenas aparentes, e desvanecem-se quando, com sutileza e habilidade, examinamos a realidade.

– Mas como conhecer a realidade singular por meio de deduções lógicas? – perguntou Ricardo.

– Por meio de deduções lógicas, certamente não conhecemos a existência singular das coisas. Esta nos é dada intuicionalmente. Mas é por meio de instrumentos intelectuais que explicamos o fato singular. Do contrário, seria impossível construir a ciência.

– Mas, Pitágoras, não será o intelecto algo que foge da vida? – perguntou Vítor. – As classificações intelectuais são mortas, Pitágoras.

– As condições existenciais das coisas realmente não podemos alcançá-las genuinamente, senão vivendo-as. Mas negar-se que se não possa pelo intelecto também alcançá-las, no que têm de genuíno, não posso aceitar, como não aceita a sua própria prática, a sua própria experiência. Examine dentro de si mesmo e verá que o conhecimento que tem das coisas não é apenas o vivido, mas também o que é classificado em suas categorias e conceitos. O intelecto não é contra a vida, nem fora da vida, mas se dá nela. É uma faculdade classificadora, ordenadora, fundada na realidade e na experiência. Ela completa o que vivemos. Ela não mata a vida, mas a ordena e a explica. É graças ao intelecto que podemos compreender, porque temos vivências semelhantes e diferentes, pois são essas semelhanças e essas diferenças que permitem as generalizações, os conceitos, as categorias e, finalmente, o raciocínio, que se funda num encadeamento, no nexo que as coisas revelam, nexo que está na vida, porque cada coisa participa de algo de que as outras participam e, por mais distante que uma coisa esteja de outra, há sempre algo que as aproxima, as une e as identifica. O espetáculo do mundo é diverso, é vário, heterogêneo, mas a razão mostra também que sempre há algo que une, que conexiona, que aproxima. É a vida que se afirma aí também. Não é a heterogeneidade da vida que as vivências testemunham, mas a homogeneidade da vida que o intelecto descobre.

A noite ia longe. Todos concordaram que convinha deixar o resto da discussão para o dia seguinte. E Paulsen propôs:

– É tarde já. Gostaria de ficar mais um pouco. Mas é preciso recuperar forças. Amanhã aqui, todos. E Pitágoras nos há de mostrar que a fenomenologia também não é procedente. Faço questão em que aborde este ponto, porque, não nego, tenho encontrado nessa posição filosófica argumentos tão sólidos que gostaria que ele me mostrasse onde está a sua fraqueza. Aceita, Pitágoras?

– Com todo o prazer. Amanhã aqui. E vamos ver o que poderei fazer.

Diálogo sobre a fenomenologia

No outro dia, à hora marcada, todos os que anteriormente haviam tomado parte na conversação estavam presentes. Pitágoras fora um dos primeiros a chegar e falava sobre diversos assuntos. Quando chegou Reinaldo, que fora o último, este começou logo dizendo estas palavras:

– Espero que não tenham começado a tratar do assunto que ficou pendente.

– Esperávamos apenas a sua chegada – disse-lhe Artur.

– Então, aproveitemos o tempo, já que estão todos. Pitágoras que comece. Se não me engano, prometeu-nos hoje tratar da fenomenologia, sobre a qual Paulsen tanto se interessa.

– Realmente, foi o prometido. Não serei muito longo, pois julgo que essa posição, do ângulo gnoseológico, é bem fácil de ser tratada. Vamos, então, começar. Todos sabem que a palavra *fenômeno* significa em grego "o que aparece, o que é manifesto". Na linguagem clássica, significa o que surge na experiência objetiva. No entanto, também entre os antigos, em oposição a Aristóteles, esta palavra tomava, sobretudo entre os céticos, o sentido do que aparece de modo meramente subjetivo.

Na filosofia moderna, o termo fenomenologia, que seria a ciência dos fenômenos, toma diversos sentidos. Em Kant, por exemplo, significa a parte da metafísica da natureza que trata do que pode ser objeto da experiência. Para Hegel, significa a parte em que o espírito, partindo das experiências sensíveis, consegue alcançar a plena consciência de si mesmo. Mas o conceito mais usado modernamente é o de Husserl, que segue o de Hamilton, para o qual a fenomenologia é a parte da psicologia empírica, que considera os fatos psíquicos contingentes e dados empiricamente. Husserl quer partir de baixo, e não de cima, quer partir das próprias coisas, dos dados imediatos da consciência. Para ele, há dados imediatos indubitáveis, mas suspende o julgamento, e ele aproveita o termo grego *epokhê*, que significa "suspensão", quando trata do ser real, ou seja, das essências universais. Heidegger emprega a fenomenologia num sentido metódico. O fenômeno não é o que subjetivamente aparece, mas a realidade manifestada da coisa. Para Husserl, a fenomenologia é a doutrina que afirma que o intelecto humano intui, imediata e absolutamente, uma certeza sobre a essência das coisas, e deseja, fundado nessas essências, iniciar sobre elas toda e qualquer ciência. A fenomenologia, desse modo, é pré-teorética, antecede toda experiência empírica. Ela não pretende explicar o conhecimento, mas torná-lo claro ou, pelo menos, tornar clara a ideia da cognição. Afirma essa doutrina, deste modo, que podemos alcançar a essência das coisas em si, afirmando, portanto, uma transcendência da cognição puramente sensitiva, como querem afirmar os sensistas e os empiristas. Afirma que o objeto do conhecimento é, de certo modo, independente da própria cognição, e que a mente humana é capaz de conhecer objetivamente as coisas. Neste ponto, opõe-se aos subjetivistas e céticos. Estes aspectos são positivos. Para ela, as essências universais não podem estar, enquanto tais, nos seres singulares, e, neste caso, a sua posição é semelhante à platônica. Peca ao afirmar que temos uma intuição cognoscitiva das essências, o que é afirmar um conhecimento imediato de tais essências, o que é sumariamente discutível. Afirma certa infalibilidade da intuição eidética, da intuição das essências, o que tem levado alguns fenomenólogos a cair nos malefícios do anti-intelectualismo. Na verdade, nota-se na obra de Husserl que ele jamais compreendeu bem a teoria da abstração de Aristóteles. Salvante os defeitos que a fenomenologia tem oferecido, é ela, contudo, positiva naqueles aspectos. E eu gostarei muito de poder analisar tais aspectos, se me permitirem que faça agora a demonstração da minha posição; ou seja, do fundamento que dou à minha posição gnoseológica.

De antemão, quero dizer que ela não é original. Sei que não satisfarei assim aos que, movidos pelo espírito mercantilista de nossa época, tanto gostam dos novos produtos, que nada mais são que velhas fórmulas com novos rótulos e novas embalagens, e precedidos da fanfarra de uma propaganda desenfreada que os torna aparentemente inéditos, inauditos, imprevisíveis. Perdoem-me não usar nenhum dos métodos que a propaganda ensina para se tornar mais interessante um produto. De antemão, afirmo que a minha posição é uma velha posição, que já muitos assumiram, e muitos ainda assumem. Mas é uma posição que se justifica, e tem a vantagem de não cair nas dificuldades insolúveis das outras, oferecendo uma solução mais clara e justa dos fatos, demonstrada afinal pelos próprios fatos.

Quando tiver ocasião de fazer a defesa da minha posição, não deixarei de, num ponto ou noutro, criticá-la, ou aceitar objeções. Eu mesmo mostrarei os pontos que me parecem fracos, e ficarei satisfeito se me objetarem quanto puderem, pois só assim poderei desenvolver melhor as minhas demonstrações.

— Pitágoras, é isso o que esperamos agora de você. Você já examinou as ideias dos outros, e concordo que você o fez com bastante brilho. Mostrou o defeito das doutrinas alheias. Agora chegou a hora de mostrar a sua. E com a mesma energia, dentro das minhas forças, prometo objetar tudo quanto puder. E, assim como eu, creio que Josias, Vítor, Reinaldo e outros também o farão. Não é? – Ricardo voltou-se para todos, que afirmaram em palavras e gestos que o acompanhavam. Pitágoras, ao ver o ânimo de todos estavam possuídos, não manifestou nenhum receio. Ao contrário, sorriu com segurança. E disse com uma solene dignidade:

— Não esperava outra coisa de vocês, e desde já agradeço o esforço que farão. Sei que a luta será árdua, mas tenho confiança, não em minhas forças, mas nas ideias que adoto. Pode ser que uma ou outra vez fraqueje, mas hei de apelar para tudo quanto há de positivo em mim para que não me falhe no momento mais precioso, e que eu cumpra aqui o meu dever com a máxima segurança. Anima-me apenas um desejo: vivendo, como vivo, numa época negativista e supinamente confusionista como a nossa, em que as ideias mais destrutivas procuram arrastar a humanidade aos descaminhos mais trágicos, tudo farei para contribuir em favor do que possa oferecer um dique a tais pretensões. – Fez uma pausa, e prosseguiu: – Eu creio num Ser Supremo e também que Ele nos assiste nos momentos mais difíceis, e é com fé nele, e esperando o seu apoio indesmentido, que empreenderei a minha tarefa. Mas desejo que creiam que não há em mim nenhuma vaidade, ou pelo menos assim julgo, mas apenas o desejo de cooperar com meus amigos, embora num âmbito restrito, em devolver-lhes alguma segurança, para que possam enfrentar as forças dissolventes que procuram por todos meios fazer soçobrar o homem num dos seus momentos históricos mais graves. – E fez uma pausa como se orasse. Uma palidez invadiu o seu rosto. Pouco depois, ergueu os olhos, e sorriu.

– Vamos, Pitágoras. Todos aqui aguardam as suas palavras – falou Artur. Os outros ficaram apenas na expectativa.

– Proponho, para que tenhamos melhor êxito neste diálogo, que as objeções sejam apresentadas logo que eu tenha exposto um fundamento da posição que aceito, a fim de impedir que o diálogo possa degenerar em assuntos acidentais ou de pouca monta. Concordam?

Todos concordaram. Então, Pitágoras iniciou:

– Quando se fala da verdade, diz-se que ela está ou nas coisas, ou nas palavras, ou no conhecimento. Em si, todos aceitam que as coisas são o que são, e como são. Um mobilista, que afirme que tudo flui, dirá que a verdade da coisa que flui é o seu fluir. Ninguém poderá negar que o que é de certo modo não seja a sua própria verdade, porque, se fosse a sua falsidade, não seria o que é, e haveria contradição. O ficcionalista dirá que a ficção é verdadeiramente ficção, e até o cético dirá que alguma coisa que haja é o que é, do modo que o ser é ele mesmo. Ninguém, pois, nega que há uma verdade nas coisas, a de serem o que são e como são.

E que verdade pode haver nas palavras? Uma palavra é verdadeira quando assinala um conceito que a ela corresponde. A palavra *cavalo* é o sinal verbal que pronunciamos e escrevemos para indicar o conceito de cavalo. Em outras línguas, pode haver outras palavras, mas o conceito é o mesmo. Neste caso, em todas as línguas, tais palavras são verdadeiras quando elas se referem ao conceito que elas assinalam. Por isso, pode-se dizer que há palavras falsas quando elas não assinalam realmente o que há na intencionalidade de quem as pronuncia. São falsas as palavras de um homem que afirma cumprir alguma coisa quando a sua intenção não é o de fazê-la. Creio que até aqui tudo está claro e não cabe objeção. – Aguardou Pitágoras que alguém falasse, mas o silêncio revelava o assentimento geral. Ele, então, pôde continuar: – Uma coisa é verdadeira em si mesma, porque, em si mesma, seu existir conforma-se com o que ela é. Uma palavra é verdadeira quando se conforma com o conceito que assinala. E a terceira verdade, a do conhecimento, da cognição, que pode ser? Um conhecimento só pode ser verdadeiro se o que o intelecto apreende é adequado, conforma-se com a coisa, que é conhecida. Só se poderia dizer que um conhecimento é verdadeiro se o esquema mental desse conhecimento é adequado e conforme à coisa conhecida. Não é assim?

Não se ergueu nenhuma voz em objeção. Apenas Ricardo disse:

– Realmente, Pitágoras, até aqui ninguém pode discordar de ti. Estás conduzindo bem o teu exame. Já notamos o que pretendes demonstrar. As tuas teses já se evidenciam. Até aqui, de minha parte, nada tenho a objetar.

– Melhor assim. E seria mesmo inútil objetar, pois não poderia ser de outro modo, uma vez que não diríamos ser verdadeira a coisa que não é ela mesma, nem verdadeira a palavra que não expressa o conceito que ela assinala, nem o conhecimento que não seja adequado e conforme a coisa conhecida. – Fez uma pausa e prosseguiu: – A essa verdade, que consiste na adequação da nossa mente com a coisa, deu-se o nome de *verdade lógica*, assim como a verdade *da* coisa, de *verdade ontológica*, e a que está no intelecto, de *verdade gnoseológica*.

Há alguns que negam ao conceito de verdade o de conformidade ou de adequação. A verdade seria o esplendor do próprio ser. Mas a verdade que nós procuramos não é esta, porém a que é procurada no conhecimento humano. O que se pôs em dúvida é que a mente humana fosse capaz de alcançar a verdade, e é a afirmação dessa capacidade para alcançá-la que desejo provar. Para que chegue bem cuidadosamente ao ponto fundamental da minha posição, perdoem-me se me demoro em certos aspectos, mas verão que são eles fundamentais.

– Pode prosseguir assim, Pitágoras. As minhas objeções deixarei para o fim. Exponha seu ponto de vista, e justifique-o se puder. Estamos todos, estou certo, de pleno acordo com a maneira como você expõe. – Estas palavras de Ricardo foram aceitas por todos, que faziam um silêncio simpático a Pitágoras, e demonstravam aguardar com máximo interesse o que ele dizia.

Ele então prosseguiu:

– É de meu dever esclarecer o que entendo por conformidade ou adequação. Genericamente, significa a conveniência entre dois em alguma coisa, note-se bem. Diz-se que duas coisas estão conformes, ou são adequadas, quando elas revelam uma conveniência em alguma coisa; ou seja, quando convêm, quando vêm juntas a algum ponto. Em suma, a adequação implica diversos que convêm sobre alguma coisa. Ora, uma adequação da mente com a coisa não pode ser uma adequação física, porque a coisa não é compreendida ou conhecida por se adequar fisicamente com o intelecto humano. Está certo? – Ninguém discordou, e ele prosseguiu: – A conveniência entre o intelecto e a coisa só se pode dar, portanto, nalguma similitude. Portanto, a adequação da verdade lógica não exige uma adequação total, como a física, mas apenas parcial, a de similitude. E como a similitude só pode ser da imagem, como a que se dá quanto aos sentidos, a intelectual, que não é imagem representativa da coisa sob seus aspectos físicos, só pode ser *formal*. Portanto, a verdade lógica seria a adequação ou conformidade do esquema formal do intelecto com a coisa, e não da identidade física, mas da semelhança intencional do esquema mental com o fato objetivo.

Então, a verdade lógica exige: dois termos que se conformam e uma razão qualquer, na qual ambos convêm. Desse modo, a verdade lógica exige o sujeito ao qual ela se refere, o termo ao qual se refere o sujeito e, finalmente, o fundamento, a razão, em suma, da relação de adequação.

O sujeito é, sem dúvida, o intelecto que conhece; o termo é o que é captado pela cognição, a coisa conhecida. E, finalmente, o fundamento é a qualidade intencionalmente apreendida, por meio da qual o intelecto assimila, torna semelhante, o objeto. Portanto, no ato de conhecer, há algo que é assimilado do objeto pelo sujeito. Portanto, no conhecimento verdadeiro tem de haver uma adequação intencional ou representativa do esquema mental com a coisa, do intelecto com a coisa conhecida.

– Compreendo a sua posição, Pitágoras. Para você, a verdade, que a mente humana alcança, é apenas intencional – alegou Ricardo.

– Isso mesmo. Uma cópia real-física seria tolice admitir.

– Compreendo bem. Nesse caso, a verdade lógica se dá fundada na razão dessa relação de adequação.

– Isso mesmo. Não é tudo, porém; há outros aspectos que preciso expor, para que se alcance, com maior âmbito, o que penso sobre o conhecimento humano, e a sua validez, pois sobre o que até agora me referi é apenas a verdade lógica, a verdade do *logos* da coisa, da sua razão, como se dizia na filosofia clássica.

Kant definia verdade como a conformidade da cognição consigo mesma. Tal definição não serve, porque repugna à experiência e convém aos conhecimentos falsos e reduz a verdade apenas à verdade fenomenal. Quando os idealistas dizem que a verdade é a conformidade da cognição com a coisa que na mente existe, padecem do mesmo defeito. A verdade não é apenas a aproximação da realidade, como a chamam relativistas e neopositivistas, nem a verdade simbólica dos outros, nem o que convém à vida ou à utilidade, como o querem os pragmatistas. Não, a verdade não é nada disso.

– Então, Pitágoras, diga o que é – pediu Ricardo.

– É o que vou fazer.

Diálogo sobre a verdade

Foi Ricardo quem, no entanto, desejou apresentar algumas objeções, e começou assim:

– Uma adequação parcial seria a mesma coisa que uma adequação inadequada, o que seria contraditório. E, como você afirma que há uma adequação, que é inadequada, a contradição surge de modo evidente no que diz.

Pitágoras sorriu. Revelava pleno domínio. Respondeu:

– Você teria razão, Ricardo, se a adequação fosse física. Mas lembre-se de que a adequação de que falo é a conformidade de um termo formal. O objeto é formal, e não material.

– Para quem aceita a existência do espírito e afirma que a alma humana é espiritual, não pode deixar de reconhecer que não há nenhuma adequação entre o espiritual e o material. Ora, sendo o material objeto de um conhecimento e o ato deste espiritual, qual a adequação que pode haver? – perguntou Reinaldo.

– A mesma resposta, caro Reinaldo. Não se trata de adequação física, pois bem o mostrei. Se fosse física, tanto a sua objeção como a de Ricardo teriam procedência. A adequação dá-se intencional e analogicamente. É isso que não devem esquecer. A assimilação, que se processa por nossa mente, não é física. Ao conhecermos um objeto do mundo exterior, há uma acomodação de toda a nossa esquemática sensitiva ao fato, que é assimilado por semelhança que tenha com os esquemas previamente dispostos. Quando realizamos uma assimilação biológica, incorporamos os bens do mundo exterior, que são assemelhados aos que compõem o nosso corpo e, nele, se tornam sangue, carne, ossos. Na assimilação psicológica, não há essa assemelhação, nenhum processo de modificação do bem exterior, que se irá assemelhando ao que é do corpo. Não há incorporação física. Apenas nossos esquemas assimilam do ser exterior o que é semelhante aos mesmos esquemas. As primeiras assimilações são naturalmente psíquicas. É o que os gregos chamavam o *phántasma* da coisa, e a representação interior, por assemelhação, que se dá no *imago* de nós mesmos, realiza uma imagem com representação, uma imagem com a repetição do que é extrínseco da coisa, da sua figura, das suas cores; em suma, de tudo quanto sensorialmente somos capazes de captar. Se me permitem, para melhor esclarecimento, recordar uma passagem importante da filosofia grega, creio que ela servirá otimamente para esclarecer este ponto com segurança. Platão dava como uma das definições do homem o de ser um bípede implume. Um adversário, para ridicularizá-lo, entrou um dia numa de suas aulas e, dirigindo-se aos discípulos, ao mesmo tempo que punha sobre um banco um galo depenado, disse: "eis o homem de Platão". Mas, se o galo é um bípede, por ser depenado não é implume, mas desplumado. Não é da natureza do galo ser implume, mas o é do homem, que, como bípede, é o que nos apresenta como implume. A piada do filósofo piadista grego (e já os havia nessa época) só vale como tal, e só impressiona, filosoficamente, a todos da sua estirpe. Mas a definição de Platão era uma definição supinamente empirista, pois empiricamente se nota que é o homem um bípede, que se distingue de todos os outros por ser implume. Temos, aqui, uma operação que a mente realiza, fundada na experiência, na empiria do nosso conhecimento. E essa era uma definição do idealista Platão, que na verdade não o era. No entanto, Aristóteles, que é um empirista-racionalista, dava do homem outra definição: tomava-o pela generalidade animal, o que é revelado através da empiria, porque empiricamente o homem se revela, em todo o seu físico, em todo o *phántasma* que apresenta, as características de um animal, mas a diferença específica ia encontrá-la, não no que se revela através dos sentidos, como o implume de Platão, mas pelo que é captado pela mente, o ser racional, a *rationalitas* dos escolásticos, o entendimento, a intelectualidade, que faltava nos animais, enquanto o ser implume não falta aos animais, pois todos os mamíferos, parece, são implumes. Na primeira definição, temos a captação dos aspectos predominantemente sensíveis do homem; na segunda, temos já o que ultrapassa os sentidos e exige uma operação mental para achá-lo, que não é mais uma operação dos sentidos, mas da inteligência.

– Há, então, duas assimilações da mente humana: a do *phántasma* e, posteriormente, a da intelectualidade que classifica. É isso, Pitágoras? – perguntou Paulsen.

– Em parte, é isso mesmo. E podemos permanecer apenas nessas duas operações, porque elas nos explicam bem o funcionamento da nossa mente, e poderão servir de base para justificar a validez do conhecimento humano quando realmente é válido; ou seja, permitir que alcancemos o *kriterion*, a pedra de toque, capaz de avaliar se são ou não verdadeiros os nossos juízos e os nossos raciocínios.

Os sentidos recebem o estímulo exterior, mas recebem sempre proporcionadamente à esquemática que possuem. Assim, os ouvidos ouvem na gama das vibrações moleculares do ar, dentro da faixa que vai de um mínimo de 16 vibrações a 32 mil no máximo, e os olhos veem, na gama do que chamamos luz, de 400 trilhões a 800 trilhões de vibrações eletrônicas, se não me engano. As imagens são reproduções do que oferecem os fatos do mundo exterior dentro dessas gamas, e algo semelhante se dá com outros sentidos. Deste modo, a esquemática dos nossos sentidos limita o conhecimento sensível das coisas, pois só as conhece dentro dos limites dessa gama. Mas esse conhecimento pode ser verdadeiro dentro dessa gama. O que se nos escapa aos sentidos não nega validez ao que sentimos. Só que, por sabermos, depois, que há vibrações, para as quais não possuímos órgãos, sabemos que o conhecimento sensível das coisas, que temos, não esgota a possibilidade cognoscitiva sensível da coisa.

Há algo alheio às nossas possibilidades, mas possível de ser captado por seres que disponham de outras gamas sensíveis, como é de presumir que se dê com outros animais, insetos etc. Por acaso, é falso o conhecimento sensível que temos das coisas pelo simples fato de não conhecermos, sensivelmente, tudo quanto é cognoscível delas?

A pergunta de Pitágoras exigia uma resposta. E também uma objeção. Mas nenhuma se ergueu. Todos calaram-se, e só Artur, dirigindo-se a Pitágoras, disse:

– O que você expõe, Pitágoras, não padece de nenhum defeito que permita que alguém discorde do que diz.

– Não há dúvida. São verdades tão elementares que não permitem dúvidas sérias, embora não digam elas tudo quanto é possível dizer sobre um tema tão importante como este. Vocês hão de compreender que estou simplificando, tanto quanto possível, o funcionar do conhecimento sensível, cujo estudo não somente não estou apto a fazer, como, se o tentasse, não seria em algumas horas e em alguns diálogos que o conseguiria. Mas o que disse, estou certo, é suficiente para fazer compreender o meu ponto de partida quanto ao conhecimento humano.

Mostra-nos, ademais, o conhecimento sensível que, na criança, a sua acomodação é incipiente e, consequentemente, falha. À proporção que as experiências cognoscitivas se realizam, isto é, à proporção que as assimilações, de início deficientíssimas, dentro das possibilidades cognoscitivas sensíveis do homem, se realizam, há como uma educação dos sentidos que, cada vez, distinguem melhor. O que era recebido como uma mancha luminosa aos poucos se delineia, e as distinções coloridas se tornam mais nítidas e distintas. Vê-se claramente que a criança tem a mesma possibilidade do homem adulto, mas só vai aumentando a capacidade de sutileza, de distinção, à proporção que exercita os seus sentidos. É nessa proporção que distingue, diferencia, e, à proporção que diferencia, distingue, e, desse modo, constrói novos esquemas, que permitem novas assimilações. E o mundo homogeneizado das primeiras experiências torna-se cada vez mais heterogêneo, mas nunca ultrapassa, pelo menos normalmente, os limites estabelecidos pelas gamas sensíveis. O homem conhecerá sensivelmente dentro dos limites da cognoscibilidade sensível, que é dada pela gama dos seus sentidos. Mas, dentro dessas gamas, poderá distinguir tudo quanto é distinguível. Pois bem, respondam agora: são falsas acaso as primeiras experiências da criança? Não as conhecia dentro dos limites da sua capacidade de conhecer? Responda-me, Ricardo.

– Não; não eram falsas.

– E à proporção que a criança aumenta a sua capacidade sensível de conhecer, o novo conhecimento refuta, torna falso o anterior?

– De certo modo não, reconheço.

– E, não poderia ser falso, porque a criança conhece dentro das suas possibilidades. Mas, se disséssemos que o conhecimento sensível incipiente da criança é a verdade do conhecimento sensível humano, essa afirmativa diria verdade?

– Para mim não, Pitágoras – respondeu Artur.

– E por quê?

– Porque o conhecimento normal do homem está dentro dos limites normais de sua gama cognoscitiva, de que você falou. E a criança não conhece tudo quanto é possível ao homem conhecer.

– Você quer dizer que o conhecer normalmente é o do homem feito, não é?

– É isso mesmo.

– Pois aí está. O conhecimento da criança, enquanto conhecimento da criança, não é falso, mas sê-lo-ia enquanto conhecimento normal do homem, enquanto adulto. Há, assim, uma verdade captada pelo homem, mas sempre proporcionada à sua condição.

– Mas, Pitágoras – interrompeu Ricardo –, parece-me que suas demonstrações se tornam iguais às dos relativistas. A sua verdade é sempre relativa ao homem, e não é isso o que diz o relativismo?

– Quando examinei o relativismo, não neguei certa positividade dessa doutrina, mas salientei que, ao encerrá-la dentro, apenas, das medidas humanas, ela errava, porque o homem é, por ser inteligente, um ser capaz de transcender a si mesmo pelo conhecimento, como ainda mostrarei, e daí alcançar a verdade ontológica, naturalmente proporcionada sempre, mas que ultrapassa os limites do conhecimento sensível e da estreiteza de sua gama cognoscitiva. Se o homem não pode contemplar, face a face, a verdade ontológica em todo o seu esplendor, pode, contudo, contemplá-la dentro dos seus naturais limites, e também uma verdade que está também fora dele, enquanto o relativismo sempre subordina a verdade às medidas humanas. Creio que não há necessidade de repetir o que já examinei. Na verdade, nas doutrinas filosóficas, por mais diversas que sejam, há sempre um aspecto positivo da verdade, em suas afirmações mais fundamentais, mas onde elas pecam e erram sempre é em negar as positividades das outras doutrinas. No fundo, o mais amplo conhecimento será adquirido pelo homem, não só ao captar as positividades dispersas nas diversas doutrinas, mas quando puder englobá-las numa construção filosófica que as concrecione.[1]

Ora, aquela definição de Platão inclui-se na esquemática sensível. A mente elaborou uma definição, partindo do que é mostrado pelas assimilações sensíveis, pois o homem era definido não pelo que tinha de intrínseco, mas pelo que apresentava de extrínseco. Sob esse ângulo, a definição de Platão também era verdadeira.

– Até aqui, Pitágoras, sua exposição não oferece pontos para objeção. O silêncio que se observa é um testemunho do que digo. – Foi o que disse Artur.

Pitágoras prosseguiu:

– Mas sucede que a nossa mente não se cinge apenas a essa função de classificação de esquemas sensíveis. Desses esquemas sensíveis, ela extrai o que há de comum entre os seres, e constrói os conceitos chamados abstratos, pois os que se referem aos primeiros são conceitos que prefiro chamar de sensíveis; enquanto aos segundos, chamá-los-ia de formais. Vou justificar esse meu ponto

---

[1] É o que realizamos em *Filosofia Concreta*.

de vista. Se sensivelmente sei distinguir "o verde" de "o amarelo", se assimilo as coisas verdes, em serem verdes, a um conceito sensível diferente de "as coisas amarelas", enquanto amarelas, ao construir o conceito de cor, no qual englobo o verde e o amarelo, esse conceito *cor* não é algo que capto sensivelmente. Cor já é uma ordem, uma classificação, na qual incluo todos os distintos que posso captar através das sensações ópticas. Cor é um conceito formal, meramente formal, abstrato. Contudo, através de outra operação, a abstrativa, que consiste em trazer para o lado o que há de comum entre seres diferentes dessas tonalidades, espécies de verde, amarelo etc., tomamos algo em comum, algo em geral, *general,* genérico, daí gênero. Os conceitos formais são mais genéricos que os outros. E essa operação não é de algo captado pelos sentidos. Aqui, há a elaboração de algo que não é objeto de uma intuição sensível. Assim, digo que o verde é uma cor, e uma cor é o amarelo. Se vejo o amarelo deste objeto e o verde daquele, não vejo a cor. Mas é ou não verdade que o amarelo e o verde têm algo em comum? Não pertencem eles a uma mesma gama que os inclui? E o gênero não inclui as suas espécies? É a cor o que se chama então um ente de razão. A cor é o que têm em comum o verde e o amarelo, porém o que têm em comum não é captado pelos sentidos, mas pela mente, numa operação classificadora abstrativa. Pergunto se estou sendo claro.

– Claríssimo, Pitágoras, e creio que suficientemente exato – respondeu Artur.

– Pergunto mais – acrescentou Pitágoras –, convém que exponha ainda, com mais pormenores, ou o que disse é suficiente para se fazer uma clara distinção entre a operação sensível e a operação intelectual? Por favor, Ricardo, Josias, Paulsen, Reinaldo, Vítor, digam-me alguma coisa.

– Pitágoras, está tudo bem claro, e nenhum de nós, estou certo, ainda desejaria fazer qualquer objeção às suas palavras. Preferimos deixar que sua exposição prossiga, até alcançar pontos que nos permitam, com mais proveito, apresentar objeções.

– Então, eu lhes peço que recordem as três verdades de que antes falei: a verdade ontológica, a que está na coisa; a verdade da palavra, que está no sinal verbal; e a verdade lógica, que está no intelecto. Quando digo "o verde", é uma cor, não há aí as três verdades? Não é o verde uma cor em si mesmo, a palavra não se refere diretamente e em conformidade ao que se entende por cor, e não há verdade no intelecto humano, quando chama de cor o gênero a que pertence o verde?

Não há conformidade, adequação em tudo isso? Não é uma conformidade nem uma adequação física, mas uma adequação intencional, analógica à física, mas diferente, mental, intelectual. Em nenhum momento, traí o conceito de verdade, a verdade que podemos alcançar. Traí?

Ninguém discordou. Só Artur aprovou com entusiasmo as palavras de Pitágoras.

Continuou ele, então:

– Pode-se agora precisar em que consiste a verdade lógica. Ora, o juízo é a segunda operação do espírito para a lógica, e consiste ele em afirmar ou negar um atributo, que se chama predicado, a um sujeito. Se o predicado, afirmado ou negado, realmente pertence ou não ao sujeito, mostrará que o juízo afirmativo ou negativo é verdadeiro ou falso. Desse modo, a verdade lógica está na simples apreensão, pela própria forma, não analogicamente, mas fundamentalmente. Nesse caso, a verdade lógica formalmente se dá no ato cognoscitivo com o seu objeto intencionalmente adequado; ou seja, conforme.

Se a representação é intencional com o objeto, e adequada a ele, essa representação é verdadeira.

– Permita-me uma pergunta – pediu Ricardo. – Mas há vezes em que essa assimilação não é completa, e a representação do objeto, nesse caso, não seria verdadeira.

– Se não estiver dentro das normais condições cognoscitivas do homem, não será verdadeira, de certo modo. Eu passo a expor, a fim de evitar uma confusão que não gostaria de provocar. Só há verdade lógica no juízo, já disse, quando o juízo realmente é conforme, adequado ao objeto; e, assim, é verdadeiro o juízo que atribui ou não um predicado a um sujeito, quando essa atribuição é real ou não no sujeito. Contudo, referindo-nos ao conhecimento, sem dúvida que a assimilação é gradativa. A criança assimila da mãe e dos fatos que a cercam, o que é proporcionado à sua esquemática incipiente. As representações que tem dos fatos, que a cercam, são, portanto, proporcionais aos seus meios de conhecimento. Mas é aqui, na assimilação, que se dá gradativamente, que pode ser ela suficiente para dar uma inteligência normal do fato ou não; ou seja, quando os esquemas acomodados assimilam menos do que seria normal assimilar, ou mais do que seria normal.

Ao acomodar os esquemas, o ser humano procura assimilar os fatos exteriores, e, quando há excesso de acomodação, ele imita os fatos exteriores, e surge a imitação. Quando há insuficiência assimilativa, surge, então, o símbolo. Assim exemplifico. Num campo, uma mancha colorida, numa planície, é assimilada fracamente, e, como parece em algo com um ser humano, pode ser considerada um ser humano. Para outro, é assimilado a um animal. Para outro, apenas um montículo de pedras, para outro uma árvore desgalhada. Há várias assimilações, fundadas em semelhanças e esquemas de homem, animal, monte de pedras, árvore desgalhada. Na verdade, aquela mancha de cor é um símbolo de todas essas coisas. E por que é um símbolo? Porque aponta alguma nota semelhante a alguma nota de cada um desses simbolizados. Só a verificação poderá demonstrar, de modo definitivo, qual se aproximou da verdade da coisa, a verdade ontológica da coisa. Portanto, as verdades, que possamos captar, devem ser comprovadas, e segundo as possibilidades de comprovação. Essa operação chama-se *verificação*. A verdade lógica não surge da simples apreensão. Ela se impõe através de uma operação que revela que o intelecto está conforme, adequado à coisa. E, nesse caso, o juízo, que expressa essa predicação, é verdadeiro ou falso, se tal adequação for real ou não.

– Então, Pitágoras, a verdade lógica não se pode dar na simples apreensão – objetou Ricardo.

– Essa objeção, Ricardo, tem um grande valor, e tem sido feita até mesmo por conspícuos filósofos. Mas note bem o seguinte: a simples apreensão pode dar a verdade lógica, não porém perfeita e formalmente reconheço. Essa só se pode dar no juízo. Uma verdade lógica perfeita exige maior complexidade, mas uma simples apreensão pode dá-la já verdadeira, sem que tal justifique que se deva desprezar a comprovação. Esta se impõe. E a ciência humana se realiza através dessas comprovações, levando um conhecimento daqui para ali, refletindo um conhecimento, analisando, através de comparações com outros já comprovados; em suma, especulando, discorrendo, correndo daqui para ali, para comparar, comprovar. É esse o saber culto, saber que se realiza no homem fora da experiência exterior, mas com dados oferecidos por esta, em que a mente opera com as formas captadas e as compara. E toda essa atividade racional chama-se raciocinar, inferir, induzir, deduzir algo que se segue, ou que segue com consequências.

– Na verdade lógica, então, é suficiente qualquer conformidade? – perguntou Paulsen.

– Não – respondeu Pitágoras. – Não qualquer, mas uma conformidade formal entre a cognição e a coisa. Já vimos que não há adequações de ordem física, mas apenas formais. A simples cognição dá os dados para a operação lógica que se processa posteriormente, quanto à ordem genética.

– Parece-me que, pela explicação dada até aqui, admite você que há graus de verdade no juízo lógico. Portanto, a verdade lógica é gradativa. Não é assim, Pitágoras?

– Só se não me expressei bem, pois não creio ter deixado nenhum rastro que indique aceitar uma gradatividade na verdade lógica.

– De minha parte – alegou Ricardo – não fiquei bem esclarecido, e gostaria que você abordasse este ponto, pois só então poderia objetar alguma coisa, pois não quero fazer objeções sem que a exposição tenha terminado.

– De boa vontade, abordarei este ponto, pois não desejo, de modo algum, que minhas palavras deem motivos a confusões. Devemos distinguir a verdade formalmente considerada da verdade materialmente considerada. A primeira não pode admitir graus, mas a segunda, sim. Posso saber mais e mais de uma coisa, e posso ampliar assim a verdade materialmente considerada da coisa, que é relativa. Mas, formalmente, o que sei da coisa é verdade ou falsidade. Assim, materialmente, sei que a cor tem tantas e tantas vibrações, ou se dá dentro de uma gama de uma faixa de vibrações. Desse modo, ampliei meu conhecimento, meu saber sobre a cor verde. Mas, quando digo que o verde é cor, essa afirmativa, logicamente considerada, é verdadeira ou falsa, e não é mais ou menos verdadeira. Logicamente, não há lugar para gradações; materialmente há, porque materialmente posso conhecer mais ou menos a verdade ôntica de uma coisa. O não haver distinguido essas duas verdades levou muitos a sérias confusões, e daí a negarem o valor da verdade lógica, pelo simples fato de a verdade materialmente considerada ser ainda incompleta e não perfeita.

– Gostaria, Pitágoras, que você me demonstrasse essa afirmação quanto à não gradatividade da verdade lógica – pediu Reinaldo.

– Pois não. Quando realizo um juízo lógico, que faço? Atribuo, ou não, um predicado a um sujeito. Tomo o sujeito como um todo e o predicado também, e digo apenas é, ou não é o que digo do sujeito. Materialmente, em relação ao objeto, posso, extensiva e intensivamente, ter uma cognição maior ou menor. Assim, se digo que esse líquido é água, ou digo verdade ou falsidade. Mas posso ter um conhecimento mais extensivo sobre o que seja água; que é ela composta de hidrogênio e oxigênio etc. Este conhecimento pode ser ampliado, e aumentar a verdade da coisa captável por mim. A diferença é que, no juízo lógico, há adequação entre o esquema mental e a coisa, e na verdade material há adequação da coisa aos esquemas mentais, que podem ser ampliados. No entanto, no âmbito da verdade materialmente considerada, todos os juízos que realizo são lógicos e, como tais, não são gradativos, enquanto aquela verdade é gradativa.

– Mas uma falsidade pode ser maior ou menor, Pitágoras. Quem diz que 7 vezes 4 é 27, diz menos falsidade que quem diz que é 25, porque 27 é mais próximo da verdade matemática, que é 28 – alegou Vítor.

– Não. Tanto o que diz 27 como o que diz 25 dizem falsidade. O que diz 27, contudo, está mais certo, mas em sentido material, do que o que diz 25. O que há aí é grau de certeza, não de verdade. Os dois juízos podem ser, quanto à sua verdade material, gradativamente mais certos ou menos certos, mas quanto à verdade lógica ambos são falsos. Há uma só maneira lógica de dizer matematicamente a verdade: é dizer 28.

– Mas, se você admite que na apreensão há captação da verdade lógica, não reconhece que, no juízo, há mais perfeita essa verdade?

– No juízo, a verdade não aumenta. É a mesma. Se a apreensão meramente sensível captá-la, o juízo lógico não a aumentará.

– Mas há juízos lógicos que são considerados verdadeiros e, posteriormente, se verifica que são falsos. Que critério teríamos para saber quando são certamente verdadeiros e quando podem ser falsos? – perguntou Ricardo.

– Suas próprias palavras estão dando a resposta, Ricardo. Quando o juízo lógico afirma algo contingente, que pode ser ou pode não ser, a verdade que afirma, sem uma exata comprovação, pode não ser tal. Mas, se o juízo expressa o que é necessário, o que não pode não ser, o que é imprescindível que seja, o juízo é certamente verdadeiro, e não padece dúvida.

– Gostaria que exemplificasse, para justificar a sua afirmativa – pediu Josias.

– Quando digo que alguma coisa há, digo necessariamente verdade, porque não é possível, de modo algum, que não haja nada, um nada absoluto, que nenhuma presença houvesse, porque a própria enunciação do juízo comprova, de modo necessário, que alguma coisa há. Quando digo que a todo consequente tem de haver um antecedente, digo algo necessariamente verdadeiro, porque, se uma coisa se segue a outra, haverá uma que a anteceda. Se digo que há seres dependentes, necessariamente há algo do qual dependem, porque a dependência implica o de que depende e o que depende. Se falo num efeito, falo no que é feito por outro; necessariamente tem de haver o que faz, a causa, e o que é feito, efeito. Não estamos aqui ante contingências, mas ante necessidades. Contudo, posso admitir que o consequente não haja, se há o antecedente, porque este poderia existir sem existir o segundo. Mas, se chamo o primeiro de antecedente, é porque outro o sucede. Assim, o que pode fazer pode não fazer, mas, se há algo feito, um efeito, sei que necessariamente há ou houve o que o fez.

Um juízo é contingente quando se refere a coisas que podem ser ou podem não ser. Se digo que João está andando, pode ser verdade ou não, porque João podia não estar andando. Neste caso, e eis aqui um ponto de máxima importância, os juízos contingentes exigem uma comprovação, mas o juízo necessário revela-se a si mesmo como verdadeiro.

– Bem, esses juízos necessários são os chamados axiomas. Mas pode você negar que certos axiomas, com o decorrer do tempo, acabaram por ser considerados falsos? – perguntou Josias.

– Não nego. Mas é que tais axiomas não revelavam uma necessidade do modo como expus.

– Você conhece os axiomas da matemática. As matemáticas não euclidianas não mostraram que os axiomas de Euclides eram falsos? – alegou Josias, com segurança.

– Creio que você não compreendeu bem o papel das geometrias não euclidianas. Elas não demonstraram que os axiomas de Euclides eram falsos, apenas mostraram que não encerravam toda a verdade logicamente possível na geometria. Formalmente, os juízos de Euclides, dentro do âmbito da sua geometria meramente formal, são verdadeiros. Assim, por exemplo, quando se diz que o todo é igual à soma das suas partes, diz-se verdade necessariamente. Mas diz-se no âmbito quantitativo; ou seja, enquanto se toma o termo verbal *igual* no sentido quantitativo, porque quantitativamente o todo é igual à soma de suas partes. No entanto, um todo apresenta, sob o aspecto qualitativo ou específico, uma diferença quanto aos elementos da soma, como o homem, que não é apenas a soma de seus órgãos, como um muro que não é apenas a soma dos materiais que o compõem. Mas note que não é do âmbito quantitativo que há a diferença. Quando Euclides diz que duas paralelas não se encontram nunca, diz verdade, porque ele considera tais linhas formalmente perfeitas e, enquanto tais, elas não poderiam necessariamente encontrar-se num espaço tridimensional, com o que ele considerava em sua famosa obra. Mas essa obra era elementar, note-se, porque, nela, Euclides apenas iniciava os alunos na geometria. Não se julgue que Euclides não sabia muito sobre o que se chamam hoje de geometrias não euclidianas, mas este é ponto por ora proibido de tratar-se, e eu não o faria, por mais que me solicitassem, porque exige outros exames, que seriam longos e difíceis.

– Pitágoras tem razão – apoiou Artur. – Sua explicação está clara. A distinção entre juízos necessários e juízos contingentes é basilar na lógica, e permite uma nítida compreensão do que disse.

– Bem, Pitágoras. Se a verdade lógica não admite graus, nega você que há, ou não, graus de falsidade? – perguntou Ricardo.

– Você tocou num ponto de máxima gravidade. Não desejo dar uma resposta formal e definitiva, mas podemos, juntos, examinar esse tema, que é importante.

– Então comece, Pitágoras – propôs Ricardo.

Diálogo sobre o critério do conhecimento

Revelava o semblante de Pitágoras que ele estava preocupado. Sem dúvida, havia uma indecisão interior. Sua mente flutuava sobre possibilidades, e parecia que ele procurava uma resposta sobre a qual não tivesse de voltar atrás. Depois de certo tempo, disse:

– Neste ponto, há divergências de opiniões, e essas são bem fundadas. Quando falamos naquele exemplo do que diz que 7 vezes 4 é 25, e do que diz que é 27, verificamos que ambos estavam dizendo falsidades, mas vimos que um estava mais certo que o outro, porque um se aproximava mais da verdade matemática que o outro. Por isso, alguns filósofos consideram que, se não há graus quanto à verdade lógica, há, contudo, quanto à falsidade. Ora, na falsidade lógica há uma deformidade positiva com o seu objeto; ou seja, uma não conformidade entre o ato intelectivo e o seu objeto formal. Essa deformidade é positiva. Mas fala-se ainda de uma não conformidade negativa quando o ato intelectivo não expressa o objeto material. Exemplificam alguns o primeiro caso com o espelho mal construído que deforma o objeto, e o segundo com o espelho que não espelha devidamente, ou seja, tudo quanto é espelhável do objeto.

Ora, a falsidade lógica é alguma deformidade ou inadequação intencional, enquanto a verdade lógica é conformidade ou adequação intencional. Contudo, uma deformidade negativa não pode ser a constituinte de uma falsidade lógica, mas somente a deformidade positiva. A negativa pode surgir da ignorância, enquanto a positiva surge da inadequação. Mas, como essa positividade pode ser gradativa, a falsidade, para muitos, pode ser gradativa. Meu pensamento, porém, é um só. Tanto a falsidade como a verdade, logicamente consideradas, não têm graus. Os graus, têm-nos a certeza ou o erro. Se me permitem, mais adiante mostrarei as razões que justificam o meu modo de pensar.

– Sua exposição, Pitágoras, mereceu de todos nós a maior e a melhor atenção. Mas você não nos expôs ainda suficientemente qual o critério de verdade, como poder aferir com segurança que um juízo é verdadeiro ou falso. Já nos expôs a natureza da verdade ou da falsidade lógicas, mas como sabermos com segurança quando há verdade ou falsidade? – perguntou Reinaldo.

– Realmente, embora já tenha abordado parte desse tema, impõe-se que o estude melhor. A evidência, como razão da verdade, é realmente o que me cabe agora examinar. Não é fácil definir o termo evidência, e até se pode dizer que é indefinível. Como vem de *videre*, *videntia*, em seu sentido etimológico, é a visão da verdade, empregado analogicamente com o termo visão, vidência. Alguns dizem que a evidência é a manifestação necessária da verdade do objeto, da clara inteligibilidade da coisa, ou mais subjetivamente, a clareza pela qual a mente percebe um objeto. A inteligibilidade de um objeto é o que neste é capaz de ser captado por uma mente. A inteligibilidade das coisas, em relação a nós, é relativa à nossa capacidade de conhecer, de perceber. Metafisicamente, pode-se dizer que todo ente é inteligível, porque tudo pode ser entendido por uma mente. Mas há aspectos que escapam, para alguns, à nossa capacidade intelectual; seriam assim ininteligíveis para nós. Outros, porém, afirmam que a mente humana é apta a entender, a inteligir todas as coisas que são, mas a capacidade intelectiva é progressiva e educativa; ou seja, permite uma educação, permite ser conduzida aos poucos para inteligir o que é inteligível. Todo ser é inteligível, mas não imediatamente, mesmo porque, imediatamente, nem sempre captamos o ser das coisas, nem muito menos de todas as coisas. Ora, o que nos dá a validez de nossos conhecimentos é a evidência, e esta não é outra coisa que a razão da certeza.

— Parece-me, Pitágoras, que nos movemos apenas num mundo de palavras. Gostaria que você precisasse melhor os termos, pois há por aí muitas tautologias: se as palavras são dependentes, você diz as mesmas coisas – alegou Reinaldo.

Pitágoras permaneceu algum tempo calado, parecia atônito. As palavras de Reinaldo pareciam tê-lo enleado, e Artur manifestou receio. Mas um sorriso largo, que apareceu no rosto de Pitágoras, devolveu logo a confiança ao amigo. E então respondeu:

— Talvez não me tenha precisado como deveria. Mas não se apoquente, Reinaldo, que procurarei ser mais claro e mais explícito. Eu disse que a evidência é a razão da certeza, e vou explicar bem, e justificar o que digo, e você verá que não há aí repetições, nem petições de princípio, nem círculos viciosos ou o que valha. Entre a evidência e a certeza, há uma relação de causa e efeito. A evidência infere-se da certeza. A evidência decorre da coisa, e a certeza é o estado mental. Esses dois termos têm sido usados indistintamente na filosofia, mas pode-se estabelecer que a evidência é mais objetiva, e a certeza, mais subjetiva. Ora, os antigos diziam, e o diziam bem, que a certeza é o estado que consiste na adesão firme ao enunciável, sem o menor receio de erro. Essa definição revela o máximo de subjetividade. Dizendo que é o assentimento firme sobre um enunciável decorrente de motivos ou objetos claros e proporcionados, daríamos uma definição mais objetiva. Neste caso, poderia falar-se numa evidência objetiva, numa subjetiva e numa objetivo-subjetiva. E também se pode falar em evidência imediata, em mediata, em evidência metafísica, física, matemática, científica, moral, ética, jurídica etc., ou ainda intrínseca ou extrínseca. Ora, essas divisões, usadas pelos antigos, continuam sendo usadas pelos modernos. Daí poder-se empregar evidência de consequências, que é a evidência formal, lógica, que se pode dar, com antecedentes falsos, sem que a consequência o seja, que sempre é imediata. Fala-se também na evidência de consequente, que é mediata sempre, e que se dá na vidência de antecedente, o qual é verdadeiro, e do próprio consequente, que pode ser evidente *de per si*. E muitas outras.

— Em suma, Pitágoras, a verdade lógica é, para você, a adequação entre o intelecto e a coisa. Ora, nada mais é essa afirmação que a afirmação clássica de Aristóteles, e que foi adotada pela escolástica — lembrou Ricardo.

— Isso mesmo, Ricardo. E creio tê-la justificado suficientemente.

— Agora, quer você mostrar qual o seu critério de verdade? Você mostrou que a validez de nossos conhecimentos é dada pela evidência, que nada mais é que a razão da certeza. Mas a certeza precisa ter um princípio, que, por sua vez, a torne válida. E qual é esse princípio? — pediu Ricardo.

— Sem dúvida — respondeu Pitágoras —, a certeza de uma evidência não prova a evidência de uma certeza. O fato de alguém ter certeza de que algo é evidente ainda não pode provar que o que julga evidente o é. Portanto, outros elementos precisam ser abordados, e outros aspectos precisam ser esclarecidos. A evidência, sem dúvida, tem um princípio, como tudo tem um princípio, pois este é o que do qual, de certo modo, alguma coisa procede. Descoberto o que do qual a certeza procede, temos achado o seu princípio.

Pitágoras fez uma pausa. Olhou bem a todos. Sabia que ia agora abordar um ponto de máxima importância, e que seria a chave para abrir outros caminhos tão importantes para o filosofar. E com solenidade discreta, mas suficientemente segura e imponente, disse: — Não há apenas um princípio da certeza. Examinemos um por um. O primeiro, e o mais importante, é o princípio ontológico, é a razão, o *logos* ontológico da certeza, a razão formal da coisa que é conhecida. Achada esta, a certeza se fundamenta.

Num juízo, a verdade é dada desde logo e *de per si*, se ele é um juízo necessário, apodítico. Se é um juízo contingente, a sua verdade é revelada pela adequação do predicado ao sujeito, se tal predicado, em sua razão formal, convém ao sujeito infalivelmente, objetivamente. Por isso, o princípio último e necessário da certeza natural é a evidência manifestada pelo objeto mental; ou, em suma, a evidência objetivo-subjetiva. Esse princípio é o que os antigos chamavam critério. Como este termo se presta a equívocos, pode-se preferir o de princípio. Esse princípio exige a evidência da certeza e a certeza da evidência.

Não basta apenas sabermos que nosso juízo é verdadeiro, é preciso que o seja objetivamente, e que, pela análise, consigamos avaliar a sua validez. Alcançado este ponto, não pode haver temor de erro.

– O critério de Descartes, que consiste nas ideias claras e distintas, é um critério que você aceita, Pitágoras? – perguntou Ricardo.

– Não, porque é demasiadamente subjetivo. No campo da filosofia, busco o fundamento nos juízos ontológicos, e sem o seu apoio toda afirmação, toda tese deve ser passível de demonstração. Uma tese que não ofende ou não contradiz um juízo ontológico é possível, e pode ser verdadeira, mas ainda não é para mim a evidência de uma certeza. Dou um exemplo: se se admite a separabilidade dos acidentes da substância, a tese católica da comunhão, que diz que o corpo de Cristo está na hóstia e no vinho, sob as aparências do pão e do vinho, não contradizendo esse princípio, não pode ser acoimada de absurdidade, e, por ser possível, pode ser verdadeira, e exige, por isso, para o filósofo, não o digo para o crente, uma demonstração. Não se pode, porém, repeli-la sob a tola alegação de que é absurda, só pelo simples fato de não se adequar a convicções puramente subjetivas. O dever do filósofo é enfrentar a tese, e examinar com rigor a afirmação feita. De antemão, ela não é absurda, e é ontologicamente possível, se se provar, de modo rigorosamente ontológico, que é possível a separação entre o acidente e a substância.

– Mas houve alguém que comprovasse fisicamente que há essa separabilidade, Pitágoras? – perguntou Ricardo.

– Se ninguém o comprovou experimentalmente, tal não é razão suficiente para afirmar que a separabilidade é impossível. É preciso evidenciar-se a possibilidade, ou não, dentro de princípios ontológicos, de teses já demonstradas. Ora, não é esse tema o que debatemos; por isso, não iremos abordá-lo. Dei-o apenas como um exemplo, sem declarar se há de minha parte adesão, ou não, à tese católica. E, ademais, nego-me a discuti-la, a não ser que examinássemos especificamente a matéria, o que não poderia ser hoje de modo algum.

– Penso ter compreendido a sua posição, Pitágoras – assim falou Ricardo. – Para você, uma verdade lógica exige a adequação entre o intelecto e a coisa, e o critério principal de validez é a sua evidência objetivo-subjetiva, como disse, não bastando apenas a convicção da certeza, mas a certeza da convicção, portanto. Não é isso?

– É isso.

– E, ainda, que essa certeza exige fundamentos ontológicos rigorosos. O critério de Descartes é para você meramente subjetivo.

– É isso mesmo. Tem seu valor, mas não é suficiente. A percepção da coisa evidente é importante. É a evidência o critério supremo de toda verdade, e há várias evidências. Não se prova um princípio matemático com argumentos morais ou de autoridade. Uma certeza científico-matemática exige uma evidência científico-matemática. A evidência exigida é sempre proporcionada ao juízo emitido. Acontece que nem sempre essa evidência é dada imediatamente, mas exige pesquisa, exame cuidadoso, um trabalho especulativo dos mais árduos. Que o todo é quantitativamente a soma de suas partes, é uma evidência imediata; que a todo consequente corresponda necessariamente um antecedente, também o é. Mas o juízo que diz ter o homem uma alma espiritual, não material portanto, já não o é para o filósofo. Para evidenciar-se esse juízo, é exigida uma demonstração. Esta dará a certeza, ou não, ao evidenciar, ou não, a verdade. Nós vimos, como evidência mediata, que nem tudo pode ser falso, nem tudo pode ser verdadeiro, nem tudo pode ser ficcional.

E, fazendo uma pausa, acrescentou: – Creio já ter exposto, em boa parte, o que prometi. Mas desejaria saber se fui claro, e se meu pensamento está bem ordenado. Se quiserem criticá-lo, aceito as análises com bastante satisfação.

– Se a evidência é critério da verdade, como se explica, Pitágoras, que haja tantos erros? – perguntou Josias.

– Não é nas coisas realmente evidentes que há erros, mas das evidentes não suficientemente consideradas.

– Então, como me explica o seguinte: é evidente que a Terra se move em direção ao Sol; no entanto, por longo tempo, objetivamente, se verificava que era o Sol que se movia em relação à Terra. Qual o valor, então, do critério objetivo?

– Josias, suas razões já foram usadas há muito tempo, e já foram devidamente respondidas. Mas, apesar disso, muitos ainda farão tais perguntas e proporão tais objeções. Mas é fácil responder: o que havia de evidente era o movimento do Sol ou o movimento da Terra. Onde os homens erraram foi na direção desse movimento e, para afirmar tal direção, não tinham ainda um critério de evidência.

Ninguém objetou mais nada. Se não pareciam satisfeitos, não encontravam razões seguras para oporem às de Pitágoras. Este, então, prosseguiu:

– Não esgotei ainda o assunto, e desejo abordar outros pontos, pois há ainda muito que dizer. De minha parte, e seguindo a muitos outros, não considero critérios de evidência a autoridade humana, o consenso geral, nem a utilidade pragmática, nem os instintos cegos, nem as intuições na linguagem popular, nem as patências afetivas, nem os sentimentos, nem os testemunhos de consciência, nem as ideias claras e distintas de Descartes. Nada disso me serve para critério de evidência, e muito teria que dizer para provar que não serve. Mas, apenas, basta-me dizer que o critério de evidência tem de ser notado por si, evidente por si.

– Então, a demonstração não é critério de evidência para você? – perguntou Ricardo.

– De certo modo não é – respondeu Pitágoras.

– Parece-me que há contradição em suas palavras, porque há pouco disse que exige uma demonstração apodítica, ou seja, absolutamente necessária, para aceitar algo como princípio de evidência – retrucou Ricardo.

– Realmente disse isso, mas lembre-se de que falei de *certo modo*. Preciso, portanto, justificar-me, porque julgo que está aqui um dos lugares mais perigosos do filosofar, e onde os homens têm naufragado mais facilmente.

A demonstração exige e supõe outros motivos; porquanto não pode ser princípio de evidência. Mas, se na demonstração não se usa o termo médio, a mostração é imediata. Que o todo é quantitativamente a soma de suas partes, não exige demonstração, porque mostra-se *de per si*. Tampouco necessitaria de demonstração o juízo *alguma coisa há*, porque aqui o predicado complementa perfeitamente o sujeito, pois alguma coisa implica o haver, e o haver implica alguma coisa. Mas, mesmo assim, *a posteriori*, esse juízo pode ser demonstrado, mas indiretamente, portanto. O fato de uma coisa poder ser demonstrada impõe que essa demonstração seja apodítica, que tenha uma necessidade ou hipotética ou simples, absoluta. Pode-se dizer com segurança: *necessariamente há alguma coisa*. Porém, há alguma coisa contingentemente, sem dúvida, mas tem de haver alguma coisa necessariamente, para que alguém possa afirmar que há alguma coisa, e, ademais, há alguma coisa, porque alguém pode afirmar e afirma que há alguma coisa. É de necessidade absoluta que haja alguma coisa. Quando a análise alcança essa apoditicidade, o juízo é absolutamente evidente. Os juízos que sofreram modificações, que foram em certo período considerados verdadeiros, e depois acusados de falsidade, não ofereciam essa apoditicidade de que falei. A demonstração tem seus princípios, e estes são e devem ser evidentes *de per si*. Neste sentido, a demonstração não é princípio de evidência, mas, sim, os princípios da demonstração. Creio que assim esclareci minhas palavras, e posso evitar a acusação de incoerência. Fui claro, Ricardo?

– Foi – respondeu ele.

– Pois bem, se a memória não lhes falhar, poderão todos, recordando o que discutimos quanto ao ficcionalismo, verificar que coloquei a impossibilidade dessa posição ante argumentos fundados apoditicamente, sob o nexo de uma necessidade simples e absoluta. A conclusão final foi a de que *necessariamente tudo não pode ser ficção no homem*. E não podia, porque chegava a ofender princípios ontológicos como o de identificação, o de contradição, que estavam já suficientemente demonstrados. Poderia ainda mostrar que tal posição, pseudamente filosófica, ofende ainda outros princípios, mas, neste caso, ter-me-ia estendido desnecessariamente. A certeza é um assentimento firme, uma firme adesão à virtude cognoscitiva no que é cognoscível. Exclui totalmente a dúvida, que se revela numa flutuação entre opostos, como exclui todo temor de errar.

– É pena que seja tarde, Pitágoras. De minha parte, considero que a sua exposição de hoje foi magnífica, e muito nos esclareceu – disse Artur. – Espero que amanhã nós nos encontremos outra vez. Até lá, todos nós teremos a oportunidade de meditar sobre o que você disse, e tenho a certeza de que isso permitiria que Josias, Ricardo, Reinaldo, Paulsen e também Vítor possam propor outras objeções, a não ser que concordem com a sua posição gnoseológica. De minha parte, considero que há alguns pontos sobre os quais gostaria de fazer algumas perguntas, mas prefiro fazê-las amanhã, apesar da ansiedade que me invade. Paulsen já me fez várias vezes sinal, apontando a hora.

Todos concordaram com Artur, e naquela noite de nada mais trataram.

Alguns pequenos diálogos

Nas muitas ocasiões em que tomei parte nas conversações filosóficas que mantinha Pitágoras com os amigos, tive oportunidade de surpreender rápidos diálogos, que não constituem temas desenvolvidos, mas breves análises, sugestões, troca de ideias, que mereceram a minha atenção e eu as guardei de memória para escrevê-las posteriormente, deixando, assim, um registro que, creio, há de ser útil aos que desejam abordar os temas filosóficos. Vou dar aqui essas rápidas passagens, às quais manterei a máxima fidelidade, graças à boa memória de que disponho, que muito poucas vezes me tem traído.

Certa ocasião, durante uma conversação, Ricardo, voltando-se para Pitágoras, fez a seguinte pergunta:

– Na verdade, os eleatas afirmavam apenas a existência do ser. O não ser era negado. Contudo, em Platão, parece que o não ser retorna à ordem do dia. Se a posição eleática fosse verdadeira, como se poderia explicar a heterogeneidade?

– Na verdade, o que Parmênides queria negar era o nada absoluto, total ou parcial. O nada absoluto total negaria todas as coisas, e tudo seria nada, o que é absurdo, porque alguma coisa há, pois, do contrário, nem se poderia pensar na possibilidade do nada absoluto. Também negava Parmênides que o ser fosse limitado por uma fronteira, de onde, indo além, estivesse o nada absoluto, que seria parcial. Ou seja: ao lado do ser, que é intensa e absolutamente ser, haveria o que não é nada, absolutamente nada. Neste caso, o ser seria como uma esfera que volvesse sobre si mesma, cercada de nada. Tal tese também não é parmenídica. Há, ainda, o não ser relativo; ou seja, a não presença de um modo de ser. Este não ser relativo é aceito por Platão, e é dele que fala. Assim, nesta mesa, nada de livro. Ou melhor, a propriedade ou a qualidade de que não dispõe ou não tem esta mesa é nada para ela, mas relativamente. Assim, a ausência é um não ser relativo, porque a ausência tem de ser ausência de alguma coisa para que seja realmente ausência, porque uma ausência de nada é nada.

– Então, o conceito de não ser é imperioso e útil para a filosofia? – tornou a perguntar Ricardo.

– Sem dúvida. Aristóteles, ao tratar da potência e do ato, tratou também da privação. Mas deu pouca importância a esta. Esqueceu um ponto importante, pois a privação nos auxilia a compreender a heterogeneidade. Há heterogeneidade nos seres por estarem estes privados de alguma positividade. Assim, os entes são o que são porque não são o que não são. Esta posição é bem pitagórica. O que constitui ontologicamente as coisas são os números (*arithmós*, que não se deve confundir com o número de conta da aritmética), números como formas, ou seja, como proporcionalidade intrínseca das coisas. As coisas são números, e constituídas de números, pois os elementos que as compõem são números e estão ordenadas segundo um número. Desse modo, revela-se a privação, pois o que tem um número é porque lhe ausenta alguma coisa. Para que haja uma proporcionalidade intrínseca, um número formal, é mister que haja faltas, ausências. A privação é, pois, de uma importância capital na filosofia. É pena que não a tenham devidamente estudado.

* * *

Certa vez, disse Josias para Pitágoras:
– A razão humana falha, e muitas vezes nos decepciona. Portanto...
– Mas é em tudo, Josias, que ela falha? Não; em algumas ocasiões. Noutras, ela não falha. Não é, portanto, em todas as ocasiões. Por isso é que convém

ter cuidado com ela, ser prudente nos raciocínios para evitar os erros e não lançar-lhe a pecha de capenga.

* * *

Foi Paulsen quem, dirigindo-se a Pitágoras, disse-lhe certa vez:
– Há duas frases que sempre me impressionaram e sobre as quais meditei e concluí ser verdadeiras.
– Quais são elas?
– As seguintes: "A história é a realidade do homem". A outra é "O homem não tem natureza, mas, sim, história". Se não me engano, a primeira frase é de Dilthey e a segunda de Ortega y Gasset. Como você tem falado muito na natureza humana, gostaria que me mostrasse o erro desses princípios.
– Bem, tanto Dilthey como Ortega y Gasset, quando tais frases escreveram, defendiam a tese relativista do historicismo psicológico, ou o que outros chamam de psicologismo histórico. Para Dilthey, a metafísica é um fato histórico, mas sem nenhum valor científico, porque ciência é aquela que se funda e se deve fundar em princípios objetivos, enquanto a metafísica funda-se em princípios subjetivos do cognoscente. Ademais, para eles, a realidade é irracional, e nenhum sistema metafísico poderia adequadamente compreendê-la ou entendê-la, o que torna sem validez qualquer sistema. Daí concluírem eles que o homem é apenas história e, dele, os caracteres históricos e sociológicos determinam o valor da vida cultural do homem. Todas as reações do homem são proporcionadas a esses caracteres; de maneira que a verdade se origina dessas determinações psicológicas e dos influxos históricos. A verdade é, assim, histórica também, e vale apenas num determinado período da história.

Encontramos opiniões semelhantes em Spengler e Nietzsche. Daí serem impossíveis definições *a priori*, e somente *a posteriori*. Mas, na verdade, o homem não age na história apenas com o intelecto, mas com uma consciência total, a essa doutrina reduz-se aos mesmos erros do relativismo psicológico, que confunde a necessidade lógica com a necessidade psicológica, quando elas são claramente distintas, já que a necessidade lógica é regida pela evidência objetiva, enquanto a psicológica é puramente subjetiva.

Ademais, o psicologismo só admite como razão do conhecimento a necessidade psicológica, e ele destrói essa mesma necessidade, pela sua concepção relativista, o que o coloca em contradição.

* * *

– Pitágoras, não podes deixar de reconhecer que tanto o homem como a vida, as instituições, as religiões, tudo isso, na história, revelam uma contínua evolução. Como é que se pode, então, falar que há uma verdade fixa e imutável?

Pitágoras assim respondeu a essa pergunta de Reinaldo:

– Antes de tudo, é preciso que se tenha um conceito claro de evolução. Há uma evolução acidental, um evolver acidental, como o que nós observamos nas coisas, no crescimento humano. Pode-se ainda falar numa evolução essencial, quando alguma coisa se muda em outra. Entretanto, uma evolução essencial, completa, nós não vemos. O homem continua sendo homem, a vida continua sendo vida, e a religião continua sendo religião. A vida não se torna essencialmente outra, não vida. O próprio exame da história, que é a experiência que temos ante todos os povos, demonstra-nos abundantemente que, essencialmente, o homem é sempre o mesmo, desde o mais simples dos aborígenes australianos até o mais sábio dos homens civilizados. O que se confunde é a evolução acidental com a evolução essencial.

Reinaldo, então, fez-lhe mais outra pergunta:

– É inegável que há um progresso humano, e, se há, o homem não permanece sempre sendo o mesmo. Neste caso, afirmar dogmaticamente a imutabilidade é querer impedir o progresso humano.

– Reinaldo, é preciso compreender bem o que é o progresso humano. O homem moderno, no seu mais alto progresso, não se opõe essencialmente às sentenças estatuídas pelos antigos. Ao contrário, traz novas contribuições para demonstrar a validez do que os antigos afirmaram.

– Mas como, Pitágoras? Copérnico não ensinou precisamente o oposto daquilo que Ptolomeu havia estabelecido como certo? E não foi graças a Copérnico que alcançamos um grande progresso no campo dos estudos astronômicos?

– Antes de Ptolomeu e antes de Copérnico, as ideias deste já haviam sido expostas pelos pitagóricos. O seu argumento não vem ao caso, porque, se Ptolomeu disse o oposto de Copérnico, Ptolomeu estava errado.

Não se deu aí nenhuma evolução da falsidade para a verdade, porque a verdade era oposta ao sistema de Ptolomeu. Ademais, esse seu argumento nada tem que ver com as ideias da filosofia. O que é preciso compreender é que muitas verdades mudam, enquanto outras não mudam. Assim, por exemplo, os homens podem mudar quanto a certas interpretações sobre a Terra e o Sol, mas a existência do Sol e da Terra é uma verdade imutável. E, por sua vez, há mudanças sobre persuasões de caráter material e subjetivo, não, porém, de caráter formal.

* * *

Certa ocasião, Ricardo comentava com Pitágoras acerca do gosto moderno e das grandes renovações observados em todos os setores intelectuais.

– Não há dúvida – corroborava Ricardo – que o homem de hoje revela-se o antípoda do que chamávamos o homem de nossos avós. Todo o romantismo esfarelou-se, e o que sobra, hoje, é um sentido muito mais prático e mais utilitário da vida que leva os homens de sensibilidade mais aguda a sentirem-se marginais. Veja você se não é ridículo um poeta romântico recitar versos numa metrópole como esta.

– E note-se ainda – veio em seu apoio Vítor – que não há mais razão de ser. Não posso compreender como há ainda aqueles que creem num ser superior – e volvia os olhos obliquamente para Pitágoras – que não saberiam de modo algum explicar por que razão estamos aqui no mundo. Nenhuma religião é capaz de explicar o problema do mal, o problema do destino, o porquê do prêmio e do castigo após a morte. Tudo isso é o que constitui as velhas crenças que a modernidade destruiu. Hoje, 90% da intelectualidade não crê num ser superior. A grande verdade de nossa época consiste em termos nós todos tomado consciência de nossa solidão, de nosso emparedamento. Estamos totalmente abandonados a nós mesmos. E todos somos uns angustiados. Os que não podem suportar a angústia de ser, de existir, preferem crer.

Durante todas essas palavras, Pitágoras não fizera o mínimo sinal de que pretendesse responder alguma coisa. Uma impassibilidade dominava totalmente o seu rosto. Apenas seus olhos se fixavam sobre um e sobre outro, mas impessoais, neutros, calados, insignificantes. Quando Artur interveio, foi que tive a impressão de que alguma coisa se iluminava no rosto de Pitágoras.

– Sente-se que há em toda parte desespero, angústia, náusea, repugnância por tudo e por todos. Sem dúvida, a nossa solução, pelos seus frutos, revela-se bem má, não acha, Vítor?

– Nós não escolhemos – respondeu este, imediatamente. – Fomos forçados à descrença pelo malogro de todas as ideias. Se sofremos o desencanto é porque tivemos a ingenuidade de acreditar em todas as mentiras que nos impingiram. Nada mais somos que crianças decepcionadas, aceito; mas crianças que percebem que as promessas não são nem serão cumpridas. Fomos defraudados por todo o passado. A culpa não é nossa.

Uma discussão formou-se logo entre Ricardo, Vítor e Artur, durante a qual foram trocadas ideias, e tão desordenadamente que pouco me lembro do que ficou, além de algumas frases, como estas, pronunciadas por um ou outro: "você é que sente assim", "não há mais comunicação possível entre os homens", "a confusão é geral", "Deus nos abandonou", "sem dúvida Satã venceu", "vocês não sabem o que dizem", "nem você, tampouco"... e outras, que degenerariam para o baixo calão se Pitágoras não os tivesse interrompido, para dizer num tom de voz alto, e serenar em seguida:

– Um momento! Parem um pouco! Vamos examinar com calma. Se somos homens e seres inteligentes, examinemos com a inteligência. – Houve uma pausa, enquanto um ou outro resmungava alguma coisa. – Vítor levantou um sério problema. Não creio que nos seja possível, numa rápida conversação, abordar tantos temas, como os que foram situados. Ninguém pode negar que há uma decepção generalizada, e que a descrença invade grande parte (a maior sem dúvida), da intelectualidade do mundo, sobretudo do Ocidente. Mas também ninguém pode negar que desse lado não se acham as mais fortes cabeças nem os seres mais dignos. O que há, na verdade, é que estamos colhendo os frutos de uma sementeira de erros, que durou mais de dois séculos. Durante mais de dois séculos, a inteligência foi prostituída por homens que semearam as maiores confusões nas ideias. A humanidade não foi capaz de digerir tanto calhau... O estômago da humanidade é fraco. O que está acontecendo era inevitável. Estamos numa época de inversão de valores, ninguém nega, e não há quem não o perceba e não o diga. Essa inversão elevou ao alto o que havia de mais baixo. Examinem o exemplo do herói antigo e do herói moderno. No antigo teatro, na ficção em geral, buscava-se o vencedor, o que sabia arrostar os perigos, o que queria vencer a si mesmo e aos outros, o que não temia as dificuldades e até as desejava para ultrapassá-las. O herói de hoje é o neurótico, o anormal, o débil mental e afetivo, o dominado pelas paixões vulgares, o homem de sangue envenenado e espumejante, o que se deixa enlear pelos problemas mais comuns, o que se angustia com as menores coisas, o sensitivo da covardia, o covarde, o supinamente covarde. O herói de hoje é o covarde, o vencido, o dominado, o possesso, o anormal voluntário, o tarado por escolha, o torpe por vocação. Vejam o teatro e o cinema. Isso é que dá asco, que enoja, que asfixia. Para despertar a sensibilidade embotada de um público da mais baixa capacidade emotiva, são precisos o *thrilling*, a surpresa, o inesperado, o inaudito, o absurdo. É preciso sacolejar essas sensibilidades mortas: é preciso violentar esses corações empedrados. Tudo isso venceu, reconheço. Mas venceu para quem? Para os vencidos já, para os embotados, para os débeis, para os fracos, para os deficientes. Para esses, venceu. Satã domina, não há dúvida, porque só o satanismo pode mover tais pessoas a sensações novas. Lembro-me de um intelectual que, com baba na boca, falava-me de um trabalho que havia realizado, com estas palavras: "Ah!, então consegui alcançar o satânico! O puro satanismo! [...]". Mas, meus caros, isso é miséria, apenas miséria. Se a palavra superação é o galardão dos modernos, essa superação sobre o passado é pura moeda falsa.

– Mas quer você que alguém creia hoje em alguma coisa de superior, Pitágoras? – perguntou Vítor, com um esgar nos lábios.

Pitágoras não respondeu logo, porque parecia engolir as suas primeiras palavras. Foi vencendo certo esforço, que disse:

– Mas não é só crer, é saber. E pode-se saber...

Vítor riu-se exageradamente. Fazia um esforço para rir.

– Essa é boa. E saber o quê, Pitágoras? Quem é que sabe alguma coisa de definitivo?

Pitágoras não se perturbava. Era todo impassível. Só seus olhos eram penetrantes, e respondeu:

– Vítor, você me tem acompanhado em muitas discussões; eu lhe tenho mostrado que podemos saber muitas coisas; tenho-lhe demonstrado muitas das minhas afirmações, e você não tem sabido destruí-las.

Vítor mordeu o lábio. Foi Artur quem respondeu:

– Não adianta, Pitágoras. Mesmo que você provasse, mostrando aos olhos dele a realidade palpável, sensível do que diz, mesmo que pudesse tornar compreensível aos seus sentidos, e não apenas à sua inteligência, Vítor, por teimosia, negaria peremptoriamente tudo. Ele não quer aceitar nada de positivo. É simplesmente isso.

A impressão que dava é que Vítor ia agredir Artur. Sua atitude era de uma hostilidade feroz. Mas apenas resmungou com voz rouquenha:

– Você quer considerar-me um cretino. Não aceito porque não aceito, porque as provas são frágeis, porque os argumentos não me convencem.

– Você resiste por teimosia apenas – retrucou Artur com pleno domínio e sem qualquer abalo.

– Artur, se a verdade fosse tão simples como Pitágoras diz, por que há, no mundo, tanta gente que não crê, como eu? A verdade deve ser evidente aos olhos.

– Vítor – respondeu Pitágoras por Artur –, o maior e mais espantoso aspecto de nossa época é essa obstinação, essa teimosia em não querer aceitar o que é evidente à nossa inteligência. Quando se prova com a razão, nega-se o valor da razão; quando se prova com a inteligência, nega-se o valor da inteligência; quando se prova com o coração, nega-se o valor do coração. Nega-se, nega-se sempre, obstinadamente, teimosamente, persistentemente. Mas você não nega que há desespero, que há angústia, náusea, cansaço. Mas de quem? Quem está em angústia, com náusea, cansado? Precisamente os que não creem, os que não sabem, os que se obstinam a não examinar e a não estudar mais profundamente. São eles que não resistem mais à sua descrença. Já sabiam bem os antigos, e já o proclamavam, que o descrente, que o obstinado em não saber e não crer não consegue apaziguar o seu coração, e termina por cair no negro desespero, nas trevas, no anelo do nada. Pois bem, a melhor refutação está aí. Pelo fruto se conhece a árvore. Se os frutos desses três séculos de mentiras e confusões foram desespero, náusea, abandono, cansaço, a árvore está refutada, rotundamente refutada. O que vocês trouxeram de novo para substituir o antigo foi muito pior...

– A emenda foi pior que o soneto – disse Artur rindo em seguida.

Vítor não disse mais nada; retirou-se apenas, resmungando algumas palavras que não entendi.

Mas, voltando-se para nós, Pitágoras disse:

– Deixem-no ir. Ele voltará. É preciso que seja assim. Conheço bem Vítor. Já começamos a trilhar um caminho que nos permitirá examinar com cuidado, ponto por ponto, até estabelecer bases seguras para um filosofar mais bem alicerçado. Essas soluções de continuidade em nossa marcha são as reações naturais do que morre dentro dele, ou talvez de uma aurora que ameace despontar, e que ele teima em não admitir. Como homem da noite, Vítor, agora, só espera as trevas. Essa é a sua certeza, mas teme que as trevas sejam apenas um interregno entre uma luz que bruxuleia e uma luz que se acende. – Fez uma pausa para prosseguir:

– Não há dúvida de que hoje se valoriza o que há de mais baixo. Nunca a inteligência caiu tanto, nunca a criação estética foi tão penumbrosa e tão mesquinha, nunca valores tão baixos foram alçados a alturas tão elevadas. Também nunca se viram tombos mais descomunais, heróis tão rápidos, tão transeuntes, tão precários e tão caducos. Nunca se assistiu também a tanto cansaço pelo cansaço, tanta náusea pela náusea, tanto desprezo pelo desprezo. Deixai que caia até o fundo o que tem de cair. Nunca esqueço aquela bela frase de Nietzsche que dizia "que venha o vento quente do outono para que caiam mais depressa das árvores os frutos apodrecidos". Cito-o de memória e, por isso, não tão bem como ele dizia. Mas vale para o momento que passa. O vento do outono já ameaça soprar. Ai dos frutos apodrecidos!...

Depois daquela reunião que relatamos, Vítor voltou, no outro dia, e, dirigindo-se a Pitágoras, sem manifestar qualquer ressentimento da véspera, disse-lhe estas palavras:

– Pitágoras, você sabe que há muitos pontos de discordância entre nós. Não quero que me julgue obstinado. Eu sei que você também não é obstinado. Diga-me uma coisa: você pode negar que a ascendência do ateísmo é um fato observável em todo o mundo, e que o ateísmo cresce constantemente?

– Não nego – respondeu Pitágoras visivelmente preocupado.

– Você mesmo reconhece que 90% dos professores das escolas francesas são ateus. E poderia dizer que em muitos outros países essa porcentagem não é muito menor. Você sabe que nos Estados Unidos, na Rússia, dá-se o mesmo, e, a não ser nos países em que a Igreja Católica tem muito poder, o ensino laico é quase totalmente dominado por ateus.

– Sei disso.

— E também não pode negar que o ateísmo não se manifesta somente nas classes intelectuais. Ele se alastra de modo incontrolável no meio das camadas mais humildes da sociedade. Por que isso se dá? Por que tantos cientistas se afastam das ideias religiosas? Por que os templos vivem vazios e os cinemas cheios? Você nega tudo isso? Não creio que você queira negar uma evidência.

— Não nego evidências, e poderia mesmo dizer mais: realmente essa tendência é por ora insopitável e, talvez, ainda se torne mais ampla. O que eu disse foi que o homem que se cansou de crer também está cansado de não crer. Você sabe que eu sempre disse palavras como essas. Mas note um ponto importante, Vítor: a descrença é sempre assinalável em certos períodos históricos, à semelhança do nosso. Se pusermos os olhos sobre os homens do campo, os agricultores, notaremos que as crenças religiosas são mais vivas neles do que nos homens das metrópoles babélicas. Sempre foi assim. As religiões, nos grandes centros citadinos e industriais, tendem a tornar-se mais um costume do que uma vivência profunda. No entanto, o inverso é o que se observa com os homens dos campos. Você sabe bem disso. O agricultor ainda convive com poderes que escapam à lógica e ao raciocínio. Poderes incontroláveis e imprevisíveis cercam a sua vida. É natural que esse homem tenha uma esquemática muito mais afeita e acessível a crer no sobrenatural do que o homem da cidade, mais mecânico, que dispõe das causas *per se* e as faz contribuir com outras para alcançar efeitos previamente estabelecidos. Seu mundo revela uma legalidade de causação tal que as explicações meramente naturais podem-lhe satisfazer. O mesmo já não se dá com o homem do campo, em que a imprevisão é maior, e os imprevistos, consequentemente, são mais comuns. É, portanto, compreensível que haja nas metrópoles maior descrença que nos homens que vivem no amanho da terra, e que se surpreendem ante os grandes mistérios da natureza.

Todas as épocas de civilização metropolitana foram descrentes, e os deuses perdem seu significado profundo. As religiões passam a ser, apenas, exteriorizações, pseudomorfoses, que não dispõem mais do conteúdo vivencial que o homem do campo lhes emprestou. Mas que tem tudo isso que pode ser tão facilmente compreendido, como o fizemos agora, com a justificação filosófica de outra atitude? A meu ver, não dou tanto valor à religião que se funda apenas no que há de mais primário no homem, como também não dou valor à descrença que se funda numa apreciação precipitada e realmente inculta dos mesmos fatos. Se aquela religião não é a que desejo e a que gostaria de pregar, essa descrença também me é odiosa, porque ela não revela nenhuma grandeza no homem. Crer porque não se consegue penetrar nos mistérios, ou não crer porque se encontrou uma explicação puramente próxima dos mesmos mistérios, sem se afundar no seu âmago, são para mim, de certo modo, equivalentes. O que prego é uma religião do homem, quando, como homem, supera a sua afetividade e invade com o seu intelecto o que há de mais elevado, e consegue ir além do estreito campo de sua experiência sensível, e perscruta o segredo das coisas, quando, penetrando no que há de mais profundo, humildemente encontra o que há de superior, e venera o que ultrapassa os limites estreitos de seu conhecer primário. A descrença dos eruditos metropolitanos é ainda fraqueza, porque estes, como aqueles, são apenas joguetes das suas evidências. Um porque convive com o mistério que não se revela, e outro, porque consegue conhecer os nexos de causalidade entre as causas próximas e os efeitos imediatos. Um crê porque não sabe, e o outro não crê porque pensa saber. Para mim, tudo isso ainda é fraqueza. A grandeza do homem está em superar as condições que lhe são adversas. Quando, pela sua mente, munido apenas do pensamento, penetra no que há de mais profundo, invade o que se lhe oculta aos olhos, e consegue descobrir os nexos das causas remotas e da causa primeira de todas as coisas, descobre ele que há uma fonte de todas as coisas que, pela sua eminência e pelo seu imenso valor, ele respeita e ama. Só quando o homem consegue elevar-se acima da sua contingência e alcançar esse ser supremo, e humildemente lhe presta a homenagem que ele merece, então o homem consegue ultrapassar os seus próprios limites, porque, no mesmo instante em que os vence, ele supera a si mesmo.

É essa a minha religião. Não desrespeito a dos outros. Sempre prefiro o homem que crê ao que se obstina na descrença. Mas a minha admiração maior é para o que corajosamente invade os mistérios, e acha por si, por si descobre, por si desvenda. Você sabe muito bem que sempre admirei os corajosos e os que são capazes de ir além de si mesmos. Você sabe disso.

* * *

Reinaldo, numa roda em que se achava Pitágoras, comentava sobre o valor da lógica com estas palavras:

– De minha parte, reconheço que não entendo bem o entusiasmo que Pitágoras sempre revela pela lógica, sobretudo pelas contribuições que os escolásticos apresentaram. E digo isso porque os escolásticos tornaram-se ridículos com a sua sutileza, a ponto de distinguirem tanto e tanto, que acabaram por tornar tudo distinto e, de tal modo, que nunca se sabe quando se está realmente com a verdade. Em suma, se se segue à risca o que afirmam os escolásticos, nunca se tem nenhuma base segura no que se diz, porque há sempre uma distinção para destruir tudo o que se afirmou com segurança.

Pitágoras respondeu imediatamente:

– Não há razão de sua parte, Reinaldo. Se houve exagero de alguns nas sutis distinções, há outras que são fundamentalmente bem colocadas. E são apenas estas as que eu defendo e proponho. Realmente, a lógica, como a empregavam os escolásticos, é difícil, muito difícil. Mas tais dificuldades não são insuperáveis. É uma questão apenas de método e de persistência no estudo, exigíveis para se ter um domínio bem seguro do que ela oferece de mais sólido. Lembre-se de que os fatos são singulares e heterogêneos, e que as coisas ao mesmo tempo que apresentam aspectos que se assemelham, apresentam também os que diferenciam. E, entre os que se assemelham, sabe que há muitos que revelam aspectos que precisam ser distinguidos. Naturalmente que os escolásticos não queriam prender-se ao formalismo de que muitos, por ignorarem a realidade de sua obra, os acusam. Formalistas seriam eles se não compreendessem que a heterogeneidade exige distinguir onde há diferenças. A única maneira de poder a lógica ser aplicada com segurança à realidade é através das distinções, pois elas permitem assegurar o máximo cuidado em salientar os pontos em que há semelhanças e aqueles em que há diferenças. A heterogeneidade exige a distinção; caso contrário, a lógica não corresponderia à realidade multiforme e vária. Por isso, o que muitos salientam como um vício ou um defeito é precisamente uma virtude e uma proficiência.

* * *

Perguntou Josias:
– Se os crentes dizem que o homem é feito à semelhança de Deus, então Deus é semelhante aos homens. Se é semelhante aos homens, ele é relativo, e não absoluto.

Pitágoras respondeu:
– Quando, na teologia religiosa, os crentes dizem que o homem é feito à semelhança de Deus, não se referem a qualquer espécie de semelhança, pois há muitas. Entre Deus e os homens, a semelhança destes não é específica, mas sim há a semelhança que se dá entre o efeito e a causa. Só há semelhança mútua entre as coisas que são da mesma ordem. E causa e efeito não são da mesma ordem. Se a fotografia é semelhante ao homem, o homem não é semelhante à fotografia. Assim, o homem é semelhante a Deus, mas Deus não é semelhante ao homem.

* * *

Em outra ocasião, perguntou Vítor com sarcasmo na voz:
– Se Deus fez o mundo, teve este um princípio. E que fez ele antes de fazer o mundo? Não fazia nada?

Pitágoras respondeu:

– Não respondo por mim, mas por aqueles a quem você deseja dirigir a sua pergunta. Essa dificuldade não é nova. Deus é eternidade, e na eternidade não há antes nem depois. A eternidade não é uma duração contínua, pois esta é o *aevum*, a eviternidade, que é a duração contínua e sem fim. A eternidade não é um contínuo presente, como se pensa, porque nela não há medidas de tempo nem pontos de relação. A eternidade apenas é. Por isso, não há um antes, porque antes de surgir a criação não há tempo. Ela não se dá no tempo. Portanto, na eternidade, não há uma duração. Só há tempo onde há coisas que sucedem e Deus não sucede.

– Palavra, que nada entendo disso tudo – afirmou Vítor com o mesmo sorriso.

– Reconheço que é difícil compreender. Mas creia, Vítor, que há muitos que entendem. Quem tem ouvidos para ouvir que ouça.

Vítor continuou a sorrir, meio contrafeito, e nada mais perguntou.

* * *

Foi nessa ocasião que Josias, então, fez esta pergunta:

– Se Deus é oniperfeito, tem ele todas as perfeições no grau mais intenso possível. Se tem tantas perfeições, como se explica a sua simplicidade?

– A suprema perfeição de Deus é para os religiosos infinita e uma só, porque todas as outras são graus nas coisas, não nele.

– Você diz que não é católico – retornou Josias –, mas, na verdade, tem sempre uma palavra em defesa das teses da filosofia católica. Por isso, quero fazer-lhe uma pergunta: não acha você que é estranho o pensamento católico, e para mim é contraditório e absurdo, quando diz que há um só Deus e ao mesmo tempo afirma que há três, Pai, Filho e Espírito Santo? Os muçulmanos, que para os católicos são hereges, julgam tão falha essa compreensão que eles não podem compreender como homens de bom senso podem acreditar em coisa tão absurda. Digo isso porque, certa ocasião, falando com um muçulmano, ele, tomando-me por católico, pôs-se a ridicularizar a tese da Trindade. Garanto que, naquele momento, meu desejo foi poder defender essa tese, porque era tal a sua arrogância que meus brios de descendente de europeu vieram à tona. E, embora não aceitasse a tese, teria bastante gosto em ter dado uma lição àquele levantino. Você nem pode calcular como ele nos ridicularizou. Como poderia eu proceder para responder-lhe? Quem sabe se ainda não o encontro? Teria bastante gosto em dar-lhe uma lição em regra, embora não creia na Trindade, mas, pelo menos, dar argumentos que ele fosse incapaz de refutar. Será que você poderia me ajudar neste ponto?

Pitágoras não escondia uma profunda alegria. O olhar que dirigiu a Josias era de uma simpatia de comover. Pondo-lhe a mão sobre o ombro, disse-lhe assim:

– Josias, palavra que você me deixa extremamente satisfeito. Essa sua atitude tem um tão grande valor para mim, que você nem de leve é capaz de calcular. Assim é que se deve proceder. Mesmo quando se trata de ideias ou concepções que não admitimos, nosso dever é estudá-las, e conhecer todos os argumentos de que se dispõe a seu favor. Ora, ninguém vai deixar de reconhecer que a ideia da Trindade é aceita por homens de poderosos cérebros, e valores como poucas vezes surgem semelhantes na história. Não é possível que homens de tanta inteligência acreditassem numa doutrina sem base.

– Mas a Trindade não é somente uma questão de fé? – perguntou Josias.

– Não, Josias. É uma questão de fé, sem dúvida, mas não é apenas fé. Há também justificações de ordem filosófica. Não que tais justificações sejam consideradas definitivas. Mas são respeitáveis, porque oferecem sólidos argumentos filosóficos a favor de uma doutrina, que é de fé.

– Palavra que sempre pensei que não houvesse suficientes argumentos, e gostaria de conhecê-los. Quer você fazer-me esse favor?

– Josias, o tema que você deseja abordar é de uma gravidade imensa e não seria capaz de abordá-lo assim, numa mera conversação. É assunto para uma longa análise, pois antes dela seria mister que eu mostrasse a você todas as provas que há a favor da existência de Deus.

– Eis aí uma coisa que eu gostaria de ver você fazer: provar-me que Deus existe.

– Se você quiser, um dia, com vagar, começaremos a examinar este ponto, mas necessitaremos de muitas conversações. Só depois poderei examinar a Trindade.

– De minha parte, Pitágoras, nada me causaria mais prazer. Você sabe que não acredito em nada disso, mas estou curioso para ver o modo como você vai proceder para convencer-me. A sua promessa há de ser cumprida, porque insistirei sempre para que você cumpra o prometido. E, como eu, os amigos hão de querer também.

Artur e Ricardo, que se achavam presentes, logo acrescentaram que também desejavam tomar parte nas conversações. E, ademais, estavam certos de que Paulsen e Reinaldo também haveriam de querer assistir a esses diálogos. Pitágoras, então, disse:

– Pois faremos, tão logo tenhamos examinado os pontos que estão agora na ordem do dia.

E, como essas conversações foram longas e demoradas, estou revendo as minhas anotações, para um dia reconstituir esses diálogos, e publicá-los. Estou certo de que os leitores se interessarão por eles, pois são, sem dúvida, o mais agudo problema do homem moderno, que vacila ante a descrença e a fé, e que teme uma decisão definitiva, o que o tem angustiado profundamente.

Também de minha parte prometo que um dia publicarei esses diálogos.

Diálogo sobre a coragem

Sem dúvida, as conversações eram dirigidas sob normas positivas e criadoras. Não podiam esconder, todos, que aquelas reuniões provocavam tal interesse que, durante todo o dia, a lembrança da reunião anterior e a ansiedade pela seguinte cercavam toda a atividade diurna com uma intensidade até então desconhecida.

O que admirava a Pitágoras, a Artur, era a pouca atividade de Vítor, de Paulsen, de Reinaldo, de Ricardo, de Josias, que pareciam concordar com o que Pitágoras dizia, pois as objeções, quando apresentadas, eram facilmente desfeitas, e eles não insistiam em objetar, recuando sempre, dando a entender que haviam sido esclarecidos, e que aceitavam as exposições feitas.

Para Pitágoras, porém, aquela adesão não era real. Sem dúvida, Vítor e Josias não aceitavam seus pontos de vista. Quanto a Reinaldo e a Ricardo, admitia certa aceitação, bem como quanto a Paulsen, porque eram mais sinceros e leais. Josias, "misto de homem e de fantasma", como ele chamava, havia perdido, há muito, a fé em qualquer coisa, para aceitar outra vez com entusiasmo uma nova ideia. Vítor "era demasiadamente tardio e perdido nos cambiantes crepusculares das ideias negativas desse período de decadência lenta e teimosa que vivemos", como gostava Pitágoras de dizer. Mas a verdade é que todos eles aguardavam as oportunidades para colocar à prova as ideias de Pitágoras. Algumas objeções viriam a seu tempo, mas preparavam-se, sem dúvida, para fazê-las, a fim de dar no alvo com segurança.

Naquela noite, como na anterior, todos chegaram quase à mesma hora. Depois de conversarem sobre os últimos acontecimentos, Artur, que revelava uma impaciência incontida, pôs-se a dizer:

– Vamos, amigos, aproveitar bem o tempo hoje, e comecemos os nossos diálogos. Pitágoras está com a palavra.

Como todos aprovaram, Pitágoras começou assim:

– Meu maior desejo é o de que nossas conversações tomem um rumo sempre proveitoso para todos nós e com a máxima dignidade e sem o uso dos meios falsos e dispersivos de discutir, próprios da nossa época. Que possamos invadir os terrenos mais importantes e analisar os problemas que agitam o homem moderno com a máxima segurança, a fim de podermos contribuir, pelo menos entre nós, para uma visão mais clara e segura das coisas.

Depois das exposições que tive a oportunidade de fazer, creio que todos bem compreenderam a minha posição, no referente ao conhecimento. Afirmei e justifiquei, dentro de minhas forças, que a mente humana é apta a conhecer a verdade, dentro das suas naturais condições, que pode conhecer o mundo exterior, que é real, sem esgotar, porém, toda a inteligibilidade das coisas, e que os esquemas noéticos que o homem constrói são fundamentados, e intencionalmente representam os fatos da sua experiência. E, ainda mais, que o homem é capaz de usar a sua mente para bem raciocinar, construir uma lógica, que é um instrumento seguro para as suas especulações filosóficas, e, também, construir dialéticas seguras e capazes de aumentar o âmbito de seus conhecimentos e de dar base às suas pesquisas. Afirmei que o homem tem critérios seguros de verdade, e, se erra em seus raciocínios, tal decorre de precipitações, ou de possuir bases, pontos de partida falsos, mas que é a mente humana suficientemente capaz de revisar os conhecimentos e dar-lhe sempre a apoditicidade que se impõe. Como todos sabem, e nunca escondi minhas convicções, defendi sempre, na filosofia, a posição pitagórica, não porque me chamo Pitágoras, mas porque tenho uma grande afinidade com a sua doutrina, a sua verdadeira doutrina, e não a que é comumente exposta em geral.

Permitam-me um parêntese para esclarecer bem o que digo. Meu pai era um admirador de Pitágoras, e dizia que, se um dia tivesse um filho, ele se chamaria Pitágoras, e haveria de procurar estudar a doutrina do mestre de Samos. E aconteceu que me chamei Pitágoras. E, instado por meu pai, que sabia provocar em mim interesse pelas coisas, me animei de tal modo que me dediquei ao estudo do que se chamou *pitagorismo*.

Confesso que, de início, tive uma decepção. Havia na doutrina coisas de valor a par de coisas ingênuas e primárias. O pitagorismo parecia-me assim uma doutrina infantil; ou melhor, os primeiros ensaios de um filosofar são e positivo, mas muito longe de ser para mim uma doutrina que seguramente me pudesse impressionar. Mas aconteceram fatos inesperados, e encontrei caminhos outros para chegar ao âmago da doutrina do mestre de Crotona. Se lhe fosse contar, seria longo e pouco adiantaria. Toda a literatura pitagórica, e o que se escreveu sobre ela, ocultava um pensamento secreto, que não convinha ser externado. Quando compreendi isso, e pude entender o que havia de oculto, meus olhos se abriram e, então, pude compreender melhor Platão, Aristóteles, e todo o processo filosófico que se seguiu até os nossos dias. Mas o que mais me impressionou no pitagorismo iniciático, que devemos distinguir do pitagorismo simpatizante, que é o que quase sempre aparece como o genuíno pitagórico, foi a exigência e o conselho do mestre de que a filosofia é um *amor ao saber* e o saber é a *mathesis suprema*. Mas o saber do homem só é seguro quando demonstrado, e o dever do filósofo é demonstrar apoditicamente tudo quanto conhece, adquire e admite. Às vezes, quando nos encontramos ante possibilidades, as contrárias podem ser verdadeiras e até as contraditórias, pois pode atualizar-se ou não uma possibilidade, esta ou aquela. Fundados apenas em probabilidades, nenhuma certeza poderá surgir, e quando em matéria contingente nos encontramos entre duas proposições contraditórias, elas podem ser simultaneamente prováveis, mas uma pode ser mais provável que a outra. Contudo, sabemos que a opinião é o assentimento firme da mente sobre algo, mas com o temor de errar. Há opinião sempre que o que aceitamos como verdadeiro pode não ser. Como poderia haver um conhecimento certo e uma opinião ao mesmo tempo do mesmo objeto? Pode-se ter uma opinião de uma parte da contradição como verdadeira, e outra como provável. Mas o processo filosófico nos tem revelado que os homens alcançam pontos sobre os quais a certeza é completa, e que são passíveis de demonstrações rigorosamente apodíticas, e pontos que são apenas passíveis de demonstração, sem esse rigor de necessidade que desejamos. Outros permanecem apenas opinativos e em outra parte a mente flutua entre opostos, que é o que caracteriza a dúvida. Ora, Pitágoras ensinava aos discípulos iniciados que o saber do homem consiste nessa longa estrada, em que aparecem situações como essas. Mas, se ele construísse a filosofia desde o início sob a base da apoditicidade, mais dia menos dia, verificaria que o que era opinativo poderia ser demonstrado apoditicamente, e que até mesmo o que era dubitativo podia transformar-se numa certeza e receber uma demonstração também rigorosa. Mas, infelizmente, os discípulos de Pitágoras, com raríssimas exceções, não compreenderam bem a lição do mestre, e não há setor em que tanto se observe predominarem as opiniões do que no pitagorismo, como se vê através da história. Mas faço uma ressalva: com exceção dos matemáticos. Euclides, por exemplo, que era pitagórico, fazia questão, na geometria, de demonstrar tudo, até o que era evidente *de per si*. E, quando os discípulos lhe perguntavam por que demonstrar o que é evidente, Euclides respondia-lhes mais ou menos deste modo: há muita coisa que é evidente para nós, mas, se queremos demonstrar, não encontramos argumentos e, depois, com o decorrer do tempo, o que constituía as nossas evidências é um cemitério de sonhos desfeitos. Ademais, o continuado exercício da demonstração nos auxilia a fortalecer nossa capacidade crítica, bem como permitirá que o que hoje é opinativo encontre amanhã bases seguras para tornar-se apodítico. E foi o que aconteceu na matemática.

Onde esta progrediu? Apenas naqueles espíritos que seguiram as lições de Euclides, e que procuraram desenvolver sua capacidade de demonstração. E acaso a filosofia progrediu com os que duvidam, com os que vacilam, com os que flutuam entre possíveis? Não, a filosofia não progrediu com os tíbios, os covardes, nem os tímidos. A parte maior da história e das conquistas humanas nada deve a esses deficitários. Tudo quanto o homem tem feito foi à custa da coragem e da capacidade de sacrifício e de exame. Foi pondo-se totalmente em sua obra, investigando, enfrentando as oposições, procurando resolver os problemas, responder às perguntas, que o homem avançou, que o homem conseguiu atingir os pontos altos de suas conquistas. Há aqueles que contam que o homem primitivo devia ter sido um temeroso entre os perigos, quase dominado pelo medo, atônito ante o desconhecido que o envolvia. Essa é a maior das mentiras. A história do homem primitivo é a história da coragem, da mais inaudita das coragens. Por entre as florestas e os perigos, só a coragem teria permitido que um ser, que não dispõe de defesas naturais, que não dispõe de armas naturais, pudesse vencer e dominar. Não foi a astúcia que tornou o homem poderoso. A astúcia é a inteligência dos covardes. Foi a coragem, foi a vitória sobre o próprio medo, porque se deste não podia eximir-se (como não pode eximir-se nenhum ser humano), ele conseguiu ultrapassar os seus limites e as suas fraquezas. Enfrentar uma natureza muitas vezes hostil, seres adversos, poderosos, e até seu próprio semelhante é alguma coisa que testemunha a coragem, e não a covardia.

Pois, na filosofia, o que vale é também a coragem. Não foram os que tremem ante tudo que a levaram avante, mas os que, enchendo-se de brios, enfrentaram os problemas. O filósofo astucioso, que não afirma nada, porque teme afirmar e errar, que se desvia como um verme das afirmações, não deu aos homens nenhum benefício. Mas, assim como o valente redobra de forças ao ver as esquivas do covarde, o filósofo de brio redobra de forças ao ver a astúcia do que teme fazer afirmações. E, por isso, e sobretudo por isso, o pensamento avança, o homem se afirma a si mesmo, e ergue a si mesmo a níveis mais altos. Perdoem-me falar assim. Mas esses professores astuciosos, envoltos pelo medo da dúvida e pela tibieza que provêm de suas deficiências, e que, obstinadamente, procuram inocular em seus alunos o veneno do ceticismo, da descrença, da falta de confiança em si mesmos, são criminosos de má espécie, relapsos que merecem, não o desprezo, mas o pontapé com que afastamos as coisas que nos repugnam.

– Pitágoras, o discurso é belo, mas perdoe-me que o interrompa – pediu com humildade Ricardo. – Não pode deixar de reconhecer que o ceticismo também oferece bons frutos, porque por haver céticos é que houve filósofos e ainda os há que se obstinam no estudo da evidência, da certeza da verdade, como você tem feito aqui entre nós. Nesse caso, são úteis.

– Nesse caso, são. Mas nem por isso dignos.

– Concordo com você.

Josias e Vítor nada diziam. Mas havia em seus lábios um ricto de desaprovação que não queriam confessar. Paulsen estava profundamente sério. Notava-se que nele havia uma luta interior, e que ainda não se decidira.

– E quanto a esses mestres negativos, que das cátedras pregam um ceticismo tolo, covarde ou tímido, como você classificou, julga, então, que deveriam ser expulsos das cátedras?

– Se fosse possível evitar que as ocupassem seria o que de melhor se faria em benefício da juventude. Mas há certos direitos democráticos que não se podem ofender. Mas pelo menos deveriam aceitar os desafios, e ante os próprios discípulos entrar no debate com os filósofos da positividade, mas num debate assim, com normas e regras seguras, seguindo uma linha como a que temos usado em nossas conversações. Só assim teriam os discípulos a oportunidade de verificar que não é pregando negações que se constrói qualquer coisa, e que é mais fácil esquivar-se de enfrentar os problemas que enfrentá-los de frente e com brio. É muito mais fácil dizer-se que nada se sabe sobre o ser, sobre a alma, sobre Deus, sobre qualquer dos grandes temas, do que penetrar neles, investigar, e dizer alguma coisa com senso e segurança. Pôr tudo em dúvida é fácil a qualquer um. Não é necessário muito saber nem inteligência para tomar-se essa atitude. Mas, para analisar, estudar, invadir terrenos férteis de problemas e dificuldades, é preciso ter boas pernas, bons olhos, mãos seguras e, sobretudo, ânimo forte.

— Tudo isso é a pura verdade, Pitágoras — ratificou com entusiasmo Artur. — Sempre senti assim, e, quando com meus colegas comentamos as atitudes tíbias de certos mestres, sempre me referi mais ou menos desse modo. É fácil enfrentar um grande problema com piadas, graçolas e esquivas. Mas analisá-lo, e dizer coisas sensatas e seguras, e demonstrar o que se afirma, é difícil. Depois, eles são suficientemente inteligentes para saber que o *munus* da prova cabe a quem alega. Nada alegando, esquivam-se de demonstrar. Realmente, isso é apenas covardia.

— E também deficiência. Não esqueça, Artur — interrompeu-o Pitágoras, —, que essa atitude cética surge da incapacidade de penetrar nos grandes problemas e analisá-los.

— E diga-me uma coisa, Pitágoras, por que julga que haja tantos mestres que negam o valor à escolástica, a ponto de alguns desses tíbios, de que você fala, chegarem a proclamar em plena aula o desvalor de um Santo Tomás de Aquino, de um São Boaventura, de um Duns Scot, de um Suárez, de um Bañez, de um Vázquez e de tantos outros, cujos nomes agora não me ocorrem?

— Ora, a escolástica representa um período de máxima importância da filosofia. Foi precisamente aquele momento em que a fé interrogava a filosofia, e em que a filosofia procurou justificar a fé. Não há uma homogeneidade total na escolástica, sabem vocês disso. Mas a heterogeneidade é filosófica, embora a intenção fosse justificar os dogmas, tanto quanto possível, com bases filosóficas. Naturalmente que nesse período quase tudo quanto os filósofos criaram pertence à escolástica. Mas o que a tornou imensamente válida, e de uma importância ímpar, foi a realização da mais extraordinária análise que se conheceu na história do pensamento humano. A análise, levada em extensão e intensidade, permitiu que surgissem novos veios para o filosofar, veios que ainda não foram devidamente explorados.

— Mas por que filósofos como Descartes, Leibniz, Hegel, Kant, Spinoza e tantos outros desprezaram a escolástica? — perguntou Vítor.

— Simplesmente porque não a conheciam — respondeu Pitágoras.

– Como?

– Muito simplesmente. Nenhum deles conhecia a escolástica. Descartes cursou um colégio de jesuítas, e estudou a escolástica somente na juventude e até os dezenove anos. O mesmo se deu com Leibniz. Hegel não conhecia Aristóteles, como também não o conhecia Kant. Este conhecia a escolástica através da obra de Wolff, que, como expositor, foi um dos mais fracos e incapazes que o mundo já deu.

– Mas nega você valor a esses filósofos? – perguntou Vítor.

– Isso é outra coisa. Não nego o valor deles, admiro-os até, e me debruço a estudar-lhes a obra, mas nelas encontro deficiências tais que poderiam ser perfeitamente evitadas se não desconhecessem a obra dos grandes autores do passado, e muitas das objeções que apresentam, como ainda acontece em nossos dias, já foram respondidas com séculos de antecedência.

– Dizem que Bergson não conhecia Aristóteles; é verdade? – perguntou Artur.

– É em grande parte verdade, pois o que conhecia do mestre grego era pouco e insuficiente. Muitas vezes, são falsas as análises que faz da doutrina do estagirita.

– Modernamente, Heidegger afirma que também não conhecia nada da escolástica – tornou a dizer Artur.

– Também – respondeu Pitágoras. – Dizem mesmo que a modificação que sofreu ultimamente em suas ideias se deve ao conhecimento que travou com um frade franciscano, que lhe deu obras de Duns Scot para ler. Depois disso, Heidegger modificou muito as suas opiniões.

– Opiniões?... Considera você que Heidegger é um filósofo de opiniões, para seguir a sua classificação? – perguntou Reinaldo.

– Se me permitirem, deixarei para o futuro, e para outra ocasião discutir a personalidade de Heidegger, que é, sem dúvida, um filósofo de grande notoriedade hoje. Prometo, nessa ocasião, provar que nele predominam apenas opiniões...

– Cobrarei essa promessa – disse Reinaldo.

– E eu a pagarei de bom grado.

– Agora ficou clara para nós a admiração que Pitágoras tem pela escolástica. De minha parte, sempre me causou espécie que não sendo você um católico praticante expressasse sempre tanta veneração pelos filósofos católicos.

– Se não sou católico praticante, sou cristão. E, se me nego a falar de temas da Igreja Católica, tenho eu minhas razões. Mas o que combato, e o faço com energia, são aqueles que acusam sem estudar a obra de seus grandes autores – retrucou Pitágoras.

– Para mim, tenho a impressão de que um dia você acabará papando hóstias – disse sarcasticamente Vítor.

– Não brinque você com coisas cuja seriedade não pode compreender. É fácil, Vítor, por ignorância, dizerem-se coisas como a que você disse. Não lhe quero mal por isso, nem desejo ofendê-lo com as minhas admoestações. Peço-lhe apenas que respeite o que não sabe e não entende. Se quiser discutir comigo esse assunto, dou-lhe um ano para estudá-lo, e depois venha dizer o que disse.

– Pensa você que aceitaria essas bobagens? – Vítor estava irritado.

– Vítor, respeite o que não conhece. Vá estudar primeiro, e depois fale, mas fale com segurança. Gostaria que me viesse, demonstrando conhecer profundamente o tema de que discorda, mas com argumentos sólidos, e não com razões que revelam apenas ignorância.

– Perdoem-me intervir – propôs Ricardo. – Mas, se discutirmos assim, daqui a pouco nós nos desviaremos de nossas normas. Vítor e Pitágoras que abandonem esse ponto. Sejamos dignos. Não conhecemos os fundamentos das ideias religiosas do catolicismo. Lembremo-nos de que a Igreja teve sempre ao seu lado homens conspícuos e sábios do maior valor, e que toda a nossa cultura deve a eles o melhor de que dispõe. Não neguemos, nem ofendamos o que desconhecemos. Pitágoras nesse ponto tem razão. É necessário respeitar a crença alheia. De minha parte, assumo um compromisso de honra com os amigos: seguirei o conselho de Pitágoras. Estudarei a escolástica, e só me porei a atacá-la depois de a conhecer.

– Muito bem, Ricardo. Sua atitude é nobre, e só posso encher-me de satisfação ao ouvir as suas palavras. Assim procede um homem de dignidade, numa época em que a dignidade é a coisa mais rara, e que, contrastando com as leis da economia, menos vale, o que demonstra que nesse campo a economia nada tem a ver com tais coisas. Mas eu estenderia meu pedido. Se pudesse, solicitaria a todos os que acusam a escolástica que, antes de fazê-lo, estudassem-na, para depois combatê-la, se puderem. Até hoje, não encontrei um sequer que a atacasse e que a conhecesse medianamente. Essa é a verdade.

– Não seria melhor que voltássemos a examinar os pontos que deixamos para trás? – propôs Artur.

– Isso mesmo – apoiou Paulsen. – Há pouco, ao conversar com Vítor, estava ele me dizendo o seguinte: todo conhecimento humano parte da experiência sensível, pois são os sentidos que nos colocam em face do mundo exterior e nos oferecem os meios de conhecê-lo. Mas acontece que os sentidos nos enganam e que, portanto, o nosso conhecimento, tendo essa base, terá que sofrer as deficiências de origem. Como Pitágoras naturalmente não aceitaria esse ponto de vista, seria interessante que ele o abordasse, e nos dissesse o que pensa sobre ele. Não acham que é um tema de grande importância para o diálogo de hoje?

Todos aprovaram, e Pitágoras aceitou tratar dele. E começou do modo como se segue.

Diálogo sobre a verdade e o erro

– Antes de entrar na análise do valor do conhecimento sensível, há outros pontos que desejo abordar, pois são importantes para o que pretendemos fazer. – Pitágoras tomou uma posição mais ereta, e, com palavras bem marcadas, continuou deste modo: – De certa maneira, o intelecto humano é causa dos nossos erros; ou seja, não é causa deles por sua própria natureza. Uma tese como esta precisa ser demonstrada, e é o que farei. É evidente que o intelecto humano é essencialmente limitado. Nisto, creio, estamos todos de acordo. Ademais, essa deficiência está comprovada por toda a nossa experiência. Essa deficiência natural permite-nos compreender todas as outras deficiências que daí decorrem. Mas essa deficiência não é erro, senão apenas ignorância, e ignorância negativa. Se o intelecto não sabe tudo, não quer isto dizer que ele não saiba nada. Essa deficiência não é erro, repito. Há erro somente quando o intelecto humano se afasta das regras da verdade. O fato de o intelecto ser deficiente não quer dizer que seja falível, porque, de certo modo, é infalível no que sabe com segurança, embora possa não saber. Não há falha, mas faltas, deficiências, porque muito nos escapa ao conhecimento, mas o que obtemos pode, desde que obedecidas as regras, ser verdadeiro. Assim, por deficiência, não sei tudo quanto é inteligível de Artur, mas posso saber com infalibilidade que é Artur, que é um ser humano, que é um ente real etc. Ao conhecer, podemos desviar-nos, por deficiência de nossos órgãos sensitivos, por deficiência de nossa constituição intelectual, memória, raciocínio, paixões, as quais podem afastar-nos de uma reta observação. Mas acusar de falsidade todo o nosso intelecto é cair num extremo que é absolutamente falso, pois então tudo seria falso, e falso também que tudo seria falso em nós.

– E os erros que provêm dos sentidos, Pitágoras? – perguntou Josias.

– Sobre eles já falarei. Mas preciso examinar outros pontos antes de chegar lá. Quando falamos em conhecimento sensível e conhecimento intelectual, na verdade o termo conhecimento não é equívoco aqui, mas análogo. A sensação é, na verdade, uma reação psíquica de ordem representativa, que se processa em nós, produzida por excitações de coisas externas. É assim que se manifesta a sensação. O intelecto é que julga essas sensações. Sabemos que há muitas vezes erros em nossas sensações, porque dispomos de outros meios de verificação, meios já intelectuais. Erramos quanto às cores, quanto às dimensões, quanto às figuras das coisas; sofremos de ilusões várias, ópticas, táteis, auditivas etc. Mas todos esses erros são retificáveis, e a experiência nos mostra que os retificamos, ou podemos retificá-los. A montanha distante, que aos nossos olhos é menos que uma casa (pois esta ocupa maior campo visual que aquela), não nos mantém nesse erro, porque, intelectualmente, podemos retificar o que os olhos expressam. São tais fatos que levam os idealistas, positivistas, Kant, Hume e tantos outros a negarem a tese de que existem coisas externas verdadeiras, que são a causa da sensação.

– Pitágoras, permita-me perguntar-lhe: e não pode ser o próprio ser humano a causa dessas sensações, e não as coisas externas? Se não pode, é favor provar-me, pois, de minha parte, duvido muito da existência dessas coisas externas.

A essa solicitação de Josias, Pitágoras respondeu:

– Se as sensações são, como realmente são, fatos contingentes, têm elas uma causa. Será o próprio sujeito que sente a causa dessas sensações? Essa é a sua pergunta. Se fosse o sujeito que sente a causa única dessas sensações, poderia ele dirigi-las e criá-las a seu prazer. Nossa vontade seria suficiente para criá-las.

– Mas e a imaginação? – tornou a perguntar Josias.

– A imaginação não a podemos dirigir sempre, e as representações externas são independentes da nossa vontade. A imaginação é obscura, flutuante, enquanto a representação externa é vivida, delimitada.

– Mas e o sono e os sonhos? Não há neles fatos que nos dão, quando sonhamos, a sensação de que são verdadeiros?

– Quando sonhamos, sim; são reais para nós. Mas os outros fatos que vemos, quando não sonhamos, não apresentam a desordem, a incongruência, os disparates que o sonho mostra e, ademais, revelam uma ordem que não contradiz a lógica nem a matemática.

– Se a nossa vontade não os pode criar, por que não podemos criar inconscientemente a realidade? – perguntou Josias novamente.

– Nesse caso, é algo que constitui para a nossa consciência o mundo exterior, e viria provar que ainda é algo fora de nós.

– Como? O inconsciente é uma parte de nossa mente – retornou Josias.

– Mas uma parte que é fora da nossa consciência, do que constitui propriamente o nosso eu consciente, pois atua sobre nós, e iludiria a nossa consciência, fazendo-nos julgar que é verdadeiro o que não é. Mas a causa seria exterior de qualquer modo. Ademais, essa posição cairia em todos os defeitos do idealismo solipsista, pois teríamos que afirmar apenas a existência pessoal de cada um de nós, e nada mais. Contudo, se admitimos uma ação inconsciente, esse inconsciente, enquanto nos dá a conhecer o mundo que captamos em vigília, oferece este mundo sob uma ordem em que algumas coisas permanecem, e outras não, mas todas obedientes a normas seguras de causalidade, de razão suficiente, de ordem rigorosamente lógica e matemática. E tudo isso fora de nossa consciência, que não é produto da nossa vontade, e teria uma realidade. E voltaríamos ao mesmo ponto, e teríamos afirmado a realidade de um mundo exterior à nossa consciência, mundo que esta seria capaz de conhecer, compreender, e ainda perscrutar suas leis e invariantes, e classificá-lo através de conceitos, categorias, descobrindo as normas lógicas e matemáticas que o dirigem. Por essa concepção, continuaríamos afirmando a existência desse mundo e justificando o valor do nosso conhecimento. Este era capaz de conhecer a realidade do que é criado por um gênio oculto, o grande inconsciente, criador de todo o mundo. Seria maligno esse gênio, como o propôs Descartes, ou bom. Por que preferir uma concepção que acabaria por dar a esse gênio um poder divino, além de outras absurdidades que decorreriam consequentemente daí?

– E as alucinações? E por que não pode ser tudo uma alucinação? Eu, você, tudo? – perguntou Josias, já com raiva.

– Há alucinações, Josias, todos nós o sabemos. Mas elas podem ser contidas, evitadas, e provocadas também. Podemos, depois de haver passado por elas, saber quando são alucinações, ou não. Se não nos fosse possível distinguir o que é alucinação do que é realidade fora de nós, não falaríamos em alucinações. Há alucinações porque há realidade fora de nós. Você não é uma alucinação minha, Josias?

– Mas você bem que pode ser minha – replicou Josias.

Pitágoras preferiu não responder, porque entendeu que, se o fizesse, afastar-se-ia do clima que gostaria de manter em seus diálogos. Fez apenas um sorriso de condescendência, que foi apoiado por quase todos.

– Pitágoras, acredita você que a cor verde desse pano é em si como ela aparece para nós? – perguntou Ricardo.

– O que há de comum na sensibilidade é a quantidade, a qual, quando contínua, é a extensão; quando discreta, é o número, e também a qualidade, que é intensista. Sabemos que esse verde é o resultado de tantas e tantas vibrações. Hoje, poderíamos talvez medir com uma segurança muito grande. Para a constituição da minha visão, tudo isso me é traduzido assim, como a minha imagem representativa do verde. O conhecimento surge de uma relação entre o cognoscente e conhecido, mas é verdadeiro dentro dessa relação.

– Mas não é isso o que afirmam os relativistas? – perguntou Reinaldo.

– Parece-me que disse que há no relativismo um aspecto positivo, e ninguém de boa mente o pode negar. Mas a verdade que surge desse conhecimento, dentro dessa relação, é verdadeira. Nessa relação, esse verde é como ele é.

– Nesse caso, tudo é verdade, e cairíamos no defeito que você fez tanta questão de frisar – retrucou Reinaldo.

– Tudo é verdade considerado em si mesmo, porque ser é verdade. Se ser fosse falsidade, seria nada, já que mostramos que a falsidade é negativa. Mas um juízo pode ser falso, como o mostramos. Portanto, nem tudo pode ser verdade.

– Mas um juízo falso é em si verdadeiro, ou não? – perguntou Reinaldo.

– O juízo enquanto juízo lógico é falso, enquanto entidade que se dá, entidade psicológica, é verdadeiro. Parece-me que já disse que a falsidade há apenas no juízo, não na realidade das coisas enquanto seres. Enquanto seres, as coisas não mentem.

– Você não pode negar, Pitágoras, que grandes filósofos discordam dessa posição. E poderia citar muitos, como entre os antigos Heráclito, Parmênides, Demócrito, e, entre os modernos, Descartes, Berkeley, Kant, Hegel, e tantos outros – ponderou Reinaldo.

– Sabemos todos disso. Contudo, os melhores argumentos e mais sólidos e bem fundados não estão do lado deles, mas do lado que adoto.

– Gostaria que me fizesse então uma síntese de tais argumentos. Seria bom para todos nós – propôs Reinaldo.

– Sei que há dificuldades em fazê-lo, pois tenho que confiar apenas na memória e numa disposição intelectual favorável que pode me faltar num momento como este. Contudo, tudo farei para ser o mais preciso e seguro.

– Então comece.

– É o que vou fazer.

Diálogo sobre a existência do mundo exterior

– A existência do mundo exterior, devido à insistência de muitos que a negam, tem sido, para outros, objeto de demonstração. Mas coloquemo-nos do lado dos que lhe negam a existência. Já vimos os argumentos que manejam. São todos frágeis, nenhum revela a apoditicidade necessária, pois se fundamentam todos no fato de existirem certas deficiências em nosso conhecer sensível. Em suma, nenhuma razão poderosa coloca-se do lado desses negativistas. Mas, como o *munus probandi* pertence a quem alega, eles exigem, dos que aceitam a sua existência, que a provem. Sou solicitado, agora, também, para fazê-lo. Pois, em primeiro lugar, devo dizer que os argumentos em contrário não procedem, e bastaria a análise de que não procedem para que se compreenda que a negação da existência do mundo exterior é produto apenas de deficiência, apesar de se colocarem do lado de tal concepção inúmeros homens realmente de valor. Mas seus argumentos, contudo, foram sempre precários.

Verificou-se que há uma diferença fundamental entre a imaginação e o que chamamos realidade, entre o que chamamos alucinação e o que chamamos realidade, entre o que chamamos sonho e o que chamamos realidade exterior. Em todos os outros modos de vivermos as sensações, há ilogismo, há desordem, há obscuridade, há incoerência. Do lado do que chamamos realidade do mundo exterior, é o inverso: tudo segue uma ordem, uma regularidade, obedece a leis e invariantes. Se somos nós que criamos tal mundo, temos de dar a causa ao nosso inconsciente e a este uma autonomia, o que peca por cair em absurdos da pior espécie.

A nossa vontade não intervém. A cor imaginada é diferente da cor vista.

– Um círculo, Pitágoras, visto a distância, parece uma elipse, uma torre quadrada parece uma torre redonda, a lua parece aos nossos olhos plana, e não o é. Não nos enganam os nossos sentidos? – perguntou Ricardo.

– Posso verificar que o círculo é círculo, embora pareça uma elipse. Mas, na verdade, o círculo, visto a distância, apresenta-se como uma elipse, como a torre quadrada, a distância, parece redonda. Tudo isso não é falso, é real. Mas quem é que fundamenta o conhecimento apenas nos sentidos? Não falei, não cansei de dizer que o nosso conhecimento intelectual completa os dados que oferecem os sentidos? O círculo, em si, continua sendo círculo. O que muda é a aparência do círculo. A aparência é o objeto formal dessa sensação, mas o círculo, enquanto circular, é o objeto formal do círculo. O círculo aparece a distância como elipse, produz a aparência de elipse, sem o círculo deixar ele mesmo de ser o que é. Só o círculo, visto a distância, enquanto visto, é que parece uma elipse. Não há erro dos sentidos nesse caso, há erro de nosso juízo, de nosso intelecto, que procedeu precipitadamente. Esses erros decorrem das inconsiderações do nosso juízo, mas as coisas são o que são. E assim também para com os outros exemplos.

– Mas o conhecido deve estar no cognoscente. Ora, os objetos exteriores não estão nele, logo não existem – propôs Josias.

– Eis um silogismo que peca desde o início. O conhecido está no cognoscente não entitativamente, mas intencionalmente. Foi o que vimos. O resto cai por si.

– Pitágoras, tudo quanto você disse até aqui não provou ainda que existe um mundo exterior ao homem – interveio Josias, num desafio.

– Se os meus argumentos não satisfizeram, depois de ter mostrado que há uma ordem completamente diferente entre o mundo da imaginação e o mundo da realidade exterior; depois que demonstrei que há grande diferença entre um copo d'água sonhado e um copo d'água real, que há diferença entre a dor sentida, a experiência vivida, e a dor imaginada e a experiência imaginada; depois que se verificou que o sonho apenas nos dá convicções, sem certezas bem fundadas, enquanto o mundo da realidade as dá; depois que se verificou haver no mundo exterior uma ordem que liga os fatos uns aos outros, que nos explica o porquê das coisas que obedecem a ordens claras, que perscrutamos, achamos, e que podemos nele exercitar a nossa vontade, dentro de uma ordem rigorosa; depois de tudo isso, se há ainda alguém que, tendo tudo isso à mão, aos olhos, aos sentidos e à inteligência, ainda duvida, ainda quer negar o mundo exterior, ao qual, contudo, se apega e atua consciente de sua realidade, e não da realidade do mundo do sonho, que sabe que não é verdadeira, e que não trocaria ser forte, saudável, rico no mundo exterior por ser forte, saudável e rico no mundo do sonho, e que nem julgaria a mesma coisa, depois de tudo isso, que posso mais dizer? Teria de reexaminar tudo, ponto por ponto, para, finalmente, mostrar que a posição que nega essa existência não tem a seu favor nenhum argumento sólido, que é refutada por todas as absurdidades que daí decorrem, porque se vê forçada a tornar-se solipsista, e a afirmar que a única realidade é a da própria pessoa que pensa assim. Esta ainda se vê forçada a negar a realidade de suas mãos, de seus braços, de seu corpo, enquanto, na vida prática, não os nega, defende-os, luta por eles, e procede com a maior fé na sua realidade, a ponto de afirmar que a única realidade é ela só, porque, se admitir que eu ou Artur somos seres reais fora da sua mente, terá de admitir um mundo exterior, e, ficando sozinha em si mesma, terá de admitir que tudo o que se dá em seu mundo não é realização de si mesmo porque não é capaz de controlá-lo e criá-lo a seu sabor, mas, ao contrário, se vê constrangido a viver e a proceder sob o domínio de uma coisa que cria, mas não sabe como cria e que não dirige, a qual, ao contrário, o dirige, o domina; que chega, enfim, a tais absurdos de, declarando-se ante a sua própria experiência como um ser contingente, ter que afirmar que é o princípio de todas as coisas, sem ter razão de o ser, sem encontrar nenhuma razão sequer de ser; que causou a si mesmo, não existindo antes de existir, e passando a existir por si mesmo, numa mágica sem razão, sem justificação, mas que, ao mesmo tempo que é o criador de todo esse mundo, é preciso apelar a um ser misterioso, que chama inconsciente e que o cria, negando já a si mesmo o poder criador, mas afirmando-o a uma parte de si mesmo, que é outro que ele que atua, sem uma razão, sem um porquê, criando um mundo que não é verdadeiro, mas falso; e cujo mundo falso ele coloca em sua imaginação, e depois afirma que ele é o único verdadeiro, tendo já tirado desse mundo verdadeiro o inconsciente, que é outro, e que passa a ser mundo exterior ao mundo da sua imaginação, e mundo exterior ao mundo de seu eu, enfim que fica pulando de um absurdo para outro, sem apresentar nexo nenhum em nada do que diz e, finalmente, do alto da sua tolice (perdoem-me a expressão, mas para coisas feias palavras feias), do alto da sua tolice, nega a validez da outra concepção, que é cristalina, que é lógica, que é regular, que corresponde à regularidade dos fatos que sucedem, e que explica melhor o mundo da imaginação e do sonho, fundado no mundo da realidade exterior; em suma: esse alguém não merece mais resposta. Que fique com a sua opinião, mera opinião, sem qualquer base de certeza, senão uma convicção que é um apelo à loucura. Um debate aqui já se exclui do campo do bom senso, e penetra no campo das coisas banais e ilógicas, das conversas de alucinados e dementes. Essa concepção é um rosário de tolices, de absurdos e de contradições. É só o que me cabe dizer.

Josias estava impaciente, e o nervosismo manifestava-se em seus gestos e, não se contendo, explodiu:

– Pois eu continuo pensando assim. Nem você nem toda a lógica do mundo serão capazes de me convencer do contrário.

– Você respondeu a si mesmo, Josias. Você definiu a sua posição. Nem toda a lógica do mundo seria capaz de convencê-lo. Nada mais tenho a dizer.

A situação parecia insustentável. Havia o perigo de perder-se o que já se havia conseguido. O choque entre Pitágoras e Josias poderia tomar rumos bem graves. Um rompimento seria então fatal. Mas, na verdade, nem Josias nem

Pitágoras desejavam isso. E, como se a mesma vontade os animasse, ambos concordaram em aceitar a proposta que foi feita por Artur:

– Vamos fazer uma pausa. Mudar de assunto e, depois, se houver tempo, e se convier a todos, retornaremos aos temas examinados. Que acham?

Não houve quem discordasse.

E durante aquela noite, até que todos se despedissem, tratou-se de tudo, menos de filosofia. Mas ficou acertado que, no dia seguinte, retornar-se-ia aos assuntos que estavam em foco.

Diálogo sobre os conceitos universais

O ambiente era todo de expectativa, e, como já haviam chegado todos, foi Artur quem, dirigindo-se a Pitágoras, começou assim:

– Depois das explanações feitas e dos debates havidos, creio que um ponto de máxima importância, e que haveria de interessar sumamente a todos, é o seguinte: a verdade objetiva dos nossos juízos universais, de que falou Pitágoras, depende naturalmente do valor dos nossos conceitos. E, como neste ponto não palmilhamos terreno pacífico, gostaria que Pitágoras discutisse o valor dos conceitos, pois há aqui diferentes opiniões que deveriam ser examinadas.

– Boa proposta a de Artur – apoiou Ricardo. – Realmente é este um ponto em que, estou certo, vou dissentir em muitos aspectos de Pitágoras. – E, virando-se para Reinaldo, Josias e Vítor, acrescentou: – e do meu lado, garanto, há alguns outros.

– Não há dúvida que tocamos num ponto de máxima importância, de importância fundamental, porque este é o velho tema dos universais, que abalou profundamente os primeiros séculos da escolástica, e continuou através desse período, e ressuscita hoje, agitado por doutrinas, como o subjetivismo, o criticismo, o materialismo, o intelectualismo, o panteísmo, o ontologismo e tantas outras. Além disso, obriga não só a saber do valor do conceito universal, mas também dos juízos universais, que são imediatamente evidentes, e dos juízos universais, que não são imediatamente evidentes, mas que alcançamos pelas deduções e induções. E, ademais,

toda a base da ciência e a dos métodos científicos, sobretudo do indutivo-
-dedutivo, depende da solução desse problema.

— Se é que tem solução. — Afirmou Paulsen num gesto vago, que Josias apoiou com decisão.

— Não custa tentar pelo menos colocar-se o problema, a examinar as razões que assistem a todas as posições, pelo menos às principais, pois não sei se a memória me ajudará a abordar todos os aspectos, e a responder às inúmeras objeções, que certamente o exame de tal tema provocará.

— Então, não percamos tempo — propôs afanosamente Artur. — Comece, Pitágoras.

Houve uma pausa, pois Pitágoras desejava, sem dúvida, concatenar as ideias; depois começou:

— Diz-se que é universal o que se ordena a muitos. Assim se fala numa lei universal, quando obriga a muitos; numa causa universal, quando o é de muitos efeitos. Uma ideia universal é a que serve de exemplar a muitas outras, e assim por diante. Ora, sabemos que o conceito representa intencionalmente o seu objeto, mas apenas mental, formal, em suma, intencional. Pode-se falar, e é tema abordado na filosofia, o universal como ser, o universal direto ou metafísico de que falavam os antigos, o universal de *prima intentionis*. Esse universal é um, univocamente, em muitos, distinto dos outros e segundo toda a sua razão. É um, porque é indistinto, indiviso em si, e distinto de qualquer outro. Não é uma unidade de singularidade, porque então excluiria a multiplicabilidade; não é uma unidade de essência, porque prescindiria da multiplicabilidade; não é uma unidade de similitude, porque diz a diversidade dos indivíduos em alguma nota que lhes convém. É uma unidade que os escolásticos chamavam *praecisiva*, porque inclui o complexo das notas de alguma natureza e prescinde de sua individuação. Tem a aptidão de ser em muitos. Assim, *homem* é um conceito universal, que está em todos os seres singulares humanos univocamente, distintamente, porque cada um é homem, segundo toda a sua razão, porque toda a estrutura esquemática do conceito refere-se ao que está em cada homem. Não é uma unidade de singularidade, porque não exclui a multiplicabilidade, nem unidade essencial, porque não prescinde da multiplicabilidade, nem unidade de similitude ou de semelhança, porque diz diversidade de indivíduos. É o que os antigos chamavam de *universale in essendo*.

– Perdoe-me, Pitágoras, mas por que gosta você de usar os termos escolásticos, e não alguma coisa mais moderna e de sabor menos bolorento? – perguntou Josias.

– Meu caro Josias, pela simples razão de que neste, como em quase todos os assuntos, os escolásticos, em vez de ficarem no terreno das meras asserções e das opiniões, dedicaram-se tanto a estudá-los que não podemos prescindir de suas contribuições. Podemos substituir palavras, e já substituí muitas, fique certo, mas pouco adiantaria isso para a inteligência do assunto, havendo ainda o risco de nos perdermos em confusões perigosas. Prometo, depois de dar uma visão do tema, sob as bases que os escolásticos oferecem, pois durante séculos se dedicaram a esse problema, traduzir tudo isso para a linguagem mais moderna, mas só depois de ter conseguido uma precisão tal que não haja perigo de fomentar confusões em vez de facilitar esclarecimentos.

– De minha parte, julgo que Pitágoras está com a razão. Afinal de contas, devemos deixá-lo expor da forma que melhor gosta – interveio Artur. – Nós, à proporção que encontrarmos dificuldades, pedir-lhe-emos que nos ajude, esclarecendo-nos.

Pitágoras, então, continuou:

– Há agora o universal chamado lógico, reflexo, segundo a intenção, que os antigos chamavam de *universale in predicando*. É o conceito formal, unidade e multiplicabilidade, que se predica de muitos por identidade, assim as categorias, como a de substância etc. Para falarmos, então, uma linguagem mais ao sabor de Josias, os primeiros universais se refeririam a seres que os representam, que os são. Assim, os conceitos homem, cão, casa, têm objetos que os representam, que os são. Os segundos, que são reflexos, referem-se ao que as coisas *têm*. Assim, a *animalidade*, nós temos em cada um de nós, mas nenhum de nós é *animalidade*, porém é *homem*.

Pois bem, o problema surge quando se discute o valor de tais conceitos. São eles meras palavras, são eles reais nas coisas ou apenas em nossa mente, ou são ainda apenas imitados pelas coisas, mas existentes fora das coisas, ou seja, subsistentes? Dessas perguntas, e de suas respostas, surgiram então diversas posições filosóficas, das quais as principais são as seguintes: a nominalista (dos defensores do nominalismo), os quais afirmam que o termo verbal, a palavra, é um universal apenas significativo, que aponta apenas universalmente os indivíduos; os conceitualistas (do conceitualismo) dizem que tais termos universais são puramente subjetivos. O universal está em nossa mente. Os realistas exagerados afirmam que tais universais correspondem, na mente, ao conceito objetivo formalmente universal, e, na coisa, é formalmente universal, e ainda separada, subsistente fora da coisa. E, finalmente, o realismo moderado diz que, na mente, é como dizem os realistas exagerados, mas que, na coisa, são realidades apenas fundamentalmente universais, mas a forma da universalidade está apenas na mente. Há ainda outras posições, mas todas, afinal, reduzem-se às que acabamos de citar.

– Não preciso dizer, Pitágoras, que a posição que defendo é a nominalista – afirmou Josias.

– Sei disso, Josias. Você teria ao seu lado Heráclito, os sofistas, Epicuro, os estoicos, Roscelino e, modernamente, Ribot, Hume, Stuart Mill, Taine e tantos outros.

Entre os conceitualistas, que afirmam que é apenas um conceito, e que sua universalidade está apenas em nós, ou em palavras mais atuais: é um esquema mental apenas, temos muitos e, entre eles, Ockham, Gabriel Biel, Buridan, Kant, Bergson, William James, Dewey e tantos outros. É verdade que, às vezes, entre os modernos, é difícil precisar quem é nominalista, e quem não o é, porque há limites pouco claros para defini-los.

Bem, segundo o que já expusemos, os nomes universais correspondem a representações intencionais, que são os conceitos, os esquemas eidético-noéticos.

Para os nominalistas e para os conceitualistas, são meramente subjetivos. Contra eles, caberia provar que não é assim, e que representam alguma coisa que está fora do sujeito que cogita, fora da atividade cogitante.

– Isso é o que eu desejaria ver você provar – insistiu Josias.

– O principal, vejo, dispensando outros aspectos, consiste apenas em provar que tem um valor objetivo.

– É isso, já disse, que gostaria que você provasse – repetiu Josias.

– Tomemos o conceito *Homem*. É apenas um conceito subjetivo? É uma singularidade real do indivíduo, ali vai o *Homem*? É apenas uma coleção dos indivíduos? Quando digo que Artur é *Homem*, que Josias é *Homem*, que Ricardo é *Homem*, digo alguma coisa que é realmente de vários indivíduos. Não digo que Artur é a palavra *homem*, nem Josias, nem Ricardo. Não é um conceito subjetivo, porque Artur não é a minha ideia subjetiva do homem. Não é singularidade individual, porque posso predicar de muitos. Não é uma coleção, porque uma coleção não posso predicar de um só, porque, se dissesse "Artur é o homem", seria falso, porque Josias também é homem, e não *o homem*. Nem o nominalismo nem o conceitualismo resolvem esse ponto, e refutam-se desde já desse modo.

– Mas, Pitágoras, se os indivíduos são diversos, como se pode dar uma natureza comum a todos eles? – perguntou Josias.

– Os indivíduos humanos são fisicamente diversos, mas ontologicamente não o são. Há uma mesma natureza, algo em comum que todos têm, o de serem homens.

– Mas o homem, como tal, não existe. Existem talvez Artur, talvez eu, os quais chamamos homem. É apenas uma palavra.

– Poderia não existir como concebemos, mas existe no que concebemos em você, em Artur.

– Homem é apenas uma ficção da nossa razão – acrescentou Josias.

– Mas que tem um fundamento em você, em Artur.

– Então, você caiu em contradição, porque o universal é um, e agora é múltiplo, porque está em mim e em Artur, em Reinaldo – alegou Josias.

– O universal é um como unidade formal não numérica. Pode ser múltiplo numericamente, não um formalmente. Assim pode haver muitos triângulos, mas a razão do triângulo, a triangularidade, é uma só.

– Você disse que a cognição se realiza por assimilação do cognoscente ao conhecido. Como haver essa assimilação se no intelecto está universalmente, e, na natureza das coisas, está singularmente? Como é isso, Pitágoras? – perguntou Reinaldo.

– Mas a assimilação é intencional, não real. Parece-me que frisei bem este ponto.

– E a ciência não se funda em singularidades? – tornou Ricardo.

– Sim, mas toma os singulares segundo unidades formais comuns a muitos seres.

– Mas, se os universais existem fora da mente, eles são, então, singulares. Há aí contradição manifesta – alegou Josias.

– No objeto singular, é singular. Mas não é por si singular. Neste triângulo, a triangularidade dele é singular, mas triangularidade não é, por si, singular, como não o é o homem.

– A semelhança, você aceita que é universal. Que expressam as palavras e os conceitos senão semelhanças? São, portanto, universais – objetou Ricardo.

– Uma coisa é a razão da semelhança, e outra a da universalidade. A semelhança dá-se entre dois ou mais, mas a universalidade diz respeito a muitos, é constitutivo essencial de coisas singulares.

– Então, você defende a tese do realismo exagerado, isto é, que os universais têm uma existência fora de todas as coisas, em si mesmos, e são subsistentes? – perguntou Ricardo.

– Gostaria, se fosse possível, de discutir os fundamentos do chamado realismo exagerado ou também platônico, como é conhecido, mas isso me é impossível agora, pois teríamos de discutir o platonismo em seus fundamentos. Porém, como o platonismo, neste ponto, é controverso, não creio que me exijam que eu discorra sobre o tema que ultrapassa o campo de um mero diálogo.

Prefiro, se me permitem, defender a tese do realismo moderado, que aceito em suas linhas gerais.

– Faça-o, então – concordou Ricardo com o apoio de quase todos.

– Para essa posição, o universal está concretamente no indivíduo fundamentalmente, e formalmente na mente. Ou seja, há, neste triângulo, o que lhe dá a razão de ser triângulo, como em Artur o de ser homem. Fundamentalmente, o universal se dá no indivíduo. E, na mente, se dá formalmente, intencionalmente. Decorre da justificação dessa doutrina a impossibilidade da concepção nominalista e da conceitualista.

– Pitágoras, você prometeu analisar a dedução e a indução. Não seria melhor tratar desses pontos? Creio que depois nos seria mais fácil discutir sob aspectos gerais as suas ideias, e propor as objeções, cada um, que julgar conveniente. – Essa proposta de Artur foi aceita por todos. Pitágoras concordou em examinar o que pediam, mas, antes de tratar do tema, assim se expressou:

– Reconheço que há assuntos que exigem maior exame, embora em suas linhas gerais tenham sido tratados como é este, que se refere aos conceitos universais. Mas uma coisa se encadeia a outra, e o ponto a que cheguei foi uma decorrência rigorosa do que já havia exposto. Há muitos aspectos aqui que têm provocado grandes controvérsias, e que ainda provocarão, mas creio que examinei dentro dos pontos principais o que era conveniente examinar.

Ninguém discordou do que ele disse, mas só Artur aceitou inteiramente as suas palavras.

Diálogo sobre a demonstração e o método

– A demonstração é o processo da mente, segundo a causalidade lógica, através do conhecimento de um termo médio, pelo qual se passa do desconhecido para o conhecido; a mostração é a revelação do conhecimento, sem o uso de um termo médio. Assim, a primeira é mediata, a segunda é imediata. Na lógica clássica, toda demonstração não indutiva reduz-se ao silogismo. Todos sabem que dos processos mentais distinguem-se o processo dedutivo, que procede de proposições estritamente universais dadas como premissas, e o processo indutivo, que, partindo dos casos particulares, induz, conduz, às leis universais, às proposições universais. Chama-se em geral de raciocínio o processo dedutivo, o qual consiste, partindo do termo médio conhecido, em poder comparar dois outros termos para entre eles conhecer suas semelhanças ou diferenças. Daí dizer-se que o silogismo é o processo mental, pelo qual se realiza a comparação de dois termos com um terceiro, por meio do qual se deduz a identidade ou a diversidade.

Pitágoras fez uma pausa, e prosseguiu depois: – É desnecessário citar as opiniões contrárias ao silogismo, porque qualquer obra de lógica as apresenta. Mas as principais reduzem-se a afirmar que o silogismo nada mais é que uma tautologia, pois não nos aponta nada mais do que já está contido nas premissas. Mas que outra finalidade tem o silogismo se não essa? Dizem que ele não nos dá nada de novo, e assim por diante. Mas tudo isso sabia já Aristóteles, e todos os que o seguem na filosofia. Não se pode negar que o silogismo é um juízo analítico, que é infalivelmente verdadeiro se obediente às regras que a lógica oferece, pois as conclusões não podem ir além do que já está contido como certo, e auxilia a esclarecer, pelo seu aspecto analítico, e a exercitar a mente humana em raciocínios mais seguros, além de permitir o progresso da ciência e de captar o que está contido virtualmente nas premissas, tanto compreensiva como extensivamente.

– Se não me engano, foi Stuart Mill quem disse que a proposição "todos os homens são mortais" não pode ser uma premissa maior certa para qualquer dedução, se nós desconhecemos que todos os homens são mortais. Ora, os silogismos partem de verdades como essas, que não estão provadas. Que diz a isso, Pitágoras? – perguntou Ricardo.

– Sim, realmente Stuart Mill apresentou essa objeção, mas teria ele razão, se a tomássemos apenas em sua extensão, ou seja, no número dos indivíduos que nela estão inclusos. Mas o valor dessa proposição não está fundado na extensão, porém na compreensão, isto é, no conjunto de notas que constituem o conceito. A mortalidade do homem não é logicamente concluída pelo simples fato de se ver que todos os homens morrem, que os homens do tempo de Alexandre ou de César não existem mais. A mortalidade do homem é concluída da sua natureza, que é essencialmente mortal. Essa objeção não procede por isso. De minha parte, concordo que o silogismo não é suficiente para construir uma ciência humana mais segura. Mas não é apenas com essa forma de raciocínio que o homem construiu a sua ciência. Mas, desde o instante em que o homem alcança alguma coisa de certo e verdadeiro, ele verifica que pode reduzi-la a um silogismo, o que corrobora o valor desse processo, que não é o único válido.

– Você dá validez naturalmente também à indução? – perguntou Ricardo.

– Naturalmente. Na indução, parte-se dos fatos particulares para alcançar uma lei, a um juízo universal. A ciência, por exemplo, funda-se na experiência repetida, de cujo exame o homem pode conhecer uma lei. Mas, para chegar a tanto, é preciso aceitar uma lei de regularidade universal. Se os fatos repetidos repetem a mesma norma, pela lei da regularidade universal, que é observada, pode-se concluir que essa norma é uma lei, embora muitas vezes seu enunciado seja incompleto. O método indutivo, ligado ao dedutivo, dá-lhe grande validez e auxilia inegavelmente o conhecimento seguro e verdadeiro por parte do homem, mas exigindo sempre comprovações. Tanto o método indutivo como o dedutivo encontram validez nos argumentos que já expus até aqui, em defesa de meus pontos de vista gnosiológicos e lógicos.

– A indução científica, Pitágoras, e, quando se trata de ciência, meu interesse é consequentemente maior, porque me dedico ao seu estudo – disse Ricardo –, apresenta características que, se me permite, passaria a expô-las, podendo você, depois, fazer objeções ou reparos que julgar conveniente, caso me tenha afastado da sua realidade ou cometido alguma falta grave.

– Pois não, Ricardo. Aliás você, melhor do que eu, poderia expor esse ponto. Pode fazê-lo.

– A observação e a experiência são os fundamentos do método científico. Pela observação, disciplinamos a atenção para os fatos; pela experiência, realizamos a aplicação dos meios, a fim de alcançar um conhecimento certo. Para a observação, impõe-se, pois, a aplicação reta dos sentidos dispostos para o fato, devendo o cientista, tanto quanto possível, evitar juízos intelectuais e a presença de preconceitos, pois, do contrário, a observação não é reta. Tais providências são imprescindíveis, sendo, porém, muito difícil que o cientista alcance um estado de observação pura, o que é um ideal científico. Pela experiência, graças a instrumentos de trabalho e a um método de investigação, podem obter bons resultados, que lhe permitam, pelo método de concordância, pelo das diferenças e pelo dos resíduos, induzir regras importantes. Seria desnecessário demonstrar quão valiosos têm sido tais métodos para a obra científica, depois dos avanços que a ciência tem conhecido. Minha exposição foi simples, mas suficiente.

– Muito obrigado, Ricardo, por sua exposição. Mas veja agora um ponto importante, que é o seguinte: tais métodos são válidos e justificados pela concepção gnoseológica que sustentei. Senão, vejamos: a indução científica consta de princípios analíticos e lógicos, pois, partindo dos elementos materiais, precisa do elemento formal. O surgimento de um efeito não explica a constância, fundamento das regras e leis científicas. Não basta conhecer a natureza do experimento, é preciso fundá-la no princípio de causalidade, no de razão suficiente, e fundar-se na perseverança da natureza e na sua uniformidade para induzir a lei. É preciso uma universalização, captar o *logos*, a razão de ser do fato. Não é apenas um método empírico de observação e experiência, mas também intelectivo de reflexão e de inquirição sobre as causas e suas constâncias, para, fundado depois na constância da natureza, poder tirar, concluir a lei. E em tudo isso trabalham deduções e silogismos perfeitos ou imperfeitos, e sempre uma obediência às normas que expusemos sobre a verdade dos conceitos e dos juízos.

– Não concordo – irrompeu Josias – por uma simples razão: os dados constantes de algum efeito só provam a favor dos fatos observados, e oferecem apenas probabilidades. Não vejo como de fatos particulares se possa dar esse salto e afirmar leis gerais.

– Se você apenas considerasse os fatos da mera experimentação, estaria certo. Mas é que tais fatos revelam a constância de princípios formais que fundamentam a indução – respondeu Pitágoras.

– Mas como se explica então que os cientistas, com suas induções, alcançam certas leis que depois são verificadas como falsas?

– Essas leis naturais falsas foram fundadas apenas sob hipóteses falsas. Decorrem de erros no processo indutivo, mas não negam o valor do processo.

– E os atuais estudos sobre o indeterminismo dos fenômenos, que se observa, por exemplo, nos fatos atômicos e em suas partículas? Não estão negando a decantada constância e regularidade da natureza? – voltou Josias a perguntar.

– Esse princípio, Josias, é apenas um enunciado que revela nossa impotência para alcançar exatos conhecimentos, fatos que escapam à nossa experiência, devido à incapacidade de nossos meios de observação. É o mesmo que se dá com as chamadas leis estatísticas. Elas se fundam apenas em conhecimentos insuficientes, e que não permitem, portanto, alcançar a certeza que se impõe. Mas isso é consequência da deficiência do observador, não dos métodos da ciência. Tais fatos apontam apenas insuficiência de dados. Ademais, ninguém afirmou que a indução fosse indefectível. Ela é um método, não o único, mas é suficientemente válido dentro de suas proporções. É isso, e apenas isso, o que se pode afirmar.

Diálogo sobre os preconceitos modernos

Pitágoras, então, prosseguiu:

– Creio ter abordado os principais aspectos que me havia proposto examinar. De minha parte, declaro que muito teria que dizer, mas creio ter feito o suficiente para provar que a mente humana é apta a alcançar as verdades proporcionais à sua natureza. Jamais afirmei que somos capazes de alcançar a verdade exaustivamente, mas apenas as totalidades verdadeiras, suficientes para permitirem que o homem possa construir um saber especulativo sério e positivo, sem necessidade de apelos constantes às formas de desespero e de covardia negativistas, que hoje tantos males têm causado ao pensamento, sobretudo por terem sido inoculadas em cérebros desprevenidos, em mentes deficitárias por mentes deficitárias e malignas, e que provocaram o espetáculo dessa torre de babel da filosofia moderna, dessa confusão quase total, a ponto de, em vez de ter a filosofia avançado, ela recuou a estágios bem inferiores. É lamentável o espetáculo de homens, guiados por preconceitos, ignorarem deliberadamente a obra de grandes pensadores, simplesmente porque formam eles parte de um credo que não é aceito pelo estudioso. Em muitas escolas de filosofia, faz-se um estudo rápido dos pré-socráticos, analisa-se preconcebidamente Platão, salientando mais os aspectos literários de sua obra que os filosóficos, tentando-se até pôr certa dose de ironia no exame de sua concepção das formas. Depois, um pouco de Aristóteles; examina-se a decadência da filosofia grega, às vezes até com mais persistência e, daí, dá-se um salto de séculos, e se cai em Descartes, fazendo-se um silêncio quase total por toda a obra dos apologetas cristãos e da escolástica. A Idade Média é apresentada como uma longa e tenebrosa noite da inteligência humana, e, se acaso algum autor desse período é lembrado, essa lembrança somente se faz na proporção em que ela serve para justificar as concepções capengas e míopes da modernidade, sobretudo quando contribuem para aumentar a tendência negativista, que corrói o pensamento moderno, e cria esse Moloque da inteligência que é o niilismo avassalante, sobretudo negativista, mas ativo, que Nietzsche profetizara e que já está dando seus frutos bem ácidos.

Há necessidade de compreender que a escolástica foi um momento da filosofia, e continuou o processo filosófico. Não foi um momento de queda, mas de ascensão. Só o desconhecimento sistemático da obra dos grandes autores desse período pode levar certos *doutos* a desprezarem, e até caluniarem, esse período, com a exibição pernóstica da sua ignorância e sobretudo de sua incapacidade para assimilar a obra dos grandes mestres.

A meu ver, o grande trabalho que nos cabe agora é rever tudo, desde o princípio, todo o processo histórico da filosofia. Não se trata, propriamente, de reunir positividade, mas estou certo de que é possível construir uma filosofia que reúna as positividades num todo coerente, e que permita, nele fundado, recomeçar outro período do filosofar. Mas, para realizar tal empreendimento, não o conseguiremos com tomadas de posição meramente negativistas, nem preconceitos sobre valores filosóficos que negam desde logo tudo quanto se fez nesse período, simplesmente porque nele predominou uma religião, que é odiada por todos os que desejam a destruição dessa ordem em que temos vivido, julgando que, para se lutar pelo bem dos homens, é imprescindível destruir o passado, como se todo o passado fosse o culpado pelas injustiças que uns exercem sobre outros; como se o passado fosse o culpado de haver exploração do homem pelo homem; como se acaso os falsos libertadores da humanidade, de posse dos cargos de mando e de poder, não se manifestassem déspotas mais cruéis e exploradores mais impenitentes do que todos os que o passado nos relata. Jamais se conheceram na história brutalidades maiores do que as que o nosso século tem mostrado. Jamais se assistiram a domínios tão execráveis sobre povos em nome da liberdade, ou da liberdade econômica dos homens. Nunca a exploração sobre povos inteiros assumiu as proporções que hoje se verificam, sob o falso nome de um ideal de redenção humana. Nunca se matou tanto, tanto se assassinou, tanto se destruiu em nome dessa mesma redenção. E quem realizou essas execráveis manobras senão precisamente aqueles que se apresentam como os santarrões das novas crenças, os apóstolos de novos ideais? Em nome desses ideais, em menos de meio século, foram trucidados mais seres humanos que em todas as guerras religiosas de todos os tempos. Meio século só de falsos idealistas fez tombar mais vidas, que os vinte séculos de trevas que eles proclamam. Essa é a lamentável verdade que se vê. E eis por quê, de minha parte, desejo apenas contribuir, dentro das minhas forças, para colocar-me ao lado daqueles que lutam contra essas trevas que se querem impingir como luz, contra essas novas brutalidades, que querem parecer libertadoras, contra esses assassínios que usam o nome eufêmico de depurações.

Quem quiser ajudar-me que venha comigo. Os que quiserem adotar o outro método, ou com ele acumpliciar-se, que sigam o seu. Mas, de minha parte, desde já os acuso de criminosos, de inimigos da humanidade, traidores de sua espécie.

Depois disso, prefiro silenciar um pouco.

E foi o que Pitágoras fez. Também ninguém falou. Só Artur revelava um apoio incondicional. Paulsen baixara a cabeça, e parecia dobrar-se sobre o peso da própria consciência. Ricardo cerrara os lábios com energia. Josias parecia levar o pensamento para algo distante, como se estivesse alheio a tudo o que ouvira. Vítor tinha um sorriso sarcástico nos lábios. Reinaldo tamborilava com os dedos na mesa. Os outros todos pareciam atônitos. Em suma, ninguém se atrevia a romper o silêncio, e a maioria demonstrava respeitá-lo.

Pitágoras, percebendo que dependia dele apenas sair daquele estado de coisas, pôs-se, então, a falar:

– Ainda é longo o nosso caminho, e estou pronto a percorrê-lo. Há muita coisa para examinarmos juntos. Querem propor alguma para que aproveitemos nosso tempo ainda esta noite?

Um diálogo sobre Deus

De todos, fora Vítor o que revelara maior hostilidade às palavras de Pitágoras. Não demorou muito em sua atitude, pois, desejoso de tomar outro rumo, pôs-se a dizer:

– Sem querer afastar-me dos temas tratados, para os quais poderemos voltar outro dia, proponho que, por hoje, mudemos um pouco de assunto. Gostaria de tratar do tema da divindade.

Para mim, a divindade, que tantas preocupações humanas provocou, tem uma solução bem simples. Renan, certa vez, perguntado por alguém se Deus existia, respondeu de maneira definitiva: "Ainda não!".

Mas Paulsen interrompeu logo:

– *Ainda não?* Que é que ele queria dizer com isso?

Vítor gozava já sua superioridade, e, num longo sorriso, disse:

– É simples... bem simples. Deus é o momento final da evolução cósmica. Não nos mostra a ciência que tudo evolui, das formas mais simples para as mais complexas, das menos perfeitas para as mais perfeitas? A evolução, que nós vivemos e observamos, é um sinal evidente de que o término ainda não foi alcançado. E esse término é o máximo de perfeição, e esse máximo de perfeição é Deus. Não foi assim que o considerou o pensamento humano em todos os tempos?

– Você aceita essa ideia? – perguntou Pitágoras.

– É o meu fundamental postulado de fé – respondeu com firmeza.

– Então, é verdade para você?

– E que outra verdade poderia superá-la? O que se vê não é a evolução constante de todo um universo? Não somos nós testemunhas de nossa própria evolução? Depois...

– ...não precisa justificar sua posição, Vítor – interrompeu-o Pitágoras – De minha parte, dispenso-lhe as provas. E estou certo de que todos aqui concordarão comigo, em face do que vou propor. E o que vou propor é examinar a sua ideia evolucionista. Poderia usar o método socrático, e, ironicamente, dizer-lhe que sou um ignorante, que deseja saber, e, quando se encontra em frente a um sábio como você, humildemente lhe pede que esclareça alguns pontos que lhe ficaram um pouco obscuros, porque, falho de ciência, é natural que nem tudo compreenda dentro da extensão de seu alcance. Não usarei tais preâmbulos, porque eu não sou Sócrates, nem você um dos seus famosos interrogados, embora, sem ironia, agora, queira crer que você supere a muitos daqueles que os diálogos de Platão tornaram famosos. Proponho-lhe, contudo, que usemos o seu método de perguntas e respostas, o método que você conhece bem, pois vi certa ocasião você lendo Platão (Vítor tinha uma expressão séria, mas nada contrafeita. Ao contrário, revelava a máxima segurança e até um ar de desafio). Pitágoras prosseguiu, um pouco lento, um tanto cauteloso:

– Apelo aos que estão aqui para que testemunhem, e presidam, até, esse diálogo, e que não permitam que, de modo algum, ele se afaste das velhas regras que escolhemos e que celebrizaram tanto a Sócrates. A meu ver, ainda é o melhor meio, e o mais seguro que podem empregar dois interlocutores, ao tratarem de temas de filosofia, sem o risco de se perderem em longas discussões, e de se afastarem indevidamente do tema principal. Agora, dirigindo-me a você, pergunto: aceita?

Vítor fez um gesto com o corpo e, com voz segura, respondeu:

– Aceito.

– Então perguntarei, e você responderá. Mas sempre dentro da regra socrática, promete?

– Principia. – E, depois, firme, acrescentou: – não tenho aceito aqui as regras?
– Sem dúvida. Em primeiro lugar, desejaria perguntar-lhe se você admite que alguma coisa possa vir do nada.
– Não.
– E ser feita *de* nada?
– Também não.
– Portanto, se há alguma coisa, o que há não pode ter vindo do nada.
– Concordo.
– É para você uma verdade sobre a qual você não põe a menor dúvida?
– Como pôr dúvida no que é unanimemente aceito e fundamental? Quem é que vai deixar de aceitar um tal princípio? Asseguro-lhe que por aí nada vai adiantar, pois tudo isso só vem em favor de minha tese...
– ...por favor, Vítor – interrompeu-o Pitágoras. – Lembre-se de nosso acordo. Prometeu cumprir o método à risca. Quem está perguntando sou eu, e não há necessidade de digressões outras, porque senão daqui a pouco estaremos perdidos. Você deve responder às minhas perguntas, e nada mais. Depois chegará a sua vez de perguntar, e a minha de responder. Vamos cumprir o combinado.
– Está certo. Reconheço que nos é difícil proceder com o mesmo rigor dos gregos, mas farei tudo quanto estiver ao meu alcance. Pode prosseguir, e prometo que só responderei às suas perguntas, até que me caiba a vez de perguntar.
– Como você disse, onde há evolução há um aumento de perfeição, pois o ciclo subsequente é mais perfeito que o antecedente. Não é isso?
– Isso mesmo.
– Cosmicamente, pelo menos, embora haja exemplos de diminuição de perfeições particulares, desta coisa, aqui, ou daquela, ali, cosmicamente admite que há sempre uma marcha evolutiva, progressiva do todo. Não é isso que queria dizer?
– Isso mesmo. Você compreendeu, sem dúvida, muito bem o meu pensamento.

– Portanto, você não nega que o universo, tomado aqui como o todo, evoluiu para maior perfeição.

– É o que eu aceito como verdade. Só que não gosto muito desse termo perfeição. É um pouco antiquado.

Mas Pitágoras, como quem procura concordar, disse:

– Eu o emprego no sentido que você deseja que tenha. Digo que há perfeição onde há a atualidade de alguma coisa, onde alguma coisa há em ato; nesse sentido de que o ato é a perfeição da potência. O que há de superior e sucede ao anterior é um mais, que antes não havia, e, no instante posterior, torna-se realidade, e há, então, de modo efetivo. Esse modo efetivo de haver eu chamo perfeição. Concorda que emprego bem o termo no sentido que você deseja usar em nosso diálogo?

– Agora está claro. É nesse sentido que o aceito. Pode continuar – respondeu Vítor, revelando ainda uma segurança extraordinária.

– Pois bem. O mais perfeito tem mais atualidade que o menos perfeito; é sempre mais que o menos perfeito?

– Sim.

– Portanto, o universo hoje é mais do que foi.

– Mais perfeito, é. – Apressou-se Vítor a acrescentar.

– Portanto, o universo tem mais perfeições do que tinha.

– É isso mesmo.

– As perfeições a mais, que tem hoje, não as tinha anteriormente.

– De certo modo, não – apressou-se Vítor.

– Que quer você dizer com esse *de certo modo*? – perguntou Pitágoras, fixando-lhe um longo olhar perscrutador. Todos agora voltavam os olhos para Vítor.

– *De certo modo*, quero dizer que essas perfeições ainda não tinham a realidade que têm hoje, o modo de realidade que têm hoje.

– Compreendo – interrompeu-o Pitágoras –, elas não poderiam ter vindo do nada. Receou você que acusasse a sua tese desse vício?...

Vítor sorriu, e, com superioridade e segurança, respondeu:

– É lógico. Não seria tão ingênuo para afirmar outra coisa.

– Nesse caso, terá você de concordar que todas as perfeições, que sobrevierem posteriormente, já estavam contidas no universo, mas em outra realidade que não esta.

– É isso.

– Mas você tem de concordar, portanto, que, no estado máximo da evolução, deverão estar atualizadas, nesse modo de realidade efetiva, todas as perfeições possíveis para o universo?

– Isso mesmo.

– Então essas perfeições, antes de estarem nesse modo efetivo, estavam no universo, num modo não efetivo...

– ...num modo involutivo – apressou-se Vítor em dizer. E acrescentou, em seguida: – Antes, quando iniciou o universo, o primeiro estágio era o universo atual involuído, era o contrário do universo no seu último estágio, que é para mim Deus.

– Aceita então você que houve um princípio, sem dúvida, pois, desde que admite que o universo alcançará um termo final de máxima perfeição, reconhece que esse termo será alcançado...

– Inevitavelmente.

– Muito bem, será alcançado depois de muito e muito tempo, não o sabemos quando, mas será alcançado em algum momento do tempo.

– Estou de acordo.

– Nesse caso, voltando para trás, houve um princípio: um momento em que o estágio mais simples começou a ser?

– Como assim?

– É evidente. Pois, se nunca houve esse princípio, o estágio máximo já devia ter sido alcançado, uma vez que já teria decorrido um tempo sem fim, suficiente para que os estágios posteriores já se tivessem tornado efetivos?

Vítor coçou a orelha. Olhou para todos para ver os efeitos produzidos pelas palavras de Pitágoras. Sua segurança parecia agora enfraquecer. Um nervosismo apossou-se dele. Mas, reunindo todas as suas forças, propôs:

– Reconheço que este é um ponto difícil, porque estamos sempre trabalhando com a ideia do tempo. Mas você há de reconhecer que o que entendemos por tempo é o que constitui a nossa experiência, e há de concordar que, por admitir que haja muita coisa que escapa ao nosso conhecer, não quer dizer que a minha posição seja falsa.

– Reconheço o seu embaraço, Vítor, e também que o conceito de tempo é muito nosso. Mas ponhamos de lado esse conceito. Terá você de admitir que houve um momento em que, se numerássemos a partir deste para um momento atrás, o primeiro teria um número, e seria, portanto, finito. Esse momento seria por exemplo o momento 333 na potência n.

– Bem, afirmar que há um infinito de tempo ou de duração para trás, uma sequência infinita de momentos, acho absurdo, e eu não afirmaria tal coisa.

– Então, terá de reconhecer que o momento máximo da evolução, que é o seu Deus, é um momento finito, e não infinito?

– Eu não aceito a infinitude de Deus.

– Sei: a ideia que você defende não permite outra afirmação coerente. Mas esse não é o Deus das religiões como a cristã, porque, para o cristianismo, Deus é infinito.

– Sem dúvida. O meu Deus não é esse.

– Voltando ao ponto onde estávamos, desde que você aceita que Deus é o ponto máximo da evolução, terá de reconhecer que tudo começou por um ponto mínimo.

– Está certo.

– E que nesse ponto mínimo havia o mínimo de perfeição. Esta foi crescendo, e irá crescendo, até atingir o ponto máximo. Não é isso?

– É isso.

– Nesse caso, no primeiro momento já havia, *de certo modo*, tudo quanto vem depois, porque, do contrário, o que veio depois viria do nada, o que você aceitou, desde o início, que é absurdo.

– É isso mesmo.

– E como seria, então, esse *certo modo de ser*, que não é o efetivo? Pois o primeiro momento já continha tudo, a divindade até, mas *de certo modo*, porque, do contrário, a divindade teria vindo do nada, o que você reconhece ser absurdo. Como seria esse modo de ser da divindade nesse primeiro momento? Ela, portanto, já era, mas *de certo modo*. Explique-me, por favor.

Vítor arrumou o casaco. Abriu os lábios; meditou. Depois, pronunciou estas palavras:

– É difícil dizer bem em que consiste esse *certo modo*...

– Quer que o ajude...

– Espere... um momento! (Vítor reagia agora. Aceitava o combate). – Não gosto de usar o termo clássico, mas admito que aqui ele serviria também, de certo modo. Digamos: as perfeições futuras, que ainda não se desdobram efetivamente no tempo cósmico, existiam fora do tempo, num estado potencial, ou seja, num estado potencial em relação ao do tempo, quer dizer, elas eram, mas não eram como o são agora, e como o serão depois...

O esforço fora grande. Vítor suava.

Pitágoras mantinha-se calmo, sereno, olhar frio, e com segurança disse estas palavras:

– Compreendo bem o que deseja dizer. Neste caso, há duas maneiras de se manifestar a realidade das coisas. A maneira de ser antes do tempo, que comumente se chama potencial, e a que se desdobra no tempo, para usar as suas palavras. Portanto, terá de admitir que esse primeiro momento continha todas as perfeições possíveis, que só depois se desdobraram efetivamente no tempo e se desdobrarão. Está certo?

– Está.

– Não pode deixar de reconhecer que esse primeiro momento, em sua realidade potencial, correspondia inversamente ao máximo momento, o momento final, em sua realidade efetiva? Não é isso?

– É. (Vítor concordava, mas via-se que estava preocupado. Temia alguma coisa.)

– O primeiro momento tinha, portanto, tudo quanto tem o último momento, mas de um modo diferente.

– É isso.

– E como sobrevieram, então, as atualizações posteriores? Quem as fez?

– Bem... Essas perfeições, ainda potenciais, têm a capacidade de se tornar efetivas...

– Por si?

– Por si e por outras.

– Que outras?

– As que já estão em pleno exercício.

– Então estas foram atualizadas por si mesmas, porque não havia outras antes, senão o primeiro momento involutivo. A não ser que você admita que o primeiro momento involutivo é que tem o poder de tornar efetivas as perfeições que estavam ainda potencialmente nele. É esse o seu pensamento?

– Deixe-me meditar um pouco. – Pediu Vítor.

– Deixo – acrescentou Pitágoras –, mas posso ajudá-lo. Se não foi o primeiro momento, terá que aceitar que essas perfeições têm em si o poder de se tornarem efetivas. Nesse caso, já há nelas, antes, alguma coisa efetiva, que torne efetivo o que pode vir a ser. Não concorda?

Vítor concordou, mas meio constrangido.

– Sim e, nesse caso, haveria já algo efetivo anterior. É preferível, então, considerar que esse primeiro momento era efetivo, e capaz de efetuar tudo quanto é possível.

– É melhor, sim. – A voz de Vítor era, agora, fraca.

– Nesse caso, esse primeiro efetivo não teve outro antes dele, pois senão o outro seria o primeiro efetivo capaz de efetuar todos os possíveis, e seria, então, o primeiro. Há, assim, certamente um primeiro. Está certo?

– Está certo.

– Sim, seria desnecessário admitir outro. E esse primeiro não teve princípio, porque não veio do nada, pois o nada nada pode fazer. Concorda?

– Concordo.

– Então, esse primeiro efetivo não tinha nenhum outro que o limitasse, porque não havia outro, pois o nada não poderia limitá-lo. Concorda?

– Concordo.

– Esse primeiro efetivo não dependia de nenhum outro, mas sim dele é que dependem as perfeições possíveis para se tornarem alguma coisa de efetivo. Não é isso?

– É.

– E esse primeiro efetivo, sendo único, o primeiro, independente, não limitado por nenhum outro, é infinito.

– Como?! – Vítor dava a impressão que daria um salto. Todos estavam ansiosos.

– Sim. Que se entende por infinito? Concorda que não é o quantitativo?

– Não; isso não.

– Portanto, o infinito é o que não é dependente, o que é primeiro, anterior a todos, o efetivo que efetua todos os outros que são possíveis nele e por ele. É isso que se entende por infinito quando se pensa com regularidade e com boa base filosófica.

Vítor estava calado. Tentara balbuciar alguma coisa, mas as palavras não lhe vinham.

E Pitágoras prosseguiu:

– Esse primeiro efetivo era e é infinito, e é fonte e origem de todos os outros. E também o mais perfeito...

– Isso não – apressou-se Vítor a responder.

– Sim, Vítor, o mais perfeito de todos. Pois não pertencem a ele todas as perfeições possíveis? E sem ele poderiam essas perfeições tornar-se efetivas, já que você reconheceu que elas não o poderiam por si mesmas? Portanto, todas as perfeições lhe pertencem. E as perfeições, que se efetivam depois, são perfeições limitadas, dependentes dele. Só ele é uma perfeição ilimitada e independente, só ele é uma perfeição infinita. Portanto, Vítor, seguindo as linhas do seu raciocínio, conclui-se, finalmente, que o momento máximo de ser não é o último, como disse Renan, e você julgara certo, mas o primeiro, esse primeiro, que é a origem de todas as coisas, que é a suprema perfeição independente, o ser perfeito infinitamente.

Um diálogo sobre a matéria

Foi nesse momento, após as palavras que Pitágoras havia usado para refutar a tese de Vítor, que Paulsen, dirigindo-se àquele, disse:

– Parece-me, porém, que a discussão poderia tomar outro rumo. Não sou forte em filosofia, mas gosto de aprender, sem, ironicamente, querer imitar as famosas ironias socráticas. Mas, como pairou em mim certa dúvida, e também em alguns dos presentes, gostaria de colocar o problema de outro modo.

– Pode fazê-lo – interrompeu Pitágoras. – Quem sabe, talvez traga novos argumentos a favor de Vítor, ou venha a provocar o esclarecimento de aspectos que tenham passado despercebidos a todos nós.

– É possível – propôs Paulsen.

– Eu pergunto se não nos seria possível partir da seguinte tese: todo o ser que há vem da matéria. Esta é quantitativamente finita, e capaz de surgir revestindo todas as formas possíveis. É uma tese materialista, mas gostaria que me mostrasse ser falsa.

Pitágoras fitou-o seriamente, e iniciou assim:

– A matéria teria tido um princípio em outro ser?

– Não.

– E respondeu bem. Porque, se ela tivesse tido princípio em outro ser, então esse outro não seria a matéria, e a tese materialista cairia imediatamente. Concorda?

– Concordo – respondeu Paulsen.

Pitágoras, então, calmamente, prosseguiu:

– Ela nunca teve, portanto, um princípio, e foi sempre imprincipiada.
– De acordo.
– Não pendeu de nenhum outro ser e, enquanto tal, matéria, é independente.
– Sim.
– Nesse caso, ela não recebeu nenhuma limitação no início. Ela é sem limites, sem fins determinados; ou seja, é, desse modo, infinita, considerando-se que é infinito o ser que não recebe de nenhum outro qualquer limitação para ser, e que é em si ele mesmo.
– Está certo.
– O ser da matéria sendo, em si mesmo, matéria, é ela apenas ela mesma, matéria?
– É.
– Nesse caso, ela existe plenamente como tal, matéria?
– Sim.
– E, ademais, seu ser e seu existir são os mesmos, pois ela é identicamente ela mesma, não é?
– Sem dúvida.
– Para usarmos a linguagem clássica: na matéria, então, essência e existência se identificariam?
– Certo.
– Consequentemente, diz-se que tudo quanto existe, sendo isto ou aquilo, eu, você, essas árvores, não são, porém, identicamente como ela, pois, se cada ser é matéria, nenhum é como a matéria primeira, fonte de todas as coisas.
– Não compreendi bem. Gostaria que explicasse – pediu Paulsen.
– A matéria, que é o início e fonte de todas as coisas, é, como ser e como existir, ou seja, como essência e como existência, apenas matéria e nada mais que matéria. Você concordou, não foi?
– Foi.
– Pois bem, só a matéria, enquanto matéria, é puramente matéria. Esta árvore é matéria, mas não é puramente matéria, porque este banco é matéria,

e não é árvore. Há de haver nesse banco alguma coisa que não é idêntica àquela árvore, embora, enquanto matéria, este banco e aquela árvore sejam idênticos. Concorda?

– Concordo. Mas o que os separa pertence à matéria e é matéria.

– Para a tese materialista sem dúvida que é assim. Mas o que a tese materialista não pode negar é que há, em uma coisa e outra coisa, algo que uma tem e que a outra não tem. Está certo?

– Dá licença – interrompeu-os Ricardo. – Desculpem-me intervir. Mas creio que poderia trazer uma contribuição que não afasta o assunto do ponto principal, e não o desvia de modo algum das intenções desejadas. Poderia dizer-se que esta árvore e este banco têm uma constituição atômica diferente um do outro, sendo ainda os átomos partículas de matéria, que se combinam de modo diferente.

– Aceito a contribuição – respondeu Pitágoras. – Nesse caso, poderíamos dizer que o banco tem uma forma diferente da árvore, que tem outra. Podemos chamar de forma a ordem de constituição intrínseca de um, que é diferente da ordem de constituição do outro. Aceitam?

– Por minha parte, aceito – respondeu Ricardo. – E creio que Paulsen também.

Paulsen fez, com a cabeça, um gesto de assentimento.

– Pois então – prosseguiu Pitágoras – o que os diferencia formalmente é o fato de serem constituídos de combinações intrínsecas de átomos diferentes, de estruturas atômicas diferentes, sem ambos deixarem de ser matéria. Mas que são essas combinações intrínsecas? Uma maneira outra de se combinarem os átomos sob números diferentes. Não é isso?

– As partículas de matéria, que os cientistas chamam átomos, e que, por sua vez, são compostos de outras partículas, como elétrons, prótons etc., explicar-nos-iam, em suas múltiplas combinações, porque há seres tão heterogêneos, tão diferentes aos nossos olhos. Assim, o ser árvore é aquele que tem a combinação x, o ser banco o que tem a combinação y, e assim por diante. Há tantas *formas* quantas combinações diferentes. Discordam?

— Concordamos — respondeu Ricardo olhando para Paulsen, que assentia.

— Já temos um bom caminho andado. E tudo parece tornar-se claro agora.

— Não há dúvida.

— Mas, vejamos bem, porque nem sempre o que parece tão simples o é realmente. Não nego as combinações de que a ciência fala, e que descreve. Mas que elas venham favorecer ou não a afirmação de que tudo é matéria é o que veremos a seguir, se quiserem me acompanhar nos raciocínios que vou fazer. Querem?

— Queremos, sim.

— Disse Paulsen que a matéria não teve princípio e, como fonte de todas as coisa, aceitou que é infinita...

— ...mas que é quantitativamente limitada.

— Muito bem. Se é quantitativamente limitada, além da matéria, haveria outra coisa que não é matéria?

— Não há nada.

— Mas, se a matéria é quantitativamente limitada, ela tem uma superfície, um limite, um até onde ela é matéria e de onde começa o que não é matéria. Ela seria assim uma quantidade de ser, cercada pelo nada.

— Fora da matéria não há nada.

— Mas e essa superfície, como explicá-la?

— Não sei — respondeu Paulsen. Mas Ricardo veio em seu auxílio:

— Bem, digamos que fosse como um espaço vazio, como o vácuo de Demócrito.

— Então, esse espaço vazio seria o limite da matéria?

— Seria — respondeu Ricardo.

— Então esse nada deixaria de ser nada para ser alguma coisa, um ser, porque poderia limitar a matéria.

— Não... A matéria não seria limitada pelo nada, mas por si mesma. É ela que limitaria a si mesma — apressou-se Ricardo a dizer.

— Nesse caso, a matéria teria o poder de limitar a si mesma, porque, do contrário, como poderia ser limitada por si mesma?

– Concordo.

– Ora, para algo limitar algo é preciso que algo atue de modo a realizar uma limitação, e que algo seria capaz de sofrer uma limitação, não é?

– É – concordou Paulsen, um tanto temeroso.

– Poderíamos, usando os velhos termos da filosofia, dizer que há uma ação de delimitação da matéria, realizada por algo eficiente, que a faça, e por algo paciente, que a sofra. Nesse caso, a matéria não seria simplesmente matéria, um ser que é existencialmente o que é por essência, porque seria uma parte ativa e uma parte passiva, e a parte ativa seria em algo diferente da passiva.

– Seria uma parte a atividade, o aspecto dinâmico da matéria, e a outra parte, o aspecto passivo da mesma.

– Assim, uma espécie de *yang* e de *yin* dos chineses, não é? – perguntou Pitágoras.

– Mais ou menos – respondeu Paulsen.

– Pois então precisemos. A matéria, antes, não recebeu nenhuma determinação, pois o nada não poderia determiná-la. A determinação foi dada por ela mesma a si mesma, mas *depois*. Ontologicamente, a matéria é primeira que a determinação, que é segunda. Admite que o nada é alguma coisa?

– Não – respondeu Paulsen.

– O nada, portanto, não existe.

– Não existe.

– E onde se moveriam as partículas de matéria?

– Num espaço vazio – apressou-se a dizer Ricardo.

– Mas como se o espaço vazio seria nada, e o nada não existe?

– Esse espaço vazio seria ainda matéria. Éter, por exemplo.

– Compreendo, acrescentou Pitágoras. – Quer dizer que esse espaço seria matéria, muito sutil e não propriamente corpuscular ou determinada, mas matéria ainda em sua primitiva indeterminação, na qual a parte de matéria determinada, os átomos, por exemplo, movem-se e formam as combinações. É isso?

– É isso – respondeu Ricardo.

– Nesse caso, haveria uma distância entre um átomo e outro.

– Certamente há, mas dentro da matéria.

– Muito bem. Nesse caso, nada há fora da matéria. A matéria é, assim, o único ser que realmente há. E os seres heterogêneos, que conhecemos, são apenas modos de ser da matéria dentro da matéria. Creio ter interpretado clara e fielmente o pensamento de vocês.

– Por minha parte, interpretou bem – respondeu Ricardo. Paulsen também assentiu com um grande gesto.

– A matéria tem assim um papel ativo e um papel passivo, não é?

– É – confirmou Ricardo.

– O papel ativo tem de anteceder o passivo, pois como poderia algo determinar sem ser efetivo e determinante?

– Um não antecedeu o outro. São contemporâneos, ou melhor, simultâneos. O poder ativo é ativo porque há o que pode ser determinado.

– *Yang* e *Yin* são, portanto, simultâneos de todo o sempre. São coeternos, portanto.

– Isso mesmo. – Apressou-se Paulsen a afirmar, agora com mais confiança.

– Mas não concordaram vocês que a matéria é essencialmente o que é existencialmente?

– Concordamos.

– Neste caso, a matéria é um ser simples, simplesmente matéria?

– Sim. – Ambos assentiram.

– Mas como pode ser simples o que é simultaneamente ativo e passivo?

– A matéria tem esse duplo poder: o de determinar e o de ser determinada. Estão nela, e formam uma unidade – respondeu Ricardo.

– Mas como se o que é determinável ainda não é, e sim o que pode vir a ser? Há, na matéria, uma parte que ainda não é plenamente, efetivamente, que ainda não existe. É a parte passiva.

– Bem, ela não é ainda deste ou daquele modo, mas pode vir a ser – retrucou Ricardo.

– Sim – prosseguiu Pitágoras. Mas que se entende por existir? Não é o que está no pleno exercício do ser?

– É. E a matéria está no pleno exercício de ser matéria.

– Sim, mas está somente a parte ativa. Esta está no pleno exercício de ser matéria. A parte passiva ainda não, pois ainda virá a ser.

– Virá a ser de determinado modo – acrescentou Ricardo.

– Pois bem, mas o modo por que virá a ser ainda não é, não é do modo efetivo igual ao da outra parte?

Ricardo e Paulsen não responderam logo; entreolharam-se. Cada um ensaiava dizer alguma coisa, mas preferia que o outro falasse. Ante o embaraço, Pitágoras aproveitou-se para prosseguir:

– O que vocês acabam concordando é que a matéria não é, portanto, simples, um ser simples, mas um ser composto do que é efetivo, em ato, e do que ainda não é efetivo, o que pode vir a ser, o que está em potência.

Eles agora não respondiam. Pitágoras continuou com a palavra:

– Ela não é, portanto, existencialmente, o que é em essência.

– Mas a essência da matéria é ser assim dúplice – interveio Ricardo.

– Então, não é simples, é dúplice.

– Seja, então – aceitou num gesto de abandono, Ricardo.

– Mas dúplice de quê? Do que é e do que não é, de ser e de nada. A matéria seria composta do que é existencialmente, e do que não é existencialmente, do que seria nada de ser existencialmente.

– Mas o poder ser da matéria é alguma coisa, e não nada – retrucou com energia Paulsen.

– Mas é outro que o que é existencialmente. Se nada há que os diferenciem, o ser efetivo e o ser potencial seriam idênticos. E isso seria absurdo. Neste caso, a matéria não é um ser simples, mas um ser composto. Um teria o que outro não teria.

– Mas o que há num e que não há noutro é ainda ser – afirmou veementemente Ricardo. E ratificou: – Ser, e não nada.

– Então, acima do que é efetivo e do que é potencial na matéria, há algo que os antecede que é ser, que nos dois é idêntico.

– Como assim?

– Pois, sem dúvida. Já que há num o que não há no outro, tanto o que há num como o que há noutro é ser, e não nada. Logo, um seria deficiente, o passivo, enquanto o ativo seria plenamente ser. Neste caso, teríamos que dizer que o ativo tem ser eficiente, e ao passivo lhe falta ser, o ser eficiente. A parte passiva, não tendo ser, é outra que a parte efetiva. A matéria é, assim, composta de ser e de uma parte que tem menos ser que a outra. Nesse caso, o ser antecede por dignidade a parte passiva, porque, do contrário, o que faltaria seria nada, o que é absurdo.

Logo, como consequência inevitável, a parte ativa seria puramente ato, seria puramente eficiência, infinitamente eficiência, porque teria toda a eficiência possível de ser. E a passiva estaria privada de ser. Estando privada de ser, seria nada; ou, então, um ser deficiente, um ser que não é plenitude de ser. Neste caso, o ser em plenitude de ser é anterior, porque o que há de positivo, na parte passiva da matéria, vem do primeiro. Portanto, o ser efetivo e em plenitude de ser antecede, de qualquer modo, a parte passiva.

Nem Ricardo nem Paulsen sabiam mais o que responder. E Pitágoras terminou, então, com estas palavras:

– Vocês acabam dando o nome de matéria ao que nas religiões superiores se chama ainda Deus. Esse ser primeiro, efetivo, puro ato, é o que as religiões cultas chamam Deus. E ele tem e teria todos os atributos que ainda lhe são peculiares, pois se teria de admitir que a parte passiva, para ser, precisa dele, e ele é que realiza as determinações, dando surgimento ao que recebe determinações, a parte passiva. Esse Deus criaria a parte passiva...

Creio que, ainda deste lado, nada resolveriam vocês de melhor. Não acham?

Nem Ricardo nem Paulsen responderam.

Diálogo sobre a criação

Foi, então, que Reinaldo, dirigindo-se a todos, e a Pitágoras em especial, disse estas palavras:

– Se me permitem, desejaria também entrar nesse diálogo, pois creio que poderei contribuir com alguma coisa em favor da tese de Ricardo e de Paulsen, muito embora reconheça o grande poder de argumentação de Pitágoras. Mas há certos aspectos que talvez permitam uma nova colocação, e desejo expô-los. Contudo, submeto-me às normas estabelecidas, e prometo cumpri-las sem me desviar do tema principal.

Todos assentiram, e Pitágoras, tomando a palavra, respondeu-lhe:

– Nada mais grato para todos nós e para mim em particular. Não pretendo ser infalível. Apenas desejo demonstrar que a posição por mim escolhida na filosofia não só é a melhor, como também representa o que o homem, no estado que alcançou, pode atingir de mais seguro. Acredito que num futuro, não muito longínquo, possa o homem encontrar melhores soluções para um tema de tal envergadura. Mas, no estado em que nos encontramos, não creio que possamos ainda superar o que até aqui foi exposto. Contudo, tal não impede, e é até de nosso dever prosseguir nas análises, porque deve-nos guiar acima de tudo um amor à verdade, e não uma atitude egoísta inferior, que nos torne obstinados e até teimosos na defesa de pontos de vista sob o domínio de uma pretendida coerência, que muitas vezes oculta mais uma deficiência mental que propriamente firmeza nas ideias. Desse modo, gostaria que Reinaldo falasse, pois já é tarde.

Foi, então, que Reinaldo, pausadamente, começou:

– Não creio que ninguém de bom senso possa negar que há alguma coisa que é a realidade de tudo o que existe. A sua realidade última. Ricardo chamou matéria, e Pitágoras chama ser...

– Permite-me um aparte, Reinaldo?

– Pois não.

– Há uma diferença entre nós: é que para Ricardo a matéria não é transcendente ao cosmos. Este, no seu pensamento, é uma manifestação da matéria, ou melhor: o cosmos é a matéria sob as modalidades de ser desta. Para mim, é diferente: o ser de que falo é transcendente. É imutável, e as modificações que surgem não são dele, mas de coisas por ele criadas. Há uma profunda diferença entre nós.

– Não há dúvida – afirmou Reinaldo. – São tomadas de posição diametralmente opostas. A argumentação de Pitágoras cingiu-se à prova de que a matéria não é o ser primordial, a fonte e a origem primeira de todas as coisas. Há um ser que a transcende. Compreendi bem. Não me convenci, porém, dessa transcendência. E, sem que me seja provada devidamente, creio que me cabe o direito de fazer perguntas.

– Naturalmente, Reinaldo. Faça as que quiser. De minha parte, seguirei as normas do diálogo. Quer iniciar?

– Sim. Mas gostaria, em primeiro lugar, que me mostrasse essa transcendência do ser primeiro.

– O que você me pede não é tão fácil como poderia parecer à primeira vista. Mas essa transcendência se impõe pelo seguinte: recordando o que tive ocasião de dizer, o ser primeiro não pode sofrer mutação de nenhuma espécie, enquanto as coisas cósmicas, que conhecemos, sofrem mutações.

– E por que não? – perguntou Reinaldo.

– Muito simples: o primeiro ser existe sem dúvida, não é?

– Sim, existe.

– Já vimos que tem de ser simplesmente simples, porque, do contrário, seria composto. E composto de quê? De ser e de nada. É possível isso?

— Não sou dualista e não pretendo defender o dualismo. Talvez algum outro o queira. Para mim, não há dúvida de que o primeiro ser é um só e único...

— Portanto, absolutamente simples?

— Sem dúvida.

— Fora dele não há nada. Concorda?

— Concordo.

— Consequentemente, qualquer mutação que sofresse só poderia ser uma das seis já estabelecidas por Aristóteles. A mutação substancial é impossível, pois qualquer mutação, nesse sentido, seria a de deixar de ser, ou tornar-se nada, niilificar-se. Está certo?

— Está.

— Uma mutação acidental, meramente quantitativa, seria impossível, porque, no aumento, o suprimento viria do nada. Se houvesse diminuição, parte do ser se tornaria nada, e deixaria ele de ser simplesmente, pois teria partes capazes de se corromperem ou de se niilificarem, o que seria absurdo.

— É absurdo. Mas e uma mutação qualitativa?

— Uma mutação qualitativa é uma alteração. Ora, na alteração, esse ser sofreria novas determinações. E quem as determinaria? Outro é impossível, porque não há outro fora dele. De si mesmo, já vimos que negaria a sua simplicidade absoluta.

— Está certo.

— Restaria apenas a mutação de lugar. Se esse ser fosse corpóreo, ele poderia deslocar-se. Mas para tal haveria um espaço, que seria outro que ele, e estaríamos no dualismo. E, ademais, teria de ser corpóreo, o que exigiria uma superfície, limitações realizadas por outro (o que vimos ser impossível), ou por si mesmo (o que também vimos ser impossível). Consequentemente, esse ser não pode sofrer mutações de nenhuma espécie. E digo nenhuma porque não há outras. Acaso você conhece outro tipo de mutação?

Reinaldo fez uma pausa. Olhou para os outros, na expectativa de um auxílio. Mas todos silenciavam, concordando que não havia outro tipo de mutação. Reinaldo, então, respondeu:

– Sem dúvida. Não há possibilidades de sofrer mutações.

– É imutável portanto?

– Sim, é imutável.

– Mas o que verificamos na nossa experiência é que as coisas sensíveis, que compõem o nosso mundo conhecido, são, contudo, mutáveis. Não são?

– Parecem ser, sem dúvida.

– Digamos que seja uma ilusão nossa a mutabilidade das coisas. Mas seja como for, há mutabilidade pelo menos nas nossas ilusões, em nossos pensamentos. Há alguma mutabilidade de qualquer maneira. E, se o ser primeiro é imutável, tais mutações não podem ser nele, mas em outro ser que não é ele, mas dele, pois já vimos que nada pode existir sem ele. Concorda?

– Concordo, em parte. Mas a imutabilidade desse ser primeiro viria prejudicar a sua tese – arriscou Reinaldo, como que antevendo uma possibilidade.

– Vejamos como?

– Não disse você que, quando há pensamento vário, há mutação?

– Disse, sim. Mas é preciso considerar bem este ponto, sob pena de confusão. Essa mutação não seria nenhuma das que já examinamos. Não há corrupção nem geração no ser que pensa, nem aumento, nem diminuição, nem deslocamento no espaço. Restaria apenas uma alteração. Mas essa alteração poderia ser psíquica. O ser que pensa continua sendo o que é quando pensa. O pensamento é dele, e não ele. Assim, as ilusões são mutáveis, sem que o ser que se ilude sofra mutação porque se ilude.

– Não compreendi muito bem o que disse. Mas permita-me colocar de outro modo o tema, a fim de me poder explicar melhor. Se o pensamento é uma perfeição, essa perfeição deve existir também no seu ser supremo, infinito, pois ouvi dizer que todas as perfeições eles as têm no grau infinito e absoluto.

– Isso mesmo.

– Portanto, o ser supremo pensa.

– Sem dúvida.

– Ora, o pensar implica uma passagem de um estado para outro, uma mutação, portanto. Seria o pensar uma sétima mutação. Que diz a isso?

– Mas o pensar no ser infinito, por ser infinito, é simultâneo com ele, que é eterno. Não há aí um antes nem um depois. Ele não pensa discursivamente, mas seu ser é seu pensar. Nele, tudo o que se desdobra no tempo é dado na eternidade, simultâneo portanto.

– Perdoe-me dizê-lo, mas acho engenhosa a sua explicação – respondeu Reinaldo com um sorriso.

– Pode parecer engenhosa, mas posso fundamentá-la – respondeu Pitágoras sem perturbar-se.

– Gostaria que o fizesse.

– Pois não. Sendo imutável e absolutamente simples o ser supremo, o pensar, que é uma perfeição, é nele infinito, absolutamente perfeito. Um pensar discursivo, como o nosso, processa-se através de comparações, de inferências, deduções, induções, etc. Nele não há tempo, não há um antes e um depois, não há sucessões. A perfeição de pensar nele se identifica com seu próprio ser. Nele, não há assim nenhuma mutação. O pensar nele não é uma atuação, um agir que se desdobra em sucessões, mas simultâneo, eterno, portanto. Nele, tudo é.

– Para as religiões, não é assim, pois esse ser supremo, que é Deus, perdoa, atende, auxilia, dá ou retira.

– Reconheço – afirmou Pitágoras –, mas preferiria não discutir sob este aspecto, porque teríamos que entrar em tema de teologia moral e teologia religiosa. Não quero dizer que não haja fundamentos, mas seria afastarmo-nos do campo que desejávamos permanecer, e que prometemos permanecer. Prefiro deixar de lado esses aspectos, e prosseguir a análise apenas no campo metafísico.

– Bom, aceito. Deixemos, pois, esse aspecto. Mas perguntaria o seguinte: se as coisas conhecem mutações, e sofrem tais mutações, foram elas criadas por esse ser supremo?

– Sim, foram.

– Elas, portanto, não existiram sempre?

– Não.

– Então tiveram um princípio, pois todas as coisas finitas têm um princípio pelo menos, não é?

– Sem dúvida.

– Nesse caso, a criação teve um princípio, um começo?

– Que as coisas criadas tiveram um começo, não há dúvida. Mas a criação em geral pode não ter tido um começo.

– Mas se todas as coisas finitas começaram; ou seja, tiveram um começo, a criação, que é composta de coisas finitas, deve ter tido um começo, sob pena de admitirmos que sempre houve coisas finitas, e teríamos, então, um infinito quantitativo de coisas finitas no passado.

– Reconheço que há aqui grande dificuldade em responder.

Pitágoras manifestava certo embaraço. Reinaldo percebeu-o e respeitou a sua indecisão, preferindo calar-se, e aguardar as palavras que não demoraram:

– Entre os escolásticos, não estamos aqui em matéria pacífica. Santo Tomás de Aquino conclui que, ontologicamente, não há nenhuma incompatibilidade em ter a criação um início, o dia um, ou em ser ela *ab aeterno*, isto é, existindo em toda eternidade.

– Mas, no primeiro caso, haveria um início, um antes da criação. O ser supremo esteve um período sem nada fazer, e depois fez. – As palavras de Reinaldo provocavam agora um interesse extraordinário. A ansiedade era geral. Compreendia-se que o diálogo havia caído agora num ponto de magna dificuldade teórica. Pitágoras havia mostrado a fraqueza da tese dos adversários, mas eram agora estes que o colocavam em dificuldades. Pitágoras percebeu o ambiente que se formava, e manifestava certa preocupação. Foi quando começou a falar:

– O que nos perturba compreender tais coisas é o tempo, esse meio da sucessão. Mas o tempo é das coisas que sucedem, que mudam, se transformam; é, em suma, da criação, e não do criador. Este é eterno. Não há nele um antes e um depois. Essa divisão é do tempo. A antecedência do ser supremo à criação é transcendente a esta, e não imanente. Se fosse imanente, então, sim, haveria um antes e um depois. Na concepção materialista, a matéria, que é imanente ao mundo, ofereceria essas dificuldades que me propõem, porque ela ou sempre se transformou, mutacionou, e, neste caso, teríamos a aporia da quantidade infinita, de que todos já falamos, ou então permaneceu estática durante um período de duração, que seria, por sua vez, infinito. Para a concepção materialista, a mutação heterogênea do cosmos sempre se deu; do contrário, cai nos absurdos da matéria estática por uma duração infinita, e que subitamente pôs-se a heterogeneizar-se mutacionalmente, ou, então, houve mutações em quantidade infinita, o que dá o infinito numérico quantitativo. De qualquer forma, essa posição encontra-se também nas mesmas dificuldades, com a agravante de serem mais numerosas e mais difíceis de solucionar, ainda acrescentando-se o problema da simplicidade da matéria, que é negada, e outros que já vimos. A concepção que aceito oferece menos dificuldades, e não implica absurdos. Consequentemente, é ontologicamente mais segura que a outra, porque se funda em bases ontológicas rígidas.

Foi, então, que Paulsen interrompeu:

– Creio que já perdemos o critério que havíamos estabelecido para as nossas discussões. Esta, que ora se apresenta, é uma delas. Estamos já num emaranhado de problemas e dificilmente poderemos sair deles. Seria preferível simplificar o diálogo e atacar de frente um ponto, pois, do contrário, daqui a pouco, estaremos no campo das religiões, e a discutir coisa muito diversa do que desejávamos. Peço a Pitágoras e a Reinaldo que se mantenham no tema principal. Haverá tempo, depois. Se não hoje, poderá haver em outro dia ocasião para abordar outros aspectos. Mas, se não procedermos assim, correremos todos nós o risco de perder uma boa ocasião para examinarmos temas que são, sem dúvida, apaixonantes.

– Bem – propôs Reinaldo –, fiquemos, então, no exame da criação. Creio que este ponto é importantíssimo, e evita que dele nos afastemos. A concepção materialista encontra pela frente a criacionista, a qual segue Pitágoras. Ele mostrou com bastante habilidade que há deficiências insuperáveis na concepção materialista. Cabe-nos agora mostrar as que há na concepção criacionista. Se eu tiver a mesma felicidade de exposição que teve ele, e convencê-lo do erro, teremos que encontrar uma terceira solução. Creio que, mantendo-nos dentro desses limites, evitaremos os afastamentos que Paulsen, com bastante razão, apontou. Concorda, Pitágoras?

– Concordo, sem dúvida. Você pode recomeçar.

Reinaldo, então, fazendo um retrospecto mental do que já haviam examinado, pôs-se a dizer:

– Se o ser supremo é eterno, a criação não tem um antes, porque o antes pertence ao tempo, e o tempo, como você disse, é o meio da sucessão, a via onde se dão as sucessões, ou coisa que o valha. Na eternidade, não há um antes nem um depois. Neste caso, iniciada a criação, iniciou-se o tempo?

– Sim.

– Iniciou-se, então, o momento temporal um, não é?

– Sim, concordou Pitágoras, um tanto indeciso.

– Não pode haver dúvida, pois a criação se iniciou no tempo. Sendo o tempo o meio da sucessão, e como na criação há sucessos, estes poderiam ser medidos por uma medida de tempo, a que se dá entre determinado sucesso e outro.

– Está certo.

– Então, o número desses sucessos seria finito, e o tempo finito. E tanto o é que o tempo continua, passando do presente para o futuro. Não é dado todo de uma vez, mas algo que prossegue, e no qual as coisas acontecem. Em outras palavras: o tempo ainda não se deu totalmente, pois em cada instante ele atualiza um pouco das suas possibilidades. Concorda?

– Concordo, mas em termos. Há necessidade de uma precisão mais cuidadosa nos termos, a fim de evitar que novas confusões possam surgir. O tempo em si mesmo nada é. O que chamamos tempo é a sucessão das coisas que se dão na duração da criação. A criação dura e o sucessivo nela, ou seja, a constante atualização de possibilidades, o existir do que ainda não era, permite-nos construir o esquema do *antes* e do *depois*. Tudo quanto sucede para nós é ordenado nesse antes, e nesse depois, na sucessão. O que está em ato é agora, mas o que está em potência é um depois que se tornará ou não um agora. O passado é o que já foi em relação a esse agora que surge, e só temos consciência dele quando há uma sucessão, uma mudança. Porque há mudanças nas coisas, sentimos e compreendemos o agora, e o depois, e o antes. Sem a mutação, não surgiria a ideia de tempo. O tempo é, assim, um esquematismo nosso, e não tem uma existência em si mesmo.

– Mas há tempo também fora de nós, para as coisas.

– Sim, mas esse tempo não é alguma coisa em si, porém apenas uma esquematização nossa da sucessão dos fatos.

– Sua explicação me parece boa – respondeu Reinaldo. – Mas, de qualquer forma, a ordem de sucessão dos acontecimentos, ou seja, da atualização das possibilidades, permitiria que fossem numeradas.

– Sim, seriam numeradas se considerássemos um sucesso em face de outro sucesso. Mas note que tomaríamos um sucesso como uma totalidade, como um todo, comparando-o com outro todo. Na verdade, nestes sucessos, há a sucessão de um número imenso de outros sucessos que nos escapam.

– Sim, sei aonde quer chegar. Haveria uma divisibilidade infinita matemática, como o propõe o cálculo infinitesimal. Cada sucesso, tomado como uma totalidade, é passível de uma análise infinitesimal, assim como a distância finita entre A e B permite uma divisão infinita potencial.

– Isso mesmo. E permita-me acrescentar. Se olharmos para o depois, há uma possibilidade infinita de atualizações das sucessões das mutações dos seres criaturais. A criação pode existir sempre numa sucessão sem fim. E há algum absurdo aí?

– Não, não há.

– Pois volvamos para o *antes*. Não há, nem haveria absurdo em que o antes fosse também potencialmente infinito. Nós, colocados no agora, no agora da nossa consciência, podemos perfeitamente sentir o depois como potencialmente infinito, e também o antes, desde que não consideremos o tempo um ser existente em si mesmo, o que não é. Não concorda comigo?

Reinaldo fez um longo silêncio antes de responder. Sem dúvida meditava. Olhou para Ricardo e Paulsen, como em busca de algum auxílio. Estes se mostravam mais ansiosos pelo auxílio de Reinaldo que propriamente virem em seu apoio. Finalmente, este respondeu:

– Colocando como o faz, a sua explicação resolve uma aporia da sua concepção. Mas também vem a meu favor.

– Como?

– Porque, nesse caso, a matéria teria também esse antes, e esse depois, e a dificuldade que ofereceu para recusá-la como fonte e origem de todas as coisas cai por terra.

– Isso não – respondeu Pitágoras, com veemência.

– Como não? – Retrucou-lhe Reinaldo.

– Não, por uma razão bem simples. O tempo não é imanente ao ser supremo, nem a criação o é. O ser supremo é transcendente a tudo isso. Mas a matéria não o é. Ela é imanente ao mundo, ao cosmos, que é uma mutação dela. Neste caso, o tempo seria da sua essência, e também a mutação, e o tempo teria positividade outra que no primeiro caso. E as mesmas dificuldades surgiriam, e os mesmos absurdos já salientados.

Pitágoras olhou-o com firmeza. Reinaldo calou-se. Meditava. Ninguém vinha em seu auxílio.

– Então, qual o papel do ser supremo na criação? – perguntou Reinaldo, sem esperanças de salvar-se da dificuldade em que se encontrava.

– Penso que não deseja que eu examine a concepção criacionista, segundo as religiões. A linguagem das religiões merece-me respeito, mas é uma linguagem religiosa. Eu procuro uma linguagem filosófica, e esta poderia se reproduzir nestes termos: a criação é a revelação do supremo poder do ser supremo. Há um ser que pode tudo quanto pode ser. É ele o onipotente, pois ele tem todo poder e todo poder é dele. Os seres criados são mistos de poder e de não poder, do que têm e do que não têm, porque todo ser que é isto, é outro que outro, não é aquilo. A perfeição, nesse ser, é o que é positivamente real, existente; a deficiência, o que lhe falta, quer gradativa, quer totalmente. O ser supremo é o poder ser em sua potencialidade máxima. Esse ser existe. E todos vocês, sejam de que posições filosóficas forem, aceitam-no. Há, sem dúvida, um ser que tem todo o poder de ser, porque tudo quanto há, ou vem a haver, ou houve, não surgiu do nada, não foi feito de nada, mas sim de um poder que já havia, que já antecedia todas as coisas. Todo o poder possível já está nele. Ele é todo-poderoso. Podem chamá-lo como o quiserem: Deus, matéria, energia, ideia, força, Brahma, Allah, pouco importa. Mas nenhum de vós, nem o mais cético de vós, deixará de aceitar que ele existe. Aí todos nós nos unimos, e nos encontramos. O que nos separa, o que cria as nossas divergências, está apenas na procura de qual a natureza desse ser, qual a sua essência. Mas creio (e o afirmo com toda a convicção de minha alma) que tais divergências podem ser vencidas e aplainadas, e podemos todos, todos, encontrarmo-nos no mesmo caminho.

– Quererias revelá-lo um dia para nós? – perguntou, humilde e sinceramente, Artur.

Pitágoras olhou-o com firmeza. Os olhos brilhantes e sinceros do jovem eram expectantes. Um grande sorriso invadiu o rosto de Pitágoras, um sorriso cheio de esperanças e de bondade. E foi com uma voz que saía do coração, mas sem perda de firmeza, que ele respondeu:

– E por que não? Seria para mim o dia mais feliz de minha vida aquele em que todos nós, que temos tantas ideias tão diversas e tão opostas, seguíssemos juntos pela mesma estrada... Só a antevisão dessa possibilidade é bastante para encher-me de uma alegria interior que eu não saberia nunca descrever.

Diálogo sobre a metafísica

Depois daquela noite, quando se reuniram todos outra vez, Ricardo, adiantando-se um pouco aos amigos, revelando que concedia alguma coisa em favor de Pitágoras, pelo menos hipoteticamente, disse-lhe:

– Vamos tomar um novo ponto de partida, Pitágoras. O que foi exposto até ontem, deixemos por ora para futuras discussões. Mas você certamente conhece a crítica kantiana à metafísica, e sabe que Kant, de uma vez por todas, demonstrou ser impossível a construção de uma metafísica com validez filosófica.

– Gostaria que você fosse mais explícito, Ricardo.

– Pois não. Em *Crítica da Razão Pura*, Kant demonstrou, depois de várias análises que se tornaram famosas, que a metafísica é impossível como ciência. Ora, a sua posição certamente é contrária: a metafísica é possível como ciência. Gostaria de discutir esse ponto com você, dentro naturalmente dos limites do meu conhecimento, sem vaidade, nem pretensão de conhecer suficientemente o assunto, mas o bastante, julgo eu, para poder dialogar.

– Se me colocasse no ponto de vista clássico da filosofia, por exemplo, digamos na posição escolástica, como a dos tomistas, suarezistas e escotistas, poderia dizer que toda a argumentação de Kant contra a possibilidade de a metafísica ser uma ciência funda-se na negação da abstração humana, porque nega um nexo entre a experiência sensível e o intelecto universal. Os que examinam a obra kantiana notam que, desde seus primórdios, no período chamado pré-crítico (que antecede as suas três *críticas*) revela-se, crescentemente, a disposição para negar a possibilidade de que a metafísica seja uma ciência e, para alguns, tal decorre da influência sofrida de Hume. É natural que não vou discutir esses aspectos, porque não pertencem eles ao que Ricardo deseja examinar. O que ele deseja certamente examinar são os limites que Kant aponta à metafísica, as "fronteiras da metafísica", como ele dizia. Um processo analítico da razão não é suficiente para demonstrar uma existência. Seria necessário que a metafísica fosse capaz de construir juízos sintéticos *a priori* para que ela se tornasse uma ciência pura, como o conseguem, por exemplo, a matemática, como ciência pura da quantidade, a geometria, como ciência pura do espaço, a física, de certo modo, como ciência pura dos corpos. Mas a metafísica não consegue alcançar essa pureza, porque não é capaz de construir juízos sintéticos *a priori*. A metafísica, por exemplo, é incapaz de provar e demonstrar a existência, porque pensar numa coisa como existente ainda não é provar a sua existência. A existência não é um predicado das coisas, mas sim a absoluta posição de uma coisa. E um juízo, puramente, não pode prová-la, já que a negação de existência de uma coisa não entranha em si nenhuma contradição, pois dizer algo existe, ou dizer que algo não existe, não entranha em si nenhuma contradição. Não quero absolutamente que pensem que o que julgo da obra de Kant seja o que é comumente afirmado como o seu pensamento. Tenho outra interpretação, e gostaria de justificá-la. Mas isso não o poderia fazer agora, pois me exigiria um estudo tão longo que o nosso tempo não permitiria, e ademais precisaria compulsar toda a sua obra, desde os primórdios, para demonstrar minhas afirmativas, o que não vem ao caso. O que vem é o uso que se faz do pensamento de Kant, interpretado de certo modo, para, com ele, esgrimir-se contra a metafísica, considerando-se até, como alguns fazem, que tais argumentos são decisivos e insuperáveis, e que já desferiram o golpe de misericórdia na metafísica, que jaz inane para sempre. É dentro desse modo de pensar, dentro dos esquemas dessa interpretação, que não é para mim o genuíno pensamento de Kant, que desejo rebater. Penso ter assim devidamente clareado a minha posição, evitando dúvidas, pois o que vou reunir como argumentos para combatê-los são os usados por tais intérpretes adversários da metafísica, considerando desde já que esse não é o verdadeiro pensamento kantiano. Ao contrário, Kant acreditava que a metafísica era possível como ciência, e procurava, e até mesmo demonstrava que havia juízos sintéticos *a priori*, metafísicos. Se eu fizesse agora essa prova, apenas excluiria Kant da crítica contra a metafísica, mas, como a finalidade é demonstrar que tais argumentos são improcedentes, permanecerei apenas dentro do que Kant disse, e, nesse âmbito, apenas, eu me moverei, deixando o resto para outra oportunidade, se ela me for dada.

Muitos escolásticos colocam-se contra a obra kantiana, devido a tais informações. Mas observa-se, desde logo, que tais escolásticos modernos nem sequer compulsaram e examinaram a obra de Kant, senão muito deficitariamente, e por alto. Há, contudo, entre os escolásticos, os que já se entregaram a um estudo mais exaustivo e cuidadoso, e esses não acompanham essas opiniões. Ao contrário, delas divergem e reivindicam até o pensamento kantiano para a escolástica, o que parece, para alguns, não só temerário, mas até absurdo. Permanecendo, pois, dentro do que se afirma ter Kant manifestado, prossigamos nossa análise, e também a nossa refutação, dentro da posição escolástica que antes delineei, embora haja outras refutações, segundo outras posições, que procurarei delinear dentro do possível. O argumento fundamental de Kant seria a negação da existência e do valor objetivo da abstração. Provadas estas, toda a crítica kantiana, neste ponto, cairia. Mas Kant não usou apenas esse argumento, conforme alegam os seus intérpretes. Partiu também da limitação da cognição humana. Ora, todo conhecimento se inicia nos sentidos. Portanto, como poderia um conhecimento, que se funda apenas nessa experiência, transcender essa experiência? O que pertence à metafísica, principalmente, é o que transcende à experiência, o que transcende, portanto, ao conhecimento. Não é isso, Ricardo?

– Sem dúvida. E aí está o ponto que gostaria que você expusesse.

– Neste caso, colocando-me dentro de uma posição à semelhança daquela dos escolásticos, caber-me-ia provar que, pela abstração formal, é possível alcançar uma cognição objetivo-metafísica. E, se tal for provado, poder-se-ia afirmar que a metafísica, como ciência, é possível.

– Você clareou bem o problema, Pitágoras. É isso que você tem de provar.

– Então, diga-me uma coisa: não é válido para você que se considere a metafísica a ciência que especula sobre o ser enquanto ser, e sobre todas as coisas que nesse ser encontram seu fundamento?

– No sentido aristotélico, é esse. E, realmente, esse tem sido o que se pensa que é a metafísica.

– A metafísica, assim, dedica-se ao estudo dos aspectos gerais do ser, que é a metafísica geral, e de aspectos especiais, que é a metafísica especial, cujo objetivo é constituído pelos seres que ultrapassam os meios de conhecimento sensível, como Deus ou a alma, por exemplo. Você aceita essa classificação?

– Posso aceitá-la. Não vejo motivo para discordar, por ora – respondeu Ricardo.

– Para os metafísicos, tanto o primeiro como os segundos são entes imateriais, pois os entes materiais são cognoscíveis pela nossa experiência sensível. Concorda?

– Concordo que os metafísicos consideram tais entes imateriais. Por isso, a metafísica tem por objeto entes imateriais.

– Concorda também que, para tais metafísicos, a metafísica tem por objeto entes que são atingidos pelo terceiro grau da abstração?

– Sim, são produtos de uma abstração de terceiro grau, concordo. Não, porém, que eles sejam reais em si; isto é, que se deem fora da mente humana.

– Reconhece que a metafísica trabalha com entes que são produtos de um segundo grau de abstração? Concorda, ou não?

– Concordo. Mas a matemática não prova que eles existam fora da mente humana.

– Se tomo a quantidade que tem, realizo uma abstração de primeiro grau, se considero a quantidade em si, realizo uma abstração de segundo grau. A primeira abstração é a que constitui a matéria da física, a segunda, a da matemática. Mas, se abstraio da quantidade o ser, que é substância desta, com essa terceira abstração, realizo a metafísica.

São assim três graus de abstração, que se realizam com a matéria singular, pela qual abstraímos apenas as condições particulares contingentes, que são estritamente individuais.

– Mas essa abstração não separa realmente essas qualidades sensíveis do corpo! – Apressou-se em afirmar Ricardo.

– Ninguém diz outra coisa, Ricardo. A abstração é um ato mental, e ela realiza apenas uma separação mental, não física. Mas, não há dúvida, e você tem de reconhecer que o que é abstraído tem uma realidade na coisa, embora dela não se separe realmente. Essa abstração é fundada experimentalmente. E, se ela não valesse, não valeria nada toda física.

Ricardo não respondeu. Pitágoras ficou silencioso, e olhou para os outros, esperando qualquer resposta. Todos pareciam meditar, sem que ninguém se atrevesse a apresentar qualquer objeção.

– Provado, como já foi, por nós, que esse conhecimento tem seu fundamento – prosseguiu Pitágoras –, não há mais necessidade de recusar ao que já examinamos, onde demonstramos que esse conhecimento tem validez, e que não se lhe pode atribuir que é apenas ficcional. Já vimos isso, e não vão querer que eu retorne ao que já foi examinado.

O silêncio foi geral. Apenas havia aprovação por parte de Artur. E, como ninguém propusesse nada em contrário, Pitágoras prosseguiu:

– A segunda abstração consiste em tomar um objeto à parte da matéria à qual pertence, como a quantidade, o número, a figura. A quantidade não pode existir sem a matéria sensível, mas, tomada, enquanto tal, constitui o objeto da matemática. E essa tem validez, ninguém o pode negar, porque a matemática é comprovada pela experiência, embora não seja apenas essa comprovação que justifica a sua validez.

– Mas essa comprovação pela experiência não se dá quanto às abstrações de terceiro grau de que você certamente vai falar agora – afirmou Ricardo.

– É o que veremos, Ricardo. – E, depois de uma leve pausa, prosseguiu: – Se abstrairmos a matéria de todos os seus aspectos qualitativos e quantitativos, poderemos considerá-la como ser. Não só poderemos conceber esse ser sem matéria, como também poderá ele existir independentemente desta. Quando examinamos a matéria, outro dia, comprovamos que há algo que não é matéria. E esse fato oferece uma validez à abstração de terceiro grau.

– Gostaria que me fizesse melhor prova do que afirma, porque as apresentadas não são suficientes – disse Josias.

– Posso fazê-lo. Mas peço que me deixem expor certos pontos de vista, ficando estabelecido que só devem responder à proporção que eu faça perguntas, e apenas dentro do âmbito das perguntas. Se me permitirem, alcançarei uma prova robusta da validez positiva da metafísica como ciência.

É inegável a abstração total, pela qual alcançamos generalidades cada vez maiores. Assim, de Josias, posso abstrair o ser homem; de ser homem, o de ser vivente; de vivente, o de ser um ente. Posso, assim, alcançar conceitos de maior universalidade, partindo de um ser individual, alcançando conceitos de menor compreensão, ou seja, de menor número de notas, mas de máxima extensão, ou seja, do maior número de indivíduos.

Posso realizar abstrações formais quando de homem abstraio a humanidade. E posso abstrair essa forma, tomando-a de modo absoluto, a humanidade, independentemente dos indivíduos que a representam. Pois bem, a metafísica é a ciência que estuda essas formas abstraídas, tomadas em sua absolutuidade. E não se pode negar que tais formas transcendem a experiência, porque a humanidade não é um objeto da experiência sensível.

– Mas há homens, Pitágoras, e não a humanidade. A humanidade é uma criação nossa – apressou-se em interromper Josias.

– Que a humanidade é, então, uma ilusão é uma tese própria dos materialistas.

– É a minha tese – corroborou Josias.

– Mas não nega, pelo menos, que há um fundamento nessa abstração, que é o haver seres, os homens, que têm em comum algo que os distingue de outros seres vivos, e esse algo chamamos *humanidade*, pois, do contrário, não haveria nenhuma diferença entre os homens e os outros seres vivos.

– Sim, mas essa humanidade não existe em si, fora da nossa mente, como um ente com existência própria – acrescentou Josias.

– Mas não há necessidade que essa existência se dê aqui ou ali, pois, se a humanidade existisse, aqui ou ali, seria um ser que ocuparia espaço, e seria um corpo, portanto seria um ser físico. Ora, a minha afirmação é de que a humanidade é um ser metafísico. E precisamente porque não tem nenhuma existência física é que é um ser metafísico – respondeu Pitágoras.

– Mas é uma criação do espírito humano apenas – reiterou Josias.

– Mas que seja uma criação. Não é um puro nada, porque tem fundamentos reais, embora não tenha uma existência física.

– Mas, então, que outra existência teria? – perguntou Josias.

– Uma existência metafísica, já que a humanidade não é um puro nada, mas uma abstração formal do que é *homem*. Quer permitir que justifique a abstração formal? Se me permitir, poderei justificar melhor a minha posição.

– Pois tente fazê-lo. Quero ver – respondeu displicentemente Josias.

Pitágoras sorriu. Tomou fôlego, e prosseguiu deste modo:

– Primeiro, vou provar que, pela abstração formal, e não apenas pela abstração total, podemos obter conceitos e juízos que transcendam a toda experiência, inclusive a qualquer experiência possível. Depois, provarei que tais objetos são imateriais. E, sendo eles metafísicos, um conhecimento objetivo-
-metafísico é, portanto, possível. Vejamos.

Fez uma pausa, e prosseguiu:

– Os conceitos, que obtemos por uma abstração total, quase sempre não transcendem a experiência possível. Esses conceitos, assim obtidos, são concretos, tais como homem, sábio, triangular. Esses conceitos não transcendem a ordem da experiência. Não são, pois, metafísicos. Dão-se em sua ligação com as coisas.

Mas os conceitos que constituem propriamente o campo da metafísica são os obtidos por abstração formal, e constituem formas puras, como sejam correspondentemente às que citei: a humanidade, a sapiência e a triangularidade. Mas, no homem, de certo modo subsiste a humanidade, como no sábio a sapiência, como no triângulo a triangularidade. De que modo subsistem é para nós desconhecido, e é objeto de estudo da metafísica. Nesses conceitos, excluímos tudo quanto não seja ele. Assim, a humanidade é apenas humanidade, a sapiência apenas sapiência, a triangularidade apenas triangularidade.

– Sim – interrompeu Josias –, sabemos disso tudo, mas não ficou provado que tais conceitos não passam de apenas ficções nossas, sem qualquer valor objetivo.

– Um momento – pediu Pitágoras. – Eu já havia provado isso quando examinei a polêmica dos universais, em que demonstrei que tais universais tinham um conteúdo objetivo suficiente. O conceito universal é predicado univocamente de vários indivíduos. Vimos que não podia ser apenas um conceito subjetivo, nem uma singularidade real do indivíduo, nem apenas alguma coleção de indivíduos. Porque se dava igualmente nos seres singulares, tinha uma natureza real. A triangularidade está neste, naquele e naquele outro triângulo. Mas, se desaparecessem todos os triângulos, a triangularidade não se tornaria um mero nada, porque a sua razão, o que os gregos chamavam *logos*, e que os pitagóricos profundamente definiam como "lei de proporcionalidade intrínseca" de uma coisa, que, por isso mesmo, é isto, e não aquilo, não deixaria de ser na ordem do ser. E se desaparecessem todos os homens, também a humanidade não se tornaria um mero nada, embora não tivesse nenhum representante.

– Vejo que você defende, então, a tese platônica. Isso é realismo exagerado, porque você dá uma subsistência a essas abstrações formais gerais que o homem constrói – alegou Ricardo.

– É subsistente todo ser que tem uma forma. A triangularidade é uma forma pura e, consequentemente, tomada em si mesma, enquanto tal, é uma subsistência e é subsistente.

– E onde está ela? – perguntou Josias a rir. – Onde se colocam essas formas? No céu, lá embaixo, no inferno, onde? Bertrand Russell já fez boas piadas sobre tais ideias, e teve até oportunidade de dizer que, permitindo Platão que tudo quanto se dá corresponde a uma ideia, deve haver, no mundo das ideias, a ideia subsistente do "pontapé no traseiro de alguém". E riu à vontade.

Pitágoras permaneceu por algum tempo a sorrir. E, quando Josias já diminuía o ímpeto de sua gargalhada, que não foi, diga-se a verdade, participada por todos, ele respondeu, com serenidade:

– Piada por piada, sem dúvida esse senhor Bertrand Russell é a maior piada que há na filosofia.

– Mas ele é Prêmio Nobel... – Interrompeu Josias.

– Pior para o Prêmio Nobel. No tocante a Platão, esse cavalheiro é absolutamente ignorante, de uma ignorância dolorosa. Nunca o entendeu, nem o poderia conseguir. Por isso, teve de lançar mão desse argumento piadístico, que já demonstra a fraqueza de quem o usa, porque, quem usa piadas na filosofia é porque não sabe ou não pode usar argumentos sólidos e robustos. Argumento semelhante a esse já fora apresentado há dois mil e trezentos anos. Não é nenhuma novidade. E já foi devidamente respondido.

Responda-me, apenas, se quiser continuar, ao que pergunto. – E tornou-se profundamente sério: – Antes de existir o homem neste planeta, era o homem um possível, ou não? Responda-me estritamente dentro das nossas regras.

– Era um possível.

– E esse possível era um nada absolutamente?

– Nada absolutamente não era, mas um nada relativo – respondeu Josias. – Um nada homem existencialmente, como se dá agora.

– Está certo. Mas era alguma coisa, era um ser, e não nada absolutamente. O homem era um possível, que, como tal, não era o homem que é agora, materialmente. Concorda?

– Concordo.

– E que modo de ser era esse? Era um ser material, que estava aqui ou ali?

– Não, mas estava nas coisas de nosso planeta que em sua evolução poderiam alcançá-lo, gerá-lo, ora essa.

– Mas onde?

– Nos seres vivos, por exemplo.

– E antes dos seres vivos?

– Na matéria que compõe o nosso planeta.

– E antes de existir o nosso planeta?

– Na matéria que compõe o nosso universo.

– Pois bem, e, se antes dessa matéria, existiu um outro ser, que deu ser a essa matéria, esse *homem* onde estava?

– Naturalmente que nesse ser.

– De qualquer forma, aceita você que a possibilidade do homem sempre foi, desde o primeiro ser. Admite que tenha havido um antes que essa possibilidade fosse possibilidade?

Josias não respondeu, e ele continuou:

– Se houve sempre um ser nesse ser, sempre houve a possibilidade do homem. A possibilidade do homem só poderia não ter sido se antecedesse o nada a tudo quanto é. Neste caso, o nada, por ser absolutamente nada, não conteria possibilidades. Aceita, ou não?

Josias não respondeu. Procurava um argumento.

– Pois bem. Eu pergunto, agora, como era o homem, antes de o homem ser? Era o homem de Neandertal, e não o homem amarelo de hoje? Era o homem negro, ou o homem branco?

— Era o homem que podia ser branco, amarelo, negro, de Neandertal etc. — respondeu, com decisão, Artur.

— Não é o ser branco um acidente do homem, como o ser negro e o amarelo, ou você aceita que há várias espécies de homens? — Perguntou Pitágoras, dirigindo-se a Josias.

— Você bem sabe — respondeu ele — que não sou racista.

— Agora, responda-me em sã consciência: o que você considera homem é uma abstração total dos homens tomados individualmente, é apenas o esquema de uma generalidade que têm todos os seres chamados homens, este, aquele, aquele outro. Não é?

— É.

— Mas o homem que existia na ordem do ser, antes de estes homens aqui serem, e que é um ser real de certo modo, não era uma generalidade destes homens, porque estes homens ainda não existiam. Era, pois, a *humanidade*. — E parou, com um olhar enérgico, para prosseguir: — Fundado em suas próprias afirmações, Josias, provo-lhe que há validez e objetividade num conceito obtido por meio de uma abstração formal, num conceito metafísico, o que revela a validez objetiva da metafísica. A não ser apelando para sofismas, e sofismas que eu desfarei, não pode você negar a validez do que digo. E mais, Josias, que essa humanidade era uma *forma pura*, a lei de proporcionalidade intrínseca do que é *homem*, que só posteriormente subjetivou-se através de representantes: os homens. E note bem: de representantes que *têm* humanidade — e frisou com energia o *têm* — e que não *são* a humanidade, porque você *tem* humanidade, mas não é a humanidade. E você não *tem* o homem, você é homem, mas não é *o* homem, porque você não é subjetivamente a espécie humana, mas pertence a essa espécie.

Ricardo sentiu o embaraço em que permanecia Josias, sem saber o que responder. Veio em seu favor para alegar:

— Mas, Pitágoras, admitamos que haja, por abstração formal, conceitos gerais, com validez objetiva. Mas você ainda não provou que os há especiais.

– As mesmas provas servem, Ricardo. E, ademais, já provei que há um ser que antecede todos, um ser, que é causa de todos, e que não é causado por nenhum, um ser incausado, ingenerado, onipotente, como uma decorrência rigorosa dos argumentos que já apresentei em outras discussões anteriores. E tudo isso prova a validez da possibilidade da metafísica, que é uma ciência positiva, portanto.

Diálogo sobre Platão

Depois dessas palavras de Pitágoras, o grupo perdera a sua primitiva unidade. Josias, Vítor e Paulsen conversavam entre si. Ricardo, Reinaldo e Artur formavam outro grupo à parte. Os outros uniam-se ora a este ora àquele grupo. Pitágoras ficara só, em silêncio. Demonstrava um alheamento geral, como se estivesse desinteressado do que diziam. No fundo, sabia que não voltariam logo a interrogá-lo. Ricardo, depois de algum tempo, aproximou-se de Pitágoras. Os outros também o fizeram, vindo Josias e Vítor mais atrás. E, dirigindo-lhe a palavra, perguntou:

– Sempre julguei através de suas palavras que você fosse mais um aristotélico que um platônico. Mas vejo agora, pelo que disse, que a sua concepção é platônica.

– Engana-se você se me classifica como platônico, tomando esse termo no sentido em que é geralmente considerado. No entanto, eu o sou, também, se se entender Platão em sentido mais concreto, e não meramente idealístico.

– Bem, sei que a discussão desse ponto nos levaria muito longe. Mas gostaria de conversar com você, não propriamente dentro das normas que até aqui mantivemos nas nossas conversações, mas noutro tom mais íntimo, mais de confissão, mais afetivo até, pois creio que todos os presentes gostariam mais de conversar com você do que de discutir. Não significa isso que temamos suas razões, mas é que desejamos que creia que, de minha parte, como da de muitos ou de todos, aqui, há um desejo imenso de saber e de ser bem orientado, e há certos assuntos e certos problemas, hoje, que exigem que façamos algumas análises, para as quais você nos há de auxiliar. Mas, antes de penetrar em tais temas, gostaria que nos precisasse melhor a posição platônica. Na verdade, você defendeu a teoria da abstração de Aristóteles e, depois, subitamente, manifestou-se platônico, de certo modo. Não há aí uma contradição?

– Em que sentido? – perguntou Pitágoras.

– Aristóteles é empirista, e afirma que todo o nosso conhecimento se inicia pela experiência sensível, enquanto Platão é inatista, e afirma que possuímos *a priori*, antes da experiência, certas ideias que servem de base à assimilação dos fatos que são dados pela experiência sensível. Ora, logo se vê que são duas posições opostas. No entanto, você, ao provar que há fundamento para a metafísica, argumentou aristotelicamente e, depois, para provar a mesma tese, argumentou platonicamente. Como se explica isso?

– Quis demonstrar que, dentro da linha aristotélica, como da platônica, pode-se demonstrar a validez da metafísica.

– Mas, se são duas posições antagônicas, a prova de um é refutada pela do outro e, portanto, ou uma só é verdadeira ou nenhuma das duas o é.

– Ambos são verdadeiros em suas afirmações. Não o é Aristóteles, em sua exclusão. Contudo, essas duas provas nos mostram, partindo da experiência, da empiria, ou das ideias, que podemos, de qualquer modo, comprovar a objetividade da metafísica.

– Até aqui, estou de acordo, Pitágoras. E você argumentou muito bem. Mas o que me causou espécie foi o fato de você manobrar dentro de suas posições filosóficas antinômicas, se me permite falar assim. Gostaria, e comigo creio que todos os presentes, que você justificasse melhor uma e outra posição.

– Compreendo o que deseja, e irei ao seu encontro, dentro, naturalmente, do possível e do âmbito de uma mera conversação. Aristóteles, que, em sua juventude, fora platônico, afastou-se do mestre para negar validez real às ideias ou formas platônicas. É o que transparece em sua obra. Mas os argumentos de que se valeu Aristóteles eram fracos, e ele, apesar de seu esforço para negar a doutrina do mestre, permaneceu dentro dela muito mais do que pensava. Poderia até dizer que era mais platônico do que julgava, e menos aristotélico do que proclamava. Mas, para demonstrar a invalidade da negação aristotélica, bastaria provar a validez da doutrina platônica. E creio que já o fiz nos argumentos que tive ocasião de expender há pouco.

– Sim, mas você não me respondeu o principal. Para Aristóteles, todo conhecimento começa pela experiência sensível. É dele a frase famosa de que "nada há no intelecto que primeiramente não tenha estado nos sentidos", enquanto Platão afirma que há uma reminiscência das ideias que estão *a priori* em nós. E é graças a essas ideias *a priori* que pode o homem conhecer, e conhece por assimilação a elas. Ou, em outras palavras: o conhecimento intelectual, para Aristóteles, processa-se pela abstração, enquanto para Platão ele se processa pela assimilação. É essa distinção que julgo importante, e gostaria que você justificasse, por exemplo, a posição platônica em face da afirmativa aristotélica.

– Compreendi o que deseja, Ricardo. Procurarei fazê-lo.

Fez uma pausa, como se meditasse por onde deveria começar. Logo depois iniciou deste modo:

– A teoria da tábula rasa; ou seja, a que afirma que o homem, no conhecimento, atua como uma tábula rasa em face dos estímulos exteriores, recebendo as impressões, para delas abstrair as generalidades e com elas construir os conceitos, é, em linhas gerais, a posição aristotélica. Platão, ao inverso, afirma que o homem não entra em contato com o mundo exterior como uma tábula rasa, mas com um complexo sistema psíquico, que constitui os seus sentidos. Estes são excitados pelos fatos do mundo exterior proporcionalmente à sua natureza. Todo o nosso sensório é um conjunto de esquemas que se acomodam ao mundo exterior, e recebem, desse mundo, estímulos, mas estes são proporcionados aos esquemas que previamente já têm. Não ouvimos as vibrações moleculares do ar, para as quais não temos esquemas, nem vemos as vibrações eletromagnéticas, para as quais não temos esquemas ópticos. Nosso conhecimento, portanto, é proporcionado à esquemática de que previamente dispomos. E a própria tábula rasa recebe, na cera, as impressões das coisas exteriores, na proporção que a cera tem de sofrer marcas. Portanto, no conhecimento, há algo que o antecede, pois, do contrário, aquele não seria possível. E mais: que esse conhecimento é proporcionado à natureza do cognoscente. Esta posição é de certo modo platônica. Mas Platão dizia mais. Dizia que esses estímulos, que são assimilados por nossos esquemas, apresentam uma ordem, uma proporcionalidade intrínseca em seus elementos componentes, que terminam por apresentar-se como esquemas coerentemente coordenados. Ora, tais esquemas são esquemas de esquemas. E como seria possível que o nosso psiquismo os assimilasse como tais, como unidade, se em nós não houvesse já, previamente, a possibilidade de fazê-lo? Tais esquemas estavam já em nós em estado potencial ou, em sua linguagem poética, estavam adormecidos, esquecidos. E dizia esquecidos, porque não tínhamos antes consciência deles, mas apenas quando o conhecimento se processava. E, nesse instante, era como se despertassem, como se fossem relembrados. Daí dizer que tínhamos alguma reminiscência deles, porque, de certo modo, eles já eram em nós. E, se prestarmos bem atenção, sentiremos essa sensação ao conhecer. Pois, quando conhecemos alguma coisa, conhecemo-la como uma nova totalidade, mas formada, de certo modo, de elementos que já conhecíamos. É uma nova totalidade, uma unidade nova, mas composta de dados que já conhecíamos. São eles que nos dão a impressão de uma recordação, e também de uma reminiscência. O conhecer é assim um recordar na linguagem poética de Platão. E havia fundamento nesse modo de pensar, como veremos. Responda-me às perguntas que vou fazer.

Conhecemos sensivelmente, por intermédio direto de nossos sentidos, o que ultrapassa à sua faixa cognoscitiva?

– Não.

– Essa faixa cognoscitiva de certo modo é uma potência em nós, que se atualiza no momento do conhecimento. Não é?

– Certo.

– Dentro da faixa cognoscitiva, não conhecemos todos os graus que vão desde o mínimo até o máximo?

– Sim, conhecemos.

– Todos os elementos cognoscitivos, que compõem uma nova unidade esquemática cognoscitiva, não estão dentro dessa faixa?

– Estão.

– Neste caso, os novos esquemas, que são unidades, que, em suma, são totalidades de vários elementos cognoscitivos, não eram possibilidades dentro da faixa cognoscitiva do homem?

– Sem dúvida.

– Nesse caso, tudo quanto conhecemos, e viremos a conhecer, de certo modo já está contido na possibilidade nossa de conhecer. Não está certo?

– Está. Mas e a abstração total e a formal que você defendeu há pouco?

– O que Aristóteles chamava de abstração era a capacidade da mente em separar unidades formadas de totalidades cognoscitivas, ou seja notas e, com elas, construir espécies ou esquemas, que depois o intelecto imprimia no que ele chamava de *nous pathetikos*, o *intellectus possibilis* dos escolásticos, o intelecto passivo. Não é isso?

– É isso.

– Essas espécies, para Platão, eram possíveis nossos que a atividade de nosso intelecto despertava. Mas essas abstrações se dão por assimilação a elementos já existentes no nosso intelecto; ou seja, a esquemas que já existiam em sua primariedade, mas que têm agora uma nova coesão, que constituem agora um novo esquema. Portanto, de qualquer forma, foram assimilados, porque se nada houvesse de semelhante entre o nosso intelecto e os fantasmas apreendidos pela nossa experiência, e se nada houvesse de semelhante entre os nossos esquemas e as generalidades que se observam nas coisas, como seria possível o conhecimento, se sabemos que, para o que não temos esquemas, não somos capazes de conhecer sensivelmente?

— Está bem, Pitágoras. Mas há coisas que escapam ao nosso conhecimento sensível, e que nós conhecemos. Creio que foi, fundando-se nessa afirmação, que você quis demonstrar a validez da metafísica.

— Sem dúvida. Não o nego. Mas os esquemas abstratos, que construímos, são esquemas de esquemas, esquemas fundados no que já temos da nossa experiência, e é aí que se dá o fundamento objetivo em grande parte da atividade metafísica do homem. Platonicamente, chegamos à conclusão de que há a triangularidade, e que esta é um ser que se dá fora dos triângulos, porque há triângulos, e nenhum deles é a triangularidade, mas apenas a imitação desta. Estas três linhas que estão aqui imitam a triangularidade, porque a razão geométrica, que elas realizam é uma cópia da razão daquela, e não é a triangularidade, porque, se esta estivesse aqui, não poderia haver a mesma que observamos naqueles três objetos, que ali realizam, aos nossos olhos, também, um triângulo. Essa atividade de nossa mente, que especula sobre os fatos para concluir que a triangularidade se dá fora dos triângulos, que é um possível na ordem do ser, é uma atividade genuinamente metafísica, e que revela uma natureza característica de nossa mente. Sabemos que a ação é sempre proporcionada ao agente, à natureza do agente. Como poderia, por exemplo, um agente apenas material, apenas mecânico, captar o que não é material, como a triangularidade?

— Aceitando suas afirmativas, Pitágoras, chegaríamos à conclusão de que a posição de Platão é mais segura que a de Aristóteles, e que inclui a deste.

— Na verdade, a concepção de Platão inclui a de Aristóteles, porque o que este chamava de abstração é o que se realiza através de uma atividade de nosso espírito, mas dentro do que preceitua Platão.

— Neste caso, as ideias ou formas não existem apenas na mente humana?

— Já demonstrei que o conceitualismo é deficiente.

— E, se essas ideias e formas têm uma existência além da mente humana, estão elas na ordem do ser, do que você chama o ser supremo.

— Perfeitamente.

– Mas parece que Platão afirmava que elas tinham uma existência autônoma. Pelo menos foi o que aprendi na escola, e parece-me que é o que afirmam os seus intérpretes.

– De certo modo, é verdade. Realmente, Platão afirmava que essas formas tinham um ser fora da mente humana; eram reais. Que elas existissem fora do ser supremo, jamais o afirmou de modo claro e indiscutível, porque Platão, em suas obras, não disse tudo quanto pensava nesse sentido. É o que ele afirma, em sua famosa Carta VII, na qual declara categoricamente que jamais escreveu nem falou a quem quer que seja a respeito do que realmente ele pensava sobre este tema.

– E como, então, concluir que ele aceitasse que essas ideias eram subsistentes, porque eram formais e se davam no ser supremo, e não fora deste?

– Porque Platão era pitagórico, e foi talvez o maior dos pitagóricos e, para essa concepção, as formas são existentes no ser supremo, porque não há rupturas no ser, e tudo quanto é, nele está, e é dele.

– Mas é discutível essa filiação de Platão ao pitagorismo.

– É discutível, sem dúvida, mas isso não implica que ele não fosse pitagórico, pois toda a sua obra, sobretudo na fase final, revela a origem e a base genuinamente pitagórica, que não deve ser confundida com o que se chama por aí de pitagorismo.

– Sei que você é um estudioso do pitagorismo, e gostaria de examinar essa doutrina com você. Meus parcos conhecimentos alcançam, porém, que há muita falsificação, o que se deve, em parte, aos próprios pitagóricos...

– ...em grande parte – interrompeu Pitágoras para corroborar – ...mas em maior parte aos exegetas do pitagorismo, que não se dedicaram com maior cuidado ao conhecimento da doutrina desse poderoso espírito que foi o grande sábio de Samos, ao qual ainda não se fez a devida justiça.

– Muito bem, Ricardo. Estas suas palavras, além de muito simpáticas para mim, têm um valor inestimável. Vejo que você ainda um dia há de, comigo, penetrar em certos estudos, que só nos trarão benefícios para uma visão mais clara e mais concreta do que constitui propriamente a filosofia.

– Pois, de minha parte, Pitágoras, pode estar certo que não esquecerei o que promete.

– E eu cumprirei a promessa com a melhor satisfação – respondeu Pitágoras com uma expressão de grande simpatia.

– E eu gostaria de tomar parte nessa conversação, se me permitem – pediu Artur.

– Como não? – interveio Ricardo. – Com todo o prazer, não é, Pitágoras?

Pitágoras concordou, e com a mão segurou afetuosamente o ombro de Artur, que sorria.

Diálogo sobre Kant

Mas, neste momento, Josias, dirigindo-se a Pitágoras, disse-lhe estas palavras:

– Volto ao tema de Kant, e quero mostrar que ele negou a possibilidade da metafísica porque, diz ele, não se dá em nós o objeto da cognição a não ser dependentemente dos conceitos. Contudo, as leis da física pura se impõem à mente por atividade da natureza, mas são impostas à natureza pela atividade da mente. Ademais, a mente humana não cria a coisa em si, mas apenas a ciência objetiva dos fenômenos. Torna-se, assim, impossível a metafísica, pois, munidos apenas dos conceitos, não podemos especular sobre o próprio objeto dessa disciplina, porque os objetos dessa ciência são transcendentes à nossa experiência.

– Sem dúvida – respondeu Pitágoras. – Longos são os argumentos de Kant, e eu não poderia memorizá-los, e repeti-los aqui. Nem creio que vocês me impusessem uma tarefa que eu só poderia realizar com a obra de Kant nas mãos, como já disse. O principal é chegar aos fundamentos da posição kantiana, ou, melhor, do equívoco kantiano, porque tudo surgiu de um equívoco que foi aumentado, sobretudo, pelos intérpretes de sua obra.

Ao tratar dos juízos sintéticos *a priori*, Kant os distingue dos juízos analíticos e dos sintéticos *a posteriori*. Os analíticos são aqueles em que o predicado está incluído na definição do sujeito. Temos assim: o corpo é extenso. São tautológicos, e não aumentam o conhecimento. Nos sintéticos *a posteriori*, o predicado não se inclui na definição do sujeito. Não são universais, mas aumentam o conhecimento. Assim, no juízo: este corpo é verde. Por lhes faltarem universalidade e necessidade, pois não é verdade que todos os corpos sejam verdes, nem é necessariamente que os corpos verdes são verdes, tais juízos não são científicos. Os juízos analíticos, que nada aumentam ao conhecimento, são universais e necessários, e são todos *a priori*, mas também não são científicos. Resta uma terceira forma de juízos, os sintéticos *a priori*. Estes são científicos, porque aumentam o conhecimento. São necessários e universais, mas não decorrem da mera análise dos termos do juízo, nem são afirmados pela experiência. Decorrem de condições que estão ocultas, mas que não pendem da experiência, nem são conhecidos analiticamente, porque se trata de juízos sintéticos. São, portanto, *a priori*.

Para Kant, a metafísica especula sobre três objetos principais: Deus, que é objeto da teologia; a alma, que é objeto da psicologia, e o cosmos, que é objeto da cosmologia. Esses três objetos não são reais, mas *ideais a priori* da razão pura. E como surgem para ele tais objetos? Como síntese suprema dos fenômenos internos do ego, surge a ideia de alma; dos fenômenos do mundo, a ideia do cosmos, o universo, e daí a síntese das supremas condições de todas as coisas, a ideia de Deus.

Conclui Kant que a metafísica é impossível porque é impossível transcender a experiência, e a metafísica quer alcançar as coisas em si. Mas convenhamos num ponto de máxima importância. Conhecia Kant a metafísica greco-romana e a escolástica? Absolutamente não. E tanto é assim que a sua classificação fundava-se apenas na que é dada por Leibniz, através de Wolff, ou seja, a metafísica racionalístico-leibniziana. Daí concluir ele que a psicologia não pode estabelecer nenhuma tese segura, certa, nem a cosmologia pode fugir das suas famosas antinomias, nem a teologia pode provar a existência de Deus. Rejeita, assim, o argumento ontológico, porque é, para ele, puro paralogismo: o argumento cosmológico funda-se na causalidade, que só é válida para o mundo dos fenômenos; e o argumento teológico, fundado na causa final, não chega a concluir a existência de um Deus criador, mas apenas a de um arquiteto, de um ordenador do mundo. Toda a argumentação kantiana cinge-se em mostrar a invalidade da metafísica racionalista-leibniziana, e apenas esta.

– Mas a prova de que a posição de Kant é falsa não foi suficiente. De minha parte, até agora, não encontrei defeitos no pensamento de Kant. A você é que cabe demonstrar que eles existem. Mas, antes, explique-me bem, como entende o fenômeno e o *noumeno*?

– Farei a sua vontade, Josias. O fenômeno, como sabe, vem de uma palavra grega, *phainomenon*, o aparente, o que aparece. *Noumeno* vem de *noeô*, daí *no-oumenon*, o pensado, o que é em si. Nós podemos captar sensivelmente os fenômenos, mas só podemos pensar sobre o que as coisas são em si, ou melhor: o que nos aparece das coisas é o que aparece, o fenômeno. O resto permanece oculto aos sentidos, e apenas pode ser pensado.

Pitágoras fez uma pausa, e prosseguiu:

– A posição de Kant, quanto à metafísica, é falsa. Não há, em mim, nenhum intuito de desmerecer a obra desse grande autor, da qual sou grande admirador, e o coloco entre os maiores de todos os tempos. Mas é preciso lembrar que Kant combatia a metafísica de Leibniz. E a falta de certos conhecimentos da filosofia clássica não lhe facilitaria senão confusões, que vou procurar mostrar. Compreendam os amigos que a minha tarefa não é fácil, sobretudo quando me tenho de valer apenas da memória. Kant caiu no velho problema dos universais, e num aspecto que já havia sido abordado e resolvido por Aristóteles e, posteriormente, pelos escolásticos. Raciocinava Kant deste modo: se toda experiência é concreta e singular, como se podem alcançar conceitos universais? Ora, isso já demonstramos quando analisamos essa velha polêmica, e mostramos a validez da abstração aristotélica e da abstração formal.

– Acredita você que Kant ignorasse essa solução? – perguntou Ricardo.

– Kant, na verdade, não trata dela nem a ela se refere. Como para mim era um homem digno, certamente ignorava essa solução, porque, do contrário, o seu silêncio só poderia ser julgado como falta de sinceridade ou medo de abordar um ponto que refutava com antecedência a sua tese, o que não aceito. Para mim, sem dúvida, Kant ignorava essa solução. Ora, sabe-se que, no tocante às sensações, ele, no início, fundou-se apenas na teoria cartesiana, e nunca abordou a escolástica. Estou certo de que Kant ignorava quase totalmente a obra dos escolásticos. O que ele conhecia era a síntese falha, realizada por seu guia Wolff, e pelas informações através de Descartes e Leibniz, que a conheciam tanto como ele.

– Diga-me uma coisa: você aceita, ou não aceita, os juízos sintéticos *a priori*? – perguntou Ricardo.

– Seria demasiado longo examinar aqui esse ponto, Ricardo. Na verdade, todo o sistema kantiano está pendente de tais juízos. Kant não conseguiu eficazmente provar que eles se deem. E por essa razão todo o seu sistema vacila.

– Quer me provar o que diz? – solicitou Josias.

– Pois não. Que entende Kant por conhecimento *a priori*? Para ele, é o que não é gerado apenas da experiência, e sim o que é gerado apenas pela mente. Em sua obra, ele realmente prova que não é gerado apenas pela experiência, mas não prova que é apenas gerado pela mente. E, como não admite um meio termo entre a origem da experiência e a origem da mente, já que ele não admite que parte do conhecimento venha da experiência e parte da mente, como é a solução aristotélico-escolástica, como ele não trata senão daqueles dois modos, ele não prova de modo suficiente a sua tese. Para ele, uma intuição sem sensibilidade é cega, e uma cognição cega nada conhece, é nada. E como se faria a síntese entre sujeito e predicado? Não é feita pelas categorias? E se as categorias não são representativas, não são elas vazias de objetividade? Como poderia, então, o que é obscuro para a mente clarear a própria mente?

Não diz Kant que os juízos sintéticos *a priori* não podem ser aplicados senão aos fenômenos? Neste caso, segundo a sua dialética transcendental, tais juízos não têm nenhum valor quando aplicados fora dos fenômenos. Consequentemente, por meio deles, nada podemos concluir sobre a natureza, sobre os caracteres dos *noumenos*. Mas Kant não pode negar que há uma heterogeneidade dos fenômenos. Portanto, há uma heterogeneidade dos *noumenos*. Desse modo, os *noumenos* não são totalmente incognoscíveis, e, consequentemente, cai por terra a impossibilidade da metafísica. Poder-se-iam ainda alinhar muitos outros argumentos, e estes já os dei anteriormente, e, ademais, há a obra dos metafísicos, dos grandes metafísicos, para responder definitivamente a tais argumentos. A colocação que Kant fez da metafísica, que nunca foi por ele devidamente entendida, levou-o fatalmente ao agnosticismo, e não pôde afinal fugir do ceticismo, nem conseguiu livrar-se do idealismo que desejava combater, nele caindo por força da sua própria crítica.

– Conclui, então, você, Pitágoras, que não é a nossa mente que impõe os conceitos à natureza, mas a natureza que os impõe à mente. É isso? – perguntou Ricardo.

– Parece-me que fui tão claro quanto era possível. Os conceitos formados pela mente são, na teoria aristotélico-escolástica, produtos de uma abstração total e de uma abstração formal, fundados, portanto, na experiência. Mas não se pode negar a influência da mente, por sua vez, na formação dos mesmos. Prometi-lhes falar sobre Pitágoras de Samos e, quando o fizer, prometo ainda mostrar-lhes como isso se dá para ele, cuja doutrina já sintetizava, com antecedência, o que se afirmou depois ser o genuíno platonismo e o genuíno aristotelismo.

– Não esquecerei a promessa, já disse.

Logo após essas palavras, e por ser muito tarde, muitos se retiraram. A reunião ficou desfeita. Ricardo fez questão de acompanhar Pitágoras, e também Artur. Depois de se despedirem dos amigos, seguiram juntos.

Diálogo sobre Pitágoras

Depois da reunião, Pitágoras, Ricardo, Artur e eu saímos juntos. Pitágoras prometera falar sobre um tema que interessava vivamente a todos nós.

Foi Ricardo quem começou a falar, e o fez deste modo:

– Realmente, Pitágoras, esses nossos encontros têm se transformado para mim no que há de melhor na minha vida. Chego a contar as horas que me separam deste momento. Depois que me afasto de vocês, na verdade levo tantas ideias e tantas sugestões que penetram pela minha noite, nos meus sonhos, e terminam por me ocupar durante o dia, sem contudo perturbarem meus afazeres, que você bem sabe não serem poucos. E confesso: há muitos que me admoestam por fazer isso, dizendo que perco um tempo que seria proveitoso para o estudo. Mas garanto-lhes que, na minha profissão de médico, o fato de poder conversar e abordar temas tão importantes, tem sido de grande utilidade para mim. Não só me enriqueceram mais a vida, como me têm dado uma visão mais firme e mais profunda das coisas. Custasse o que custasse, continuaria mantendo essas conversações.

Pitágoras nada respondia. Apenas um sorriso postava-se-lhe no rosto. Mas Artur aproveitou a ocasião para dizer:

– É o mesmo que se dá comigo. Vocês me dão um prazer sem igual. E tomei até uma decisão: vou dedicar-me à filosofia. Pitágoras me abriu um caminho. Estou certo de que há lugar ainda para positividades, e desejo alguma coisa construtiva. Aqueles que dizem que nós, jovens, somos destrutivos, que queremos solapar a sociedade atual, esquecem que desejamos construir outra, mais digna, mais nobre. A juventude, em todos os seus arrebatamentos, revela, para mim, um anseio do melhor. Somos injustos em certos aspectos, reconheço, porque só vemos os erros, os defeitos. E queremos uma vida onde tais erros e defeitos não se deem mais. No fundo, somos construtivistas também. É o asco que nos causam a falsidade das coisas, a moeda falsa, as mentiras que nos tornam incompatíveis com o que julgamos preconceitual. Na verdade, a juventude olha sempre para o futuro, e quer possuí-lo.

– Mas não se deve ser injusto para com o passado – sentenciou Ricardo. – Desse erro já me penitenciei e me corrigi...

– Também o mesmo se dá comigo ultimamente – ajuntou Artur. – E devo isso muito a Pitágoras. Você foi uma das melhores coisas que me aconteceram.

Pitágoras riu. Mas, logo depois, compôs-se para dizer:

– Meu caro Artur, então nem tudo está perdido.

– Não está não, Pitágoras. Há ainda muitos aspectos positivos na juventude moderna e não se deve julgá-la por aqueles jovens enfatuados e imbecis, que seguem caminhos transviados.

– Bem, esses são os covardes – acrescentou Artur. E com firmeza: – Covardes, sim. Covardes e deficientes mentais. Não há exagero nas minhas palavras, porque nunca encontrei entre tais jovens nenhum que primasse pela inteligência, embora fossem astutos muitas vezes. Lembrando-me das palavras de Pitágoras – disse, virando-se para Ricardo: – reconheço que hoje em dia vivemos muito esse niilismo de que falava Nietzsche. A juventude já não crê no que foi tão firme aos homens do passado.

– E crê em novos mitos... – acrescentou Ricardo.

– Sim, em novos mitos. Mas há nisso positividade de algum modo. Não acha, Pitágoras?

– Sem dúvida, respondeu Pitágoras, há alguma coisa de positivo em tudo isso, e é essa a razão por que não desanimo. Não desanimo, porque todas essas falsas esperanças também malograrão. Procurar-se-á em breve, e no passado, o que há de mais positivo e mais são. Certa vez, quando ainda me dedicava a fazer alguma coisa poética, tive oportunidade de escrever um pequeno poema em prosa, que, se permitem, poderei recitá-lo, embora não garanta que as minhas palavras, hoje, reproduzam com fidelidade o que escrevi nessa época. Era mais ou menos assim. Deixa ver se me lembro. – Fez uma pausa. Buscava recordar.

– Era assim... mais ou menos: "No meio da noite, por entre as trevas, há ainda uma estrela no céu escuro, indicando-me o caminho. Podem as pedras magoar os meus pés; tropeçar aqui. Não importa. Das trevas nenhuma voz chega aos meus ouvidos. Talvez haja inimigos que me espreitem. Mas o temor não invade o meu peito. Há muito tempo que o medo se ausentou de mim. Um sorriso é a minha resposta ao silêncio das trevas. Não tenho com quem dialogar. Só eu mesmo me afirmo dentro de mim. E também aquela estrela. Só ela e eu. Mas sei que é impossível um diálogo entre nós dois. E, no entanto, talvez pudéssemos entender-nos. Mas, na verdade, ambos perdemos a linguagem, que permitiria uma comunicação entre nós dois".

– É essa linguagem, Pitágoras, que nos falta a todos. Estamos tão juntos uns dos outros, e sentimo-nos cada vez mais separados. E quem poderia outra vez unir-nos? Não basta realmente estarmos um ante o outro para que nos entendamos. Falta-nos, realmente, uma linguagem, uma outra linguagem que não essa técnica da palavra com a qual nos ocultamos uns dos outros. Se nossos corações pudessem pulsar juntos, tudo seria diferente. Compreendo o que você quer dizer – disse Ricardo com uma nostalgia na voz. Uma nostalgia que revelava a consciência de quem perdeu alguma coisa valiosa.

– É verdade, Ricardo. Mas essa linguagem existe – respondeu Pitágoras, com firmeza. – Eu também julguei assim um dia. Não hoje.

– Então a sua estrela lhe falou? – perguntou Artur.

– Sim. Eu perguntei, e ela me respondeu.

– E qual foi essa resposta? – perguntou Ricardo.

Pitágoras não respondeu logo. Apenas disse:

– Espere mais um pouco. Há muitas coisas de que precisamos falar antes. Tenho um compromisso com você que ainda não cumpri. Espere que eu cumpra o primeiro, para cumprir depois o outro. Prometo que também cumprirei este segundo compromisso.

– Saberei esperar – respondeu Ricardo. Artur ia dizer alguma coisa, mas preferiu dominar-se para ter outra oportunidade. Foi quando Ricardo, como se mudasse de assunto, perguntou:

– Sem querer fugir do assunto, gostaria de lhe fazer uma pergunta sincera, e pedir-lhe uma resposta também sincera. Que julga de Vítor?

Pitágoras não respondeu logo. Revelava certa indecisão. Mas finalmente falou:

– Pois serei sincero. Uma velha amizade me prende a Vítor, mas reconheço que entre nós há uma distância difícil de vencer. Vítor é um literato sistemático, e eu não o sou. Vítor é o homem que se extasiou na realização das pequeninas e medíocres coisas, desde que surjam com a auréola da falsa originalidade. É o intelectual da nossa época, que quase nada realiza, e se julga um superador de tudo quanto o passado fez de maior. Não há nada de mais prejudicial na história do pensamento humano do que a sanha do literato sistemático. Com a sua audácia inaudita, quase sempre dominou os postos publicitários, e foi juiz das obras humanas, porque consegue, com astúcia e manha, galgar as posições que um homem de real valor não disputaria. E depois perseguem os Dantes, os Cervantes, os Camões, os Bach, os Beethoven, os Mozart, enfim todos os valores realmente grandes para proclamarem apenas o valor das mediocridades irmãs. Pois bem, Vítor sempre quis ser um desses. Ver o seu nome nos jornais, deitar entrevistas, escrever crônicas, artigos, vê-los publicados, e gozar, assim, a imortalidade de alguma horas, de alguns dias, que é a que oferecem tais meios. O trabalho sério, silencioso, anônimo, e sobretudo independente, afastado dos âmbitos dos intelectuais sistemáticos, foi sempre para ele uma tortura. Nunca teve a coragem de enfrentar sozinho e realizar o que tinha de fazer com suas próprias mãos, sem mendigar aplausos. Temia perder tempo e não conquistar uma posição que ele julga invejável. Hoje seu nome aparece em suplementos literários, e é citado pelos amigos. Julga-se já definitivamente célebre, e acha que já conquistou um pedestal na história. Como se os suplementos não fossem lidos apenas pelos autores e uma meia dúzia de leitores; como se a maioria, a quase totalidade dos leitores independentes se preocupassem com suplementos, como se a notoriedade alcançada entre os grupelhos de literatos sistemáticos assegurasse a celebridade entre os leitores, e uma posição já ganha na literatura. Tudo isso se esfarela com o tempo. Esses jornais viram lixo desde logo, os elogios, se não são esquecidos, são considerados apenas favores ou troca de favores, e o que fica realmente, se há, é a obra. É essa obra para a qual sempre lhe chamei a atenção. "Vítor, dizia-lhe sempre, cuide de realizar a sua obra. Não se preocupe com o silêncio que fazem à sua volta. Se o que fizer for grande, romperá todos os silêncios sistemáticos. Assim aconteceu com todas as grandes obras da humanidade. Todas elas foram cercadas pelo silêncio, mas o venceram, e ficaram na história, enquanto os seus adversários, se ainda obtêm um nome, é apenas com o título de adversários incompetentes ou maldosos, que não souberam reconhecer os que têm realmente valor." Mas Vítor não me quis ouvir. Adorava o sucesso fácil, o renome passageiro, a tempestade de verão. E adquiriu todos os vícios mentais dessas rodas, inclusive esse niilismo em que hoje está imerso, e que terminará por devorá-lo totalmente.

– Mas você gosta dele – afirmou Ricardo.

– Sim, gosto. Tenho grande simpatia por ele. Mas já nos distanciamos tanto que às vezes o julgo tão estranho, tão outro, que me parece até um desconhecido. Você sabe que sigo outro rumo, busco outras veredas, e tenho confiança no que faço.

– Confesso, Pitágoras, que comungo com muitas das ideias de Vítor, de Paulsen, de Josias. E tenho discutido com você, mas sobretudo com o intuito de instruir-me. E se aceito, por ora, certas ideias, não me aferro a elas, porque não me deixo possuir por elas, mas as possuo, e porque as possuo posso perfeitamente delas me desfazer quando quiser. Jamais coloquei minha dignidade nas ideias que esposo. Não temo modificar minhas opiniões, porque, ao modificá-las, não deixo de ser o que sou. Eu não sou as minhas ideias; elas é que são minhas ou deixam de o ser.

– Assim também é o meu pensamento – ajuntou Artur. –Também sou assim.

– E assim é que se deve ser – corroborou Pitágoras.

– Mas nunca se deve também transformar essa liberdade em justificação da incoerência, como alguns o fazem, que hoje afirmam o que negam amanhã, para afirmar outra vez depois de amanhã. Vítor, por exemplo, não sabe o que é. Suas ideias não resistem a uma análise, como não resistem também as de Josias e Paulsen, que são cópias das mais absurdas que avassalam a filosofia moderna. Até grandes filósofos tiveram debilidades tremendas e cometeram erros de pasmar. Mas uma coisa é errar acidentalmente, e outra errar substancialmente, e até sistematicamente. Josias quer errar sistematicamente. No íntimo, ele não é nada do que diz. Seu pessimismo é resultado de uma frustração. Se tivesse tido outras oportunidades na vida, e outra vontade, teria ideias totalmente diferentes. Ele é possuído pelas ideias, e não as possui.

– Pois aqui está um ponto, Pitágoras, que me leva a fazer-lhe algumas perguntas importantes. Você me prometeu falar um dia sobre Pitágoras, não você, mas o grego. E agora quero cobrar-lhe essa dívida – disse Ricardo a sorrir. Artur, desde logo, manifestou um contentamento invencível, e corroborou:

– Isso, Pitágoras! Agora chegou a nossa vez.

– Meus amigos, não me peçam que lhes fale muito, porque teria muito que falar, mas que pelo menos diga alguma coisa sobre um filósofo, o menos compreendido e o mais mistificado em todos os tempos. Razão tinha Gomperz ao dizer que Pitágoras era uma das figuras mais características que a Grécia, e talvez o mundo, tenha produzido, ou, como disse Glotz, em sua famosa *História Antiga*, gênio único na história, um iluminado de uma ciência prodigiosa e de uma indomável energia. No entanto, ante os gregos que lhe sucederam e através dos tempos até nossos dias, foi ele vítima de todas as caricaturas, de todas as mistificações, sobretudo aquelas que são as mais antipáticas, as realizadas pelos que se intitularam seus discípulos. Pitágoras era grande demais há 25 séculos, e ainda o é hoje. Esse foi o seu pecado. Com ele, nasce a filosofia grega, fundamento da filosofia medieval e da moderna. Na verdade, tudo quanto veio depois foi uma consequência do que ele estabeleceu.

– Pitágoras, em suas palavras há várias teses que você propõe e terá que provar. De minha parte, não nego valor ao sábio de Samos, mas creio que é mais a sua paixão que fala. Contudo, confesso, se até aqui tinha fome de conhecer Pitágoras, agora tenho sede também, uma sede alucinada. Custe o que custar, embora me custe a noite, você há de me provar o que diz – disse com energia serena Ricardo, enquanto Artur torcia com nervosismo as mãos. Pitágoras sorria, e começou a falar deste modo:

– Ricardo, não espere que uma noite seja suficiente para abordar a vida e a obra de um homem cujos fastos estão imersos na lenda, e cujos trabalhos se perderam. A obra de reconstituição do pensamento pitagórico é façanha de um Cuvier, e exige tamanhas precauções, exames e confrontações, a disposição de um método tal, que seria impossível descrever todas as peripécias desse trabalho, as normas que o presidiram, as marchas e contramarchas que foram realizadas, e, sobretudo, a justificação do método empregado para obter os resultados alcançados. Não me exija tudo isso, porque não poderei fazê-lo, nem em uma nem em muitas noites. Peça-me apenas, e é o que poderei fazer, um panorama geral desse pensamento, para que se possa compreender o significado de Pitágoras, o verdadeiro significado que infelizmente tem sido ocultado por quase todos os que se dedicaram a estudar as doutrinas que lhe foram atribuídas, falsificando-as de tal modo que muitos as apresentam de modo ridículo, porque não conseguiram entendê-las.

– Compreendo bem tudo o que diz, Pitágoras. Não lhe peço que me conte a história do seu grande homônimo grego. Sei que nasceu em Samos, no século V a.C., e que teve grande influência na Magna Grécia, e suas doutrinas fecundaram todo o pensamento universal até os dias de hoje. Tudo isso sabemos, não é, Artur?

— Sem dúvida. Não muito bem, mas o suficiente — respondeu Artur.

— O que queremos são as ideias fundamentais, aquilo que se poderia chamar a estrutura do seu pensamento...

— Talvez, melhor — interrompeu-o Pitágoras —, as duas grandes ideias germinadoras, que atuaram na filosofia, mas que, infelizmente, quase sempre são tomadas separadamente.

— Que seja isso, mas fale — propôs, com ansiedade, Ricardo. Artur corroborou. Ele então começou assim:

— Permitam-me que parta de Aristóteles e de Platão para depois retornar a Pitágoras. Tomemos como ponto de partida a teoria gnoseológica de Aristóteles, segundo o que examinamos, quando discutimos sobre o conhecimento. Lembram-se quando falamos da abstração total e da abstração formal. Sem essa última, não haveria metafísica, e, como o homem é capaz de realizá-la, é ele capaz de construir a metafísica. Lembram-se bem? (Todos confirmaram.)

— Pois vimos, então, que o fundamento dessa posição é o de que o homem, ao conhecer as coisas, inicia pela *imago*, o *phantasma* das coisas, como o chamava Aristóteles. Temos uma imagem dos fatos exteriores, e, verificando que em certos fatos há algo que deles abstraímos e está em comum em outros, com essas abstrações, realizamos os conceitos, que são *noemas*, conteúdos da *noesis*, que realizamos, e impressionamos depois no intelecto passivo como espécies, conceitos, que vão servir para novas experiências. Em suma, o conhecimento, para Aristóteles, processa-se pela abstração. Os conceitos são os conjuntos de notas, formando uma totalidade, que nós captamos, abstraímos do que há de comum nas coisas. O intelecto ativo é essa faculdade de abstração total, e de classificação do nosso intelecto, e o passivo, a capacidade de receber essas formas, que lhe são impressas, memorizáveis, portanto Aristóteles é assim um empirista racionalista. Todo o conhecimento humano começa pelos sentidos, fundamento da empiria, e, finalmente, é classificado através de conceitos impressos no intelecto passivo, que é a ação racional. Por isso, nada há no intelecto que não tenha tido seu início nos sentidos, porque são estes que dão o material bruto sobre o qual trabalhará o intelecto ativo ao captar as notas, ao construir os conceitos, que são totalidades estruturadas e notas, e, finalmente, ordená-los no intelecto e, com eles, construir, por sua vez, conceitos de conceitos, que é a abstração formal, a abstração que se realiza, tendo como matéria bruta os próprios conceitos. Essa fase é uma operação mais alta do intelecto, e que caracteriza propriamente o homem. É o entendimento, a *rationalitas*, a diferença específica do homem em comparação com os outros animais, que também têm sensibilidade, que também captam notas, mas que dificilmente construirão conceitos e não construirão, de modo algum, conceitos por abstração formal. Está claro o que exponho?

– Claríssimo – respondeu Artur, e Ricardo confirmou.

– Por essa concepção, todo conhecimento humano começa pela empiria. Seguindo essas pegadas, temos os empiristas em geral, os sensualistas, os materialistas, os positivistas, os pragmatistas; em suma, todas as doutrinas, deixando de lado suas diferenças, que pregam que o conhecimento humano é produto apenas da empiria.

– Quer dizer que os escolásticos, que seguem a linha aristotélica, são aparentados com sensualistas, materialistas etc. E por quê, então, há tanta divergência entre eles? – perguntou Ricardo.

– Também os parentes brigam entre si – respondeu, rindo, Pitágoras. – Mas desculpe-me o que disse. Eles são aparentados, apenas, no ponto de partida; entretanto, uns avançam mais, outros menos. Sem dúvida, a posição aristotélica, partindo da empiria, é mais congruente, em suas consequências, que outras doutrinas que param no meio do caminho, fazem meia-volta, e terminam por negar o que afirmaram, caindo em contradições e, sobretudo, em incongruências lamentáveis. Se há uma atividade cognoscitiva do homem, que se processa, partindo da empiria, e já que esta está justificada, e é verdadeira dentro das suas proporções, tudo mais, que tiver fundamento real, nela é verdadeiro também. Mas não é no ponto de partida, onde há divergências; é no percorrer da via e no ponto de chegada. São como corredores que partem no mesmo instante, mas que se distanciam pouco a pouco, em que alguns ficam no meio do caminho, cansados, vencidos, e poucos alcançam a meta final.

– Para as minhas convicções, Pitágoras, a posição aristotélica é de meu agrado. E julgo que o seu ponto de partida é o melhor. Porque, na verdade, o homem é um animal, e, portanto, um ser vivo com sensibilidade. E este é o ponto de partida do seu conhecimento. Que acha você, Artur?

– Prefiro ainda calar-me – respondeu este. – Gostaria que Pitágoras prosseguisse mais adiante, para depois externar as minhas opiniões.

– Ricardo tem boa base no que diz. Realmente o homem, como animal, é um ser vivo com sensibilidade, e seu conhecimento inicia-se por aí. Mas, assim como os corredores têm um ponto de partida para iniciarem a sua carreira, alguma coisa se impõe que haja antes de ela começar, pois, do contrário, não haveria carreira, e o que há antes são os corredores com sua esquemática neuromuscular, sem a qual como haver seres que corram?

– Não compreendi bem aonde quer chegar, Pitágoras – interveio Ricardo.

– É simples. O homem é um animal, porque é um ser vivo com sensibilidade, para usarmos uma velha definição. Mas, sem essa sensibilidade, não poderia experimentar o conhecimento. Ela, de certo modo, antecede o conhecimento. Como poderia ele receber os estímulos do mundo exterior se não tivesse os meios de recebê-los? E, para recebê-los, é imprescindível um recipiente, ou melhor, a capacidade de recebê-los. Como os seres do mundo exterior não são incorporados ao organismo quando este conhece, mas apenas tal se dá por modificações do sensório-motriz, é imprescindível que este seja apto a sofrer tais modificações. E a modificação A corresponderá ao estímulo A-1, e B, ao estímulo B-1, e assim sucessivamente. É mister, pois, que se dê alguma coisa antes da experiência, para que a experiência seja possível. Se se disser que toda a esquemática do sensório-motriz tem a sua origem na experiência, então sempre teremos algo antes da experiência, para que haja a experiência. A anterioridade é imprescindível, a anterioridade de alguma coisa para que alguma coisa se dê. Ora, no conhecimento, e aqui já penetramos no reino do conhecimento para

Platão (pois este afirmava que só o semelhante conhece o semelhante, ou seja, entre o que conhece e o que é conhecido), é preciso que haja uma razão de semelhança; que entre ambos algo em comum se dê, e esse algo em comum tem que, necessariamente, anteceder de modo ontológico a experiência.

– Pitágoras, quer explicar-me melhor esse ponto de vista? – pediu Ricardo.

– Farei o que me é possível, dentro das minhas forças. Vamos tentar. Se houver entre dois seres um abismo inflanqueável, esses dois seres não poderão manter qualquer contato entre si. Se mantêm qualquer contato, é que entre ambos não há um abismo inflanqueável, mas uma distância apenas, e de modo que se pode vadear. Se o homem capta estímulos do mundo exterior; ou melhor, se a nossa sensibilidade é sensível à luz, pode receber impressões dela, ou sofrer modificações que lhe são proporcionadas, é que, entre a nossa sensibilidade e a luz, não há um abismo inflanqueável. E como se poderia captar o absolutamente diferente, se nada temos que o possa conter? E, se algo o pode conter, é que entre continente e conteúdo há um mesmo nexo, que se manifesta nas fases da contenção.

– Bem, até aí está tudo bem claro. Pode prosseguir, Pitágoras. Concorda comigo, Artur? – perguntou Ricardo.

– Concordo. Tudo claro.

– Pois bem, se a nossa sensibilidade sofre modificações, provocadas pelos estímulos exteriores é que a nossa sensibilidade está contida numa razão que implica a fase de ser impressa e de imprimir, pois a impressão implica as duas fases do mesmo processo. Se algo do mundo exterior realiza um estímulo em nós é que, em nós, há algo estimulável pelo que é exterior. Portanto, entre o que há em nós, e o que há no exterior, não é um abismo inflanqueável, mas distintos, que têm um ponto de encontro na mesma operação; são, pois, partes que atuam na mesma operação. Está claro?

– Está.

– Ora, nesse caso, a operação implica os antecedentes, que são seus elementos, pois, sem um e outro, ela não se daria. Assim, o fato exterior, em si só, é apenas um possível, um cognoscível, um estimulável. Impõe-se que haja o que pode sofrer o estímulo, para que este se dê. Portanto, a realidade do conhecimento implica a realidade do cognoscente e do *cognitum*. Assim como a realidade de uma relação é proporcionada aos termos relacionantes, pois, sem estes, não há relação, a realidade do conhecimento é proporcionada à realidade do cognoscente e do *cognitum*, sem os quais o conhecimento não se dará. Estou fazendo-me compreender bem?

— Está, Pitágoras — respondeu Artur.

— O cognoscente, enquanto tal, é apto a conhecer. O *cognitum*, enquanto tal, é apto a ser conhecido, é conhecível ou cognoscível. Mas o conhecimento só se dá quando ambos são elementos reais de uma mesma operação.

— Tudo bem claro, Pitágoras — afirmou Ricardo.

— Dessa forma — prosseguiu ele —, o conhecimento exige dois antecedentes ontológicos, duas razões, para falar uma linguagem mais clássica: a do cognoscente e a do *cognitum*. Mas o *cognitum* é o *cognitum* do cognoscente e o cognoscente é o cognoscente do *cognitum*. Ora, estamos então em face de opostos relativos, em que a realidade funcional de um depende da realidade funcional do outro; assim como a relação de paternidade implica a de filiação, pois o pai é pai do filho, e o filho é filho do pai, bem como o senhor é senhor do escravo e o escravo é escravo do senhor. Sem a paternidade, não há pai nem filho. Também sem conhecimento não há cognoscente nem *cognitum*. E, vice-versa, não há cognoscente em ato sem um *cognitum*, pois o que conhece conhece quando conhece. Está claro?

— Muito bem. Tudo claro e certo, Pitágoras — afirmou Ricardo com o apoio de Artur.

— Mas como pode o pai ser pai do filho sem antes poder ser pai do filho? E como pode algo vir a ser filho do pai sem antes poder ser filho? Deve haver antes alguma coisa que possa ser o que vem a ser. Nada se poderia fazer sem que alguma coisa seja possível. A possibilidade de ser feito implica o que pode fazer, sem dúvida, não é?

— É – responderam ambos ao mesmo tempo.

— Como poderia um ser conhecer sem possibilidade de conhecer?

— Não há dúvida que tinha de ter tal possibilidade.

— Mas vemos que, entre as coisas que há, é o ser sensível que tem possibilidade de ter o conhecimento sensível, enquanto o ser insensível não a tem.

— É isso mesmo – ratificou Artur.

— Nesse caso, vemos que há a imposição da presença de algo antes de se dar em ato o possível. Por que pode conhecer o ser sensível sensivelmente as coisas? Porque tem um sistema de sensibilidade. Não é isso?

— Sem dúvida – confirmou Ricardo.

— Uma pedra não pode conhecer sensivelmente. E por quê? Porque não dispõe previamente da sensibilidade.

— Tudo certo – apoiou Artur.

— Ora, o homem conhece sensivelmente porque tem uma esquemática sensória, que lhe permite sofrer modificações estimuladas por fatos exteriores.

— Certo – confirmou Ricardo.

— Mas essa esquemática, para sofrer tais estímulos, tem de estar analogada a alguma coisa, a que também está analogado o fato sensível.

— É evidente – aceitou Artur, com firmeza.

— Se entre ambos houvesse um abismo, como há entre a pedra e o sensível, não haveria conhecimento. Como não há, é que a distância entre um e outro é vencível. Mas vencível por quê? Pelo que os unifica, pelo que os pode unificar.

— Portanto, há, no que conhece, alguma coisa em comum com o cognoscível. E sem tal coisa em comum o conhecimento seria impossível.

— É evidente.

— Se há algo em comum, há algo semelhante, não é, Artur?

— É – respondeu Artur, e Ricardo apoiou com a cabeça.

— Então, no conhecimento, há algo que se assemelha a algo; algo que é captado pelo cognoscente, que é semelhante a algo que há no cognoscente, não é?

– Isso mesmo – confirmou Artur.

– Então, o conhecimento implica uma assemelhação entre o *cognitum* e algo que há no cognoscente, pois o cognoscente não se esgota num só conhecimento, mas é capaz de realizar vários. Não é isso?

– Sem dúvida – confirmaram ambos.

– Então, o conhecimento implica uma assimilação.

– Implica – reiterou Artur.

– Mas como haver assimilação sem semelhantes?

– Não é possível.

– Então, há, no que conhece, algo que se assemelha ao conhecível da coisa; ou melhor ainda: é cognoscível da coisa o que se assemelha ao que já há na esquemática do cognoscente.

– É uma decorrência rigorosa, não é, Ricardo? – perguntou Artur, volvendo-se para este.

– Sem dúvida – respondeu Ricardo.

– Então, há no cognoscente, e, antes, alguma coisa que permita o conhecimento do que é cognoscível das coisas.

– É o que decorre rigorosamente – continuou Artur.

– O cognoscente, portanto, é munido anteriormente de alguma coisa que permite a assimilação do cognoscível, quando ele conhece.

– Sem dúvida.

– Nesse caso, o conhecimento implica a antecedência de algo, de algo que antecede a experiência.

– Não compreendi bem, Pitágoras – interpelou Ricardo.

– É fácil. Alguma coisa deve anteceder, no cognoscente, para que o conhecimento do cognoscível se dê. O conhecimento se efetua na experiência, mas exige que, antes, o cognoscente seja um cognoscente potencial. E, como tal, este deve dispor, previamente, de meios de assimilação do cognoscível; do contrário a experiência seria impossível. E é fácil observar-se, na própria experiência, que é assim. A criança, quando nasce, nasce com uma sensibilidade incipiente, mas com uma esquemática sensível formada, capaz de permitir que se deem experiências sensíveis.

– É claro.

– Dizer-se que a esquemática infantil é o produto de uma longa sedimentação de experiências da espécie, transmitidas por hereditariedade, e esta, das espécies que possivelmente antecederam o homem, tudo isso não refuta a tese, porque alguma coisa sempre antecedeu, capaz de sofrer tantas experiências e sedimentá-las, a ponto de permitir que chegasse até o estágio do homem.

– Uma espécie de mente pré-humana, que vem desde os primórdios dos seres e que, através da evolução, chegou até o homem. É isso o que quer dizer? – perguntou Ricardo.

– Mais ou menos isso, embora gostasse de dar uma precisão mais científica ao que exponho. Filosoficamente, ter-se-ia de dizer que há um antecedente sempre capaz de assimilar e, através da complexidade das assimilações, alcançar até o homem.

– Compreendi bem.

– Então, nesse caso, toda a complexidade do conhecimento do homem já estava dada como uma possibilidade desde o início. Portanto, sempre algo antecedeu a experiência de qualquer ser, desde o mais primitivo até o mais evoluído, como é, entre nós, o homem.

– Está, para mim, tudo bem claro – afirmou, com entusiasmo, Artur.

– Nesse caso, nem tudo que pertence ao conhecimento começa apenas pelos sentidos, a não ser que consideremos que esses sentidos se dão antes da experiência. Não é assim?

– Está claro.

– Ora, os esquemas conceituais, que o nosso intelecto forma, são, para Aristóteles, estruturas de notas captadas, que o intelecto ativo abstrai, como vimos.

– Isso mesmo – confirmou Ricardo.

– Mas o intelecto só poderia abstrair o que é assimilável ao que já tem, pois vimos que a assimilação implica, como relação, a prévia disposição do semelhante.

– Está claro.

– O que captamos, então, pela abstração, é algo que antes era um possível, e que, no ato abstrativo, se atualiza, não é?

– É isso – afirmou Artur.

– Nesse caso, o que ficava anteriormente não estava em ato em nossa consciência, mas já o tínhamos, de certo modo.

– Tínhamos, sim – confirmou Artur.

– Estava como que dormindo, para usarmos uma metáfora que muito bem nos mostra a semelhança. Era algo que estava esquecido em nós, esquecido à nossa consciência.

– Isso mesmo.

– E é algo, portanto, que recordamos no ato de conhecer para continuarmos na metáfora.

– Isso mesmo.

– E onde estava esse algo em sua última análise? Não era no princípio de todas as coisas? Se não era, surgiu subitamente, sem uma razão de ser, e teria vindo do nada, o que é absurdo.

– É rigorosamente certo – apoiou Artur.

– Nesse caso, continuando ainda na metáfora, eram esquemas que já havíamos contemplado nos primórdios do ser de onde vimos, mas que havíamos esquecido. Estamos em plena alegoria agora, porque há um encaixamento de metáforas continuadas. Pois essa alegoria do conhecimento é a que encontramos na obra de Platão. Este, alegoricamente, dizia que já havíamos contemplado, quando ainda não éramos o que somos, os esquemas possíveis para nós, mas que já eram, de certo modo, na ordem do ser, e que o conhecimento torna em ato para nós. A teoria gnoseológica de Platão diz, então: não há conhecimento sem que haja algo que se assemelhe ao que é cognoscível. O conhecimento, processando-se por assimilação, implica previamente, embora em estado latente, em nós, os esquemas que construiremos depois.

– Agora está tudo claro para mim – respondeu Artur.

– Neste caso, não só o conhecimento sensível exige alguma coisa com antecedência, como também o exige a abstração total, e também a abstração formal. Porque o que vem depois tem seu fundamento no que vinha antes. Os esquemas abstratos que construímos eram possíveis, e os esquemas abstratos de esquemas abstratos, os puramente formais, as formas puras, que já examinamos, também o eram. Portanto, o nosso conhecimento não principia de modo absoluto nos sentidos, mas apenas, graças a estes, torna-se ele ato, ou pode tornar-se ato para a nossa consciência. A mente humana não é algo apenas passivo, mas o que já tem virtualmente, o que pode tornar-se elemento de uma totalidade, pois, como vimos, o conhecimento exige princípios; isto é, elementos anteriores para que a nova totalidade, o novo conjunto, se forme.

– Parece-se, à primeira vista, que a posição de Platão é diametralmente oposta à de Aristóteles. Mas, examinando bem, não há um ponto de encontro em ambos? – perguntou Ricardo.

– Há, sim – respondeu Pitágoras. – E é este ponto que eu gostaria de salientar. Quando Aristóteles diz que nada está no intelecto sem antes ter estado nos sentidos, não erra. Mas não deu importância, ou melhor, inibiu a realidade dos sentidos, e do que antecede a experiência, e também o que já era possível, ou melhor, já virtual, porque, de certo modo, se apoiava em algo já atualizado, que se achava no intelecto.

– Então, Leibniz, parece-me, era mais amplo ao afirmar a validez relativa da máxima aristotélica: nada há no intelecto que não tenha estado nos sentidos, mas, acrescentando: *salvo o que já estava no intelecto*. No meu péssimo latim, se não me falha a memória, a frase de Leibniz era esta: *nullius est in intellectu quod prius non fuerit in sensu nisi in intellectu*. Nesse *nisi in intellectu*, a não ser o que já está no intelecto ou estava no intelecto, reside o que diferencia Platão de Aristóteles. Não é isso?

– É isso, sim, Ricardo – confirmou Pitágoras.

– Nesse caso, Aristóteles tinha razão. Não, porém, toda a razão, como você gosta de dizer. Deste modo, a melhor doutrina será aquela que reúna ambos, Platão e Aristóteles. Creio que é a isso que você deseja chegar.

– É isso mesmo, Ricardo. E esse concrecionamento de Platão mais Aristóteles não é algo que construiremos, ou algo que se deu depois, uma espécie de síntese da tese platônica e da antítese aristotélica, porque, antes deles, já havia sido exposta essa doutrina.

– Antes? Por quem? – perguntou Ricardo.

– Por esse que tinha o mesmo nome que eu – respondeu-lhe.

– Explique-me isso, por favor – pediu Ricardo.

– Explique, sim – pediu ansiosamente Artur.

– É o que vou fazer, se me permitirem uma pausa.

Ambos concordaram. Mas os olhos de Ricardo e de Artur pousavam ansiosamente sobre o rosto de Pitágoras.

Diálogos sobre os sofistas modernos

Pitágoras, então, prosseguiu:

– Se observar detidamente a cultura grega, desde seus primórdios, logo se observará que nas religiões primitivas e no pensamento mais elevado, há a presença de dois planos: um metafísico e um físico. Ou, para melhor explicar, o mundo que vemos, tocamos, sentimos, é a *explicatio* de um mundo que escapa aos nossos sentidos. Há um mundo das aparências, o mundo fenomênico, e um mundo das formas, que não são captadas pelos sentidos, mas que existe independentemente de nós. Este mundo, que nos aparece aos sentidos, não oculta totalmente o outro, o mundo-verdade, o mundo real das formas, porque as coisas da nossa experiência são, de certo modo, o mundo que a ultrapassa, que é outro. Assim, atrás das coisas inertes, há uma vida que esplende. Esta é uma realidade também. O hilozoísmo grego é um testemunho desses dois planos, porque a matéria é vida; é animada por poderes sutis, não materiais, que formam outra realidade, que não é recusada pela que é apanhada pelos nossos sentidos. Ao contrário, estes confirmam aquele mundo.

– Observa-se isso também em Tales, em Heráclito?

– Também. Pois Tales reconhecia que este mundo, o mundo fenomênico é um manifestar-se de um princípio, que ele, analogicamente, chamava úmido, porque o úmido toma todas as formas dos seus recipientes, daí chamar de água, não esta água fenomênica, mas a *água* o princípio líquido de todas as coisas. O mundo povoado de deuses, pois havia deuses para as mínimas manifestações sensíveis, mostrava a presença dos dois planos: o plano divino e o plano físico.

Esta constante do pensamento grego teve em Pitágoras de Samos a sua expressão culta, filosófica. Este mundo fenomênico é uma cópia do outro. As coisas imitam o ser, e são o que as formas puras são em si mesmas. E, como entre este mundo, que é *explicativo*, e o outro, que é *implicativo*, ou em outras palavras, como este mundo imita o outro, há entre ambos algo em comum, pois como o imitante poderia imitar o inimitável? Para imitar, é imprescindível que o imitante imite o imitável.

– É claro – afirmou Artur.

– Desse modo, o mundo dos fenômenos é a imitação do mundo das formas. E, como toda imitação é uma cópia, e como esta não pode ser idêntica ao copiado (pois, do contrário, seria a mesma coisa), este mundo, o fenomênico, não é aquele em toda a sua pujança, mas apenas uma acomodação deste àquele, ou seja, o mundo fenomênico repete, de certo modo, o outro, porém na proporção da imitabilidade ativa do imitante. E, se tal se dá entre um e outro, há algo que os unifica. Em Heráclito, é o *logos* que unifica todas as coisas, e também o que dá a razão comum entre o que flui constantemente, que é o mundo fenomênico, e o que permanece eterno, que é o mundo das formas. Por isso, os deuses são imortais, e as coisas fenomênicas mortais. Aqueles não se corrompem, mas estas se corrompem e podem ter outras formas.

Pitágoras, filosoficamente, expunha, pois, que o mundo dos fenômenos, copiando o mundo das formas eternas, tinha algo em comum com aquele. Em palavras platônicas: participava daquele.

Ora, como pode o participante participar do participado, senão no que é participável por ele? O que é participável é algo que ele tem, proporcionado à sua natureza. E o grau dessa participação permitiria uma classificação hierárquica dos seres. E, como essas formas eternas são perfeitas, será mais perfeito o ser que mais intensamente participar do que é participável do participado.

Vê-se, deste modo, que o pensamento de Pitágoras antecedeu o de Platão e o de Aristóteles, e os incluía. Para aquele, o plano das coisas sensíveis imita as que pertencem ao plano das ideias ou formas. O nosso conhecimento começa não apenas pelos sentidos. Estes dão os fatos brutos, que são assimilados aos esquemas, o que permite, com a formação destes, que se construam novos esquemas. A obra de Aristóteles é valiosa, porque permitiu uma valoração mais justa da empiria, enquanto a de Platão, por sua valoração também justa das formas e das ideias, não o é menos. Mas ambas estão sujeitas a exageros, a ponto de se construírem visões abstratistas, o que Pitágoras desejava evitar, e o fazia com a sua concepção, embora muitos pitagóricos se tenham desviado das lições do mestre e caído nos abstratismos mais exagerados.

– Então, não há dúvida de que Platão era um pitagórico? – perguntou Ricardo.

– Certamente. E, para mim, o maior dos pitagóricos.

– E por que Platão nunca o confessou? – perguntou Ricardo.

– Por uma razão muitos simples: o pitagorismo estava fora da lei, era uma doutrina considerada herética por muitos, e combatida por todos os senhores daquela época, porque, como você sabe, os pitagóricos queriam alertar os povos contra os falsos profetas, os maus políticos, que demagogicamente exploraram a ignorância das massas. E, como pregavam que só o saber, a inteligência e a ciência devem governar o mundo, os astuciosos sem saber, sem inteligência e sem ciência não poderiam gostar de tais ideias, e, desejosos de conservar o seu poder sobre as massas, procuravam, por todos os meios, afastar os pitagóricos, lançando sobre eles todas as calúnias possíveis, as mesmas que sempre lançaram todos sobre os seus adversários. Diziam que eram inimigos dos deuses, que queriam explorar as massas, dominá-las a seu proveito, e até que comiam crianças assadas.

Ricardo riu, e disse:

– Como se dizia até mesmo dos judeus...

– Dos judeus e dos maçons, e de todos os adversários.

– E isso continua há 25 séculos – acrescentou Artur.

– Há 25 séculos, e talvez alguns mais ainda. Pois, no caso de Platão, foi o que se deu. Em seus diálogos, ele costumava falar muito dos "amigos das ideias ou formas". Esses amigos das formas eram os pitagóricos. Sócrates foi um pitagórico também, como o foram Parmênides e Anaxágoras e até mesmo Heráclito, embora tais palavras soem estranhas a muitos. Platão confirma sua filiação pitagórica na famosa Carta VII. É esta a razão por que muitos se esforçaram tanto em negar autenticidade a ela, mas inutilmente.

– Mas como se explica que, sendo o pitagorismo uma seita iniciática, em que o saber só é dado aos iniciados, foi Sócrates para o meio da rua discutir filosofia? – perguntou Ricardo.

– Por uma razão muito simples. O que se dava na Grécia no tempo de Sócrates era algo muito semelhante ao que se dá hoje entre nós. A filosofia, até então, era apanágio dos iniciados. Mas sábios dessa época resolveram torná-la acessível ao maior número, e nesse número havia muita gente que não merecia ter certos conhecimentos, porque o saber, nas mãos dos maus, só pode servir ao mal, e não ao bem. Esses sábios (em grego *sophos*), chamavam-se sofistas, e propunham-se a ensinar a todos os conhecimentos mais vastos, em troca de dinheiro. Vendiam, assim, o que sabiam. E vendiam a mercadoria a gosto do freguês. Dispunham-se, portanto, a dar argumentos a quantos astuciosos desejavam guindar-se aos altos postos da política. Facultavam, assim, aos manhosos meios de poderem impor-se aos olhos do vulgo como sumidades. E, como os sofistas faziam uma obra perigosa e propalavam as ideias mais abstratistas e destrutivas que se podem imaginar, Platão e Sócrates jamais se cansaram de os atacar e com uma veemência que espanta. Platão tem sempre expressões das mais duras para com os sofistas. E que fez Sócrates? Como os sofistas se intitulavam os sábios, os homens que tinham a plenitude do conhecimento, foi para a praça pública para desmoralizá-los, e mostrar o saber que propalavam era falso, era pechisbeque, era moeda falsa. Como poderiam perdoá-lo pelo que fazia? Não foi difícil, lançando mão de alguns políticos, levar o povo de

Atenas a cometer o maior crime que há na história: levar um sábio do porte de Sócrates à morte. Condenaram-no, como os fariseus conseguiram condenar Cristo, depois. E conseguiram açular as massas para que essas pedissem aos brados a condenação de um homem extraordinário, do mesmo modo que se fez, séculos depois, com o Nazareno.

— Tudo isso é realmente odioso e triste — disse, com mágoa, Artur.

— E trágico, também — acrescentou Pitágoras. — Tais crimes não sairão mais da história. E o povo de Atenas levará ferreteado o cognome de "assassino de Sócrates", como o povo de Jerusalém o de "assassino de Cristo".

E que conseguiram os sofistas, os fariseus da época? Conseguiram que o que havia de mais alto criado pelos gregos, que foi sem dúvida a filosofia, se tornasse a força destrutiva da Grécia. A filosofia viciada, prostituída pelos sofistas, corrompida por tantas ideias falsas, que conseguiram destruir um povo, desfazê-lo numa corrupção de ideias, que acompanha, por sua vez, a corrupção de toda a sua vida e também a dos romanos, pois estes sofreram, desde logo, a influência dessas ideias perniciosas, que desfizeram em frangalhos o que havia de positivo naquele povo. E não se pense que os céticos, os cínicos, os epicuristas, os próprios estoicos, os sensualistas da época, enfim todos os que provieram dos sofistas não são culpados do que aconteceu aos gregos. Pois bem, justifico assim o fato de Sócrates ter ido para o meio da rua, ter ido para o mercado para denunciar, para demonstrar que tais sábios não eram tão sábios. E hoje, que assistimos a uma nova onda de sofistas, os Sócrates estão fazendo falta. É preciso denunciar, mostrar os erros de tais sofistas modernos, desses falsos apóstolos do conhecimento, e provar que suas ideias são falsas, e que querem também destruir uma cultura, como seus irmãos do passado destruíram a grega.

— Não será isso uma inevitabilidade da história? — perguntou Ricardo.

— As inevitabilidades históricas não são absolutas. Há uma necessidade hipotética, apenas. O homem dispõe de suficientes recursos para mudar a história. Se não muda, não é porque não possa, mas porque não quer.

— Ou porque não sabe? – perguntou Ricardo.

— Você tem razão – aceitou Pitágoras –, porque não sabe. No fundo, há um desejo honesto nas multidões. Elas fazem o próprio mal, julgando que praticam o bem. Elas apoiam os criminosos, julgando que apoiam santos. Para a multidão de Jerusalém, Barrabás valia mais que Cristo, como, para os que condenaram Sócrates, este era um criminoso. É uma reversão total.

— Horrível. E o mais horrível é sentir-me, de minha parte, sem forças para impedir que se repita essa mesma injustiça – disse, melancolicamente, Artur.

— Não há dúvida. – Havia mágoa nas palavras de Pitágoras. – Mas cabe-nos cumprir o nosso dever e lutar. A história também oferece imprevistos. E quem sabe se um deles não nos espera no caminho?

A pausa que houve, então, era apenas um silêncio de palavras. Mas, na mente de todos nós, uma multidão de ideias se agitava. Parecia que cada um temia perturbar o que tumultuava dentro de si. O olhar de todos os três estava perdido, vendo o que os olhos não veem.

Foi depois de certo tempo que Ricardo falou:

— Então, Vítor, Josias, Paulsen e até mesmo eu somos uma espécie de sofistas modernos.

— Eles sim, você não, Ricardo – disse, com simpatia, Pitágoras. – Sempre tive fé em você desde o primeiro dia em que o conheci. Sua alma é pura, e você não será arrastado pela maré. Também não há maré que destrua tudo. Ela também estaca como espantada ante a própria destruição. A tempestade também se tranquiliza. Essa onda destrutiva encontrará contrafortes que a quebrarão.

— E pode-se ter uma esperança, Pitágoras? – perguntou, ansioso, Artur.

— Sem dúvida. O principal é começar a trabalhar, e já.

— Aponte-me o caminho, que eu o seguirei. E você vai conosco também, não vai Ricardo?

A pergunta de Artur não teve uma resposta imediata de Ricardo. O rosto deste parecia impassível. Mas um sorriso começou a esboçar-se em sua face.

Um sorriso que se dirigia a alguma coisa de muito distante. Finalmente, disse ele, lento, mas seguro:

– Sinto que esse é o meu dever.

A resposta de Pitágoras como a de Artur foi apenas segurarem com simpatia o braço de Ricardo. E todos aqueles olhos sorriram uns para os outros.

E o que aconteceu depois... o que aconteceu depois, um dia, certamente, eu contarei. Prometo.

Textos críticos

Arqueologia de um pensamento e de um estilo:
a obra dialógica de Mário Ferreira dos Santos

João Cezar de Castro Rocha

O bom combate e o diálogo como forma

Filosofias da Afirmação e da Negação é um livro estratégico para apresentar o projeto filosófico de Mário Ferreira dos Santos. No fundo, o desejo de criar um público propriamente brasileiro para o estudo da filosofia certamente contribuiu na eleição da forma literária deste livro, estruturado a partir de uma série de diálogos.

O protagonista, Pitágoras de Melo, é um autêntico *alter ego* de Mário Ferreira dos Santos – na última seção deste posfácio, detalhamos os elos entre o filósofo e a personagem. Em torno de Pitágoras, e sua nomeação é uma evidente homenagem ao filósofo de Samos, reúnem-se Josias, Paulsen, Vítor, Reinaldo, Samuel, Ricardo e o jovem Artur. Os dois últimos encontram-se mais próximos do protagonista, em seu esforço de refletir sobre complexas questões filosóficas e epistemológicas, enquanto os primeiros encarnam o tipo de intelectual criticado por Mário Ferreira dos Santos: "O homem é hoje um buscador do nada. Um negador de si mesmo e de tudo".[1] O cenário encontra-se montado para uma firme porém delicada esgrima de ideias e de crenças, cujo fecho mimetiza o ritmo próprio das conversas infinitas:

---

[1] Ver, neste livro, p. 14.

> E o que aconteceu depois... o que aconteceu depois, um dia, certamente, eu contarei. Prometo.[2]

Antes de prosseguir na apresentação de *Filosofias da Afirmação e da Negação*, recordemos o propósito das reedições que ora retomamos. Isto é, não somente pretendemos oferecer um cuidadoso trabalho de edição, combinando esforço filológico e organização do arquivo do pensador, como também almejamos difundir ao máximo as ideias do autor de *Filosofia da Crise*, incorporando à iniciativa jovens pesquisadores que serão convidados para escrever ensaios acerca do filósofo.

Aliás, o *diálogo* entre os dois livros foi esclarecido pelo autor:

> [...] a crise instaurada nas ideias, a qual testemunha a invasão do niilismo, tem suas raízes mais longínquas nas próprias ideias, e seu esforço e intensidade são estimulados pelos fatos econômicos.
>
> Não é difícil demonstrar o que postulamos agora. Em nossa *Filosofia da Crise* mostramos que todo existir finito é crise.[3]

Se, na *Filosofia da Crise*, Mário Ferreira dos Santos esmiuçou filosoficamente o conceito de crise e sobretudo ponderou suas consequências na vida social, em *Filosofias da Afirmação e da Negação*, ele enfrentou o niilismo por meio do exame *de suas raízes mais longínquas nas próprias ideias*: "Quando intitulei este livro de *Filosofias da Afirmação e da Negação*, quis colocar-me plenamente no meio do que assoberba a consciência moderna. E também quis tomar uma atitude".[4] E, para não deixar margem para dúvidas, reiterou o ponto: "Nós escolhemos uma posição. Ante as filosofias da negação, lutamos pela positividade. Este livro responderá melhor e mostrará melhor o que pensamos".[5]

---

[2] Ver, neste livro, p. 249.
[3] Ver, neste livro, p. 10.
[4] Ver, neste livro, p. 12.
[5] Ver, neste livro, p. 14.

O filósofo, no entanto, nunca reduziu seu esforço ao universo asséptico de conceitos e doutrinas. Na medida do possível, buscou ser o filósofo da ágora contemporânea. Embora os diálogos aqui reunidos sejam fundamentalmente dedicados a questões epistemológicas e a leituras da tradição, ainda assim a preocupação com aspectos do cotidiano nunca foi alheia ao pensador. Veja-se, por exemplo, a seguinte reflexão, mais atual hoje do que na época de sua escrita:

> Quem pode negar que o sonho de todo empresário industrial é a produção apenas realizada por máquinas? O homem é um entrave, um obstáculo até. Que é a cibernética moderna, no seu afã de construir máquinas que substituam os poderes intelectuais do homem, senão a tentativa a superar o óbice da inteligência? Que ideal maior do que fabricar a inteligência?[6]

Para o combate que opôs ao niilismo, o filósofo recorreu, hábil orador que sempre foi, ao diálogo como forma. Ele mesmo se encarregou de justificar o emprego do gênero:

> Uma pergunta poderia surgir agora: Por que escolhemos a forma do diálogo, e quem são essas personagens que apresentamos no livro?
>
> Escolhemos o diálogo para mais facilmente pôr, face a face, as oposições que surgem na alternância do processo filosófico.[7]

Leitor cuidadoso e muito especial dos grandes filósofos, Mário Ferreira dos Santos explicitou os dois eixos fundamentais de seu resgate da tradição: o pitagorismo e a escolástica. No entanto, sua atitude filosófica pode ser definida pela generosidade da perspectiva, isto é, a defesa desses eixos em nenhuma circunstância implicou a recusa dogmática da riqueza pontual de outros sistemas. Pelo contrário, o método concreto supõe a capacidade de enriquecer--se com a contribuição milionária inclusive de eventuais equívocos deste ou

---

[6] Ver, neste livro, p. 11.
[7] Ver, neste livro, p. 14.

daquele pensador. Destaque-se ainda a elegância da linguagem de Mário Ferreira dos Santos, correlato de uma atitude urbana, cujo propósito sempre foi o de ampliar o círculo de interlocutores. Para tanto, lançou mão de vários meios: foi professor em cursos especiais e também por correspondência, atuou como editor das próprias obras e ideou inúmeras formas de comercializar seus livros. O resultado superou as melhores expectativas e trata-se de um capítulo fascinante de história cultural que em breve escreveremos; nas palavras do pensador: "E durante esse período, incluindo ainda parte de 1953, recebi milhares de cartas de leitores brasileiros, vindas de todos os Estados e Territórios brasileiros, cartas animadoras [...]".[8] O desejo de comunicar seus achados certamente revigorou o empenho com as causas do presente: "temos que sair à rua, como outrora o fez Sócrates, para denunciar os falsos sábios".[9]

Desejo de comunicação que deu origem a um modelo rigoroso no tocante à escuta atenta do outro; escuta essa que se encontra na base da forma literária empregada por Mário Ferreira dos Santos neste livro.

Atenção: não se trata de mera troca ociosa de palavras, muitas vezes (ou quase sempre!) encerrada por agressões verbais e vilanias de toda espécie. Diálogo nada tem a ver com troca de insultos ou com emprego de linguagem agressiva; traços que infelizmente dominam o aqui e agora. Não é difícil imaginar o horror que causariam em Mário Ferreira dos Santos "os falsos sábios" que infestam a cena atual.

Este livro propõe uma ética da conversação que faz muita falta nos dias belicosos que correm. Em mais de uma ocasião, o pensador ofereceu um caminho que precisamos recuperar:

> Creio no diálogo, quando bem conduzido, e sob regras rigorosas. O homem de hoje não sabe mais conversar. Ele disputa apenas. É um

---

[8] Mário Ferreira dos Santos. "O leitor brasileiro, um grande caluniado!". Arquivo Mário Ferreira dos Santos / É Realizações Editora.

[9] Ver, neste livro, p. 16.

combate em que os golpes mais diversos e inesperados surgem. Mas num diálogo, conduzido em ordem, tal não acontece. Deixa de ser um combate para ser uma comparação de ideias. Um sentido culto domina aí. Não é mais o bárbaro lutador, mas o homem culto que se enfrenta com outro, amantes ambos da verdade, em busca de algo que permita compreender melhor as coisas do mundo e de si mesmo.[10]

Pois é: se os falsos sábios, senhores de um ressentimento tão ilimitado quanto ignaro, tivessem pelo menos lido com atenção a obra de Mário Ferreira dos Santos!

Método filosófico próprio

O método filosófico de Mário Ferreira dos Santos merece ser mais bem caracterizado, pois não basta assinalar o óbvio, isto é, a centralidade da escolástica em seu pensamento – e, claro, também do pitagorismo, mas, aqui, destacamos especialmente o ponto de vista metodológico. Não é necessário um especial talento crítico para percebê-lo: o próprio autor encareceu a sua relevância na história da filosofia. Os exemplos são legião; vejamos um ou dois:

> [...] a escolástica representa um período de máxima importância da filosofia. [...] o que a tornou imensamente válida, e de uma importância ímpar, foi a realização da mais extraordinária análise que se conheceu na história do pensamento humano. A análise, levada em extensão e intensidade, permitiu que surgissem novos veios para o filosofar, veios que ainda não foram devidamente explorados.[11]

---

[10] Ver, neste livro, p. 24. Assim se exprime Ricardo, um dos interlocutores de Pitágoras de Melo.

[11] Ver, neste livro, p. 135. Em outra passagem, o próprio projeto de Mário Ferreira dos Santos é definido pela personagem: "Prometo, depois de dar uma visão do tema, sob as bases que os escolásticos oferecem, pois durante séculos se dedicaram a esse problema, traduzir tudo isso para a linguagem mais moderna, mas só depois de ter conseguido

Explorar tais veios é a tarefa central da filosofia concreta, que, além de uma assimilação própria da escolástica e do pitagorismo, supõe uma leitura intensa e muito pessoal da tradição canônica. Na sequência, o protagonista deste livro não titubeou ao comentar o desinteresse pela escolástica por parte de filósofos como Descartes, Leibniz, Spinoza, Kant, Hegel e Heidegger:

– Simplesmente porque não a conheciam, respondeu Pitágoras.[12]

Num meio dominado pela intolerância asinina que prevalece nas redes sociais, é provável que não poucos leitores aguardem uma sucessão incontrolável de comentários nada filosóficos, mas certamente violentos – e inclusive fronteiriços com o paranoico. Muito distinto é o gesto de pensamento de Pitágoras de Melo:

> Não nego o valor deles, admiro-os até, e me debruço a estudar-lhes a obra, mas nelas encontro deficiências tais que poderiam ser perfeitamente evitadas se não desconhecessem a obra dos grandes autores do passado, e muitas das objeções que apresentam, como ainda acontece em nossos dias, já foram respondidas com séculos de antecedência.[13]

O caso máximo desse contratempo afetou a ninguém menos do que Immanuel Kant. O filósofo de Königsberg, como ninguém ignora, foi profundamente afetado pelo argumento de David Hume relativo à impossibilidade da metafísica produzir conhecimento seguro. Pitágoras de Melo explicita sua independência intelectual ao refutar a demonstração kantiana:

> Conclui Kant que a metafísica é impossível porque é impossível transcender a experiência, e a metafísica quer alcançar as coisas em si. Mas

---

uma precisão tal que não haja perigo de fomentar confusões em vez de facilitar esclarecimentos". Ver, neste livro, p. 153.

[12] Ver, neste livro, p. 135.

[13] Ver, neste livro, p. 136.

convenhamos num ponto de máxima importância. Conhecia Kant a metafísica greco-romana e a escolástica? Absolutamente não.[14]

Pelo avesso, tal ressalva à obra do autor das três *Críticas* traz à superfície o traço original do projeto de Mário Ferreira dos Santos, pois, tendo estudado a contribuição dos nomes consagrados da filosofia moderna, ele se dedicou com afinco ao legado clássico e à escolástica. O escopo ambicioso da filosofia concreta não é compreensível sem se levar em conta a amplitude de seu repertório; amplitude essa evidenciada no trabalho de tradução e comentário de textos fundamentais da tradição filosófica.

Reitere-se: identificar o desconhecimento kantiano de certa tradição não implica desqualificar o autor da *Paz Perpétua*. Nada seria mais distante do método de pensar do filósofo brasileiro.

Escutemos as palavras da personagem Pitágoras de Melo:

> – A posição de Kant, quanto à metafísica, é falsa. Não há, em mim, nenhum intuito de desmerecer a obra desse grande autor, da qual sou grande admirador, e o coloco entre os maiores de todos os tempos.[15]

Eis a estrutura profunda do ato filosófico de *concreção*: em lugar de apostar em exclusivismos tontos ou, ainda pior, perder tempo com um risível pugilato de ideias, trata-se de aperfeiçoar uma leitura detalhada da tradição para produzir uma síntese de grande alcance, cujo escopo define a obra de Mário Ferreira dos Santos. Passemos mais uma vez a palavra a Pitágoras de Melo e saibamos escutar em sua lição um modelo de pensamento:

> Na verdade, nas doutrinas filosóficas, por mais diversas que sejam, há sempre um aspecto positivo da verdade, em suas afirmações mais fundamentais, mas onde elas pecam e erram sempre é em negar as positividades das outras doutrinas. No fundo, o mais amplo conhecimento será adquirido pelo homem, não só ao captar as positividades

---

[14] Ver, neste livro, p. 220.
[15] Ver, neste livro, p. 221.

> dispersas nas diversas doutrinas, mas quando puder englobá-las numa construção filosófica que as concrecione.[16]

Clareza meridiana! A tarefa do filósofo implica o diálogo como estrutura profunda do pensamento.

A citação acima conclui com a seguinte nota de pé de página: "É o que realizamos em *Filosofia Concreta*". Isto é, autor e personagem compartilham a mesma voz. A genealogia da personagem Pitágoras de Melo na obra de Mário Ferreira dos Santos pode estimular um olhar novo acerca do trabalho do filósofo, cuja generosidade intelectual e elegância no trato devem ser ressaltadas, pois definiram sua personalidade.

A personagem criou o autor?

No "Prólogo", após esclarecer a tipologia dos "Homens da Tarde", "Homens da Noite", "Homens da Madrugada", "Homens do Meio-Dia", Mário Ferreira dos Santos apresenta brevemente as personagens deste livro. Demora-se, contudo, no esboço de uma delas. Vale a pena transcrever uma longa passagem, na qual se estabelece uma relação instigante:

> A principal personagem é Pitágoras de Melo. Nasceu-nos essa personagem logo às primeiras páginas de *Homens da Tarde*. Nada prometia ainda à nossa consciência, mas logo se impôs, e libertou-se de tal modo, que passou a ter uma vida própria. E poderia dizer, sem buscarmos fazer paradoxos, que teve ele um papel mais criador de nós mesmos que nós dele. Não pautou ele sua vida pela nossa, mas a nossa vida pela dele. Propriamente o imitamos. É quase inacreditável isso. Mas é verdade: a personagem criou o autor. E é espantoso que foi de tal modo que até muitas das nossas experiências futuras foram vividas por ele. Aconteceu-me na vida o que nós já havíamos

---
[16] Ver, neste livro, p. 92.

escrito no livro. Muitas das peripécias da nossa existência foram antecedidas por ele. E é essa a razão por que o respeitamos tanto, por que o veneramos.[17]

Essa notável passagem sugere um intenso convívio entre autor e personagem. Longo e decisivo: tudo se passa como se Pitágoras de Melo tivesse ajudado a definir o perfil de Mário Ferreira dos Santos. É possível, por assim dizer, comprovar ou mesmo documentar a assertiva do filósofo, segundo a qual sua vida seguiu os passos previamente imaginados para a personagem? O autor o disse lhanamente: *muitas das nossas experiências futuras foram vividas por ele.*

Ora, como parte do trabalho de reedição da obra de Mário Ferreira dos Santos, e graças à generosidade da família do filósofo, tivemos acesso a manuscritos e documentos diversos do autor. As reedições que apresentamos, assim como a publicação de obras inéditas que no momento preparamos, muito se beneficiam da possibilidade de estudar manuscritos, datiloscritos, livros minuciosamente anotados, gravações e papéis vários do pensador.

Na verdade, antes de nós, outras pessoas tiveram semelhante privilégio, isto é, puderam consultar livremente os documentos de Mário Ferreira dos Santos. No entanto, não se deram conta da relevância do material para uma edição à altura do pensamento do autor de *Filosofia Concreta*. Ou, sejamos mais realistas, simplesmente esmoreceram ao vislumbrar a faina necessária para organizar o rico acervo do pensador. Bento Santiago conheceu idêntico impasse, chegando a desistir da escrita da "História dos Subúrbios" por um motivo prosaico: a tarefa "exigia documentos e datas como preliminares, tudo árido e longo".[18]

Pois é: fácil o encargo mesquinho de desmerecer o esforço alheio; difícil é arregaçar as mangas e passar meses e meses a fio num trabalho anônimo, porém fecundo e incontornável, de preparação e de classificação de uma extensa

---

[17] Ver, neste livro, p. 16.
[18] Machado de Assis. *Dom Casmurro*. Obra Completa. Vol. I. Rio de Janeiro: Editora Nova Aguilar, 1986, p. 810.

massa documental. Contudo, sem esse labor beneditino, como evitar o perverso milagre da multiplicação de estultices referentes à obra de Mário Ferreira dos Santos?

Por exemplo, tornou-se comum afirmar que a extensa bibliografia do pensador teve como origem a transcrição de palestras e cursos mal gravados, e, para piorar as coisas, as transcrições não seriam muito melhores do que os registros! Trata-se de equívoco tão tosco que só pode ser entendido como um sincero ato de desonestidade intelectual, pois, se assim fosse, então, numa inversão insensata, o intérprete acidental seria mais importante do que o próprio autor; afinal, quem mais seria capaz de revelar o sentido oculto da filosofia de Mário Ferreira dos Santos?

A partir da reedição de *Filosofia da Crise*, livro que inaugurou a Coleção Logos, começamos a divulgar documentos de seu arquivo. Agora, a organização avançada do arquivo do pensador permite desmontar a falácia, digamos, *visualmente*: nesta reedição de *Filosofias da Afirmação e da Negação*, publicamos manuscritos minuciosamente corrigidos e mesmo textos já editados e ainda assim preservados com inúmeras marcas de revisão, com vistas a futuros relançamentos. Chamamos especialmente atenção para o artigo de jornal "Pitágoras de Melo Existe...", saído no *Diário de Notícias*, em 15 de outubro de 1940. Repare, caro leitor, que, além de ter sido cuidadosamente recolhido pelo próprio Mário Ferreira dos Santos, o texto foi por ele reescrito! Se assim se comportava com um artigo de jornal, imagine-se o cuidado que não dispensou à publicação de suas obras.

Nesse sentido, é enganoso limitar-se a consultar ingenuamente a cronologia. Vejamos: em 1954, o filósofo publicou 10 títulos. Conclusão apressada: como pôde escrever tanto? Resposta do sabichão: tais "textos", na verdade, são transcrições ineptas de aulas e palestras... Por que não adotar uma atitude mais modesta, qual seja, pesquisar com denodo o arquivo de Mário Ferreira dos Santos? O trabalho árduo e longo, como sempre, recompensa. O documento, de grande importância, e transcrito na íntegra nesta reedição para conhecimento de todos, "O leitor brasileiro, um grande caluniado! Palavras de Mário Ferreira dos Santos sobre a sua obra e a repercussão que ela obteve junto aos leitores, aos quais, e unicamente, se dirigiu", explicita a falsidade daquela suposição:

> Pus-me dessa forma a editar os meus livros e, num ano, como foi o de 1954, editei cerca de 10 títulos. É verdade que não os escrevi nesse período, apenas os editei, pois, como já disse, há 30 anos trabalho na realização da minha "Enciclopédia de Ciências Filosóficas e Sociais". Mas durante esse período, reeditei 4 títulos, o último a sair por estes dias, o que oferece uma média que muito me alegra e vem comprovar o que pensava sobre o leitor brasileiro, esse grande caluniado, repito, a quem me dirigi, oferecendo-lhe o meu livro, e de quem tive a mais genuína manifestação de boa vontade e de apoio, pois foi ele quem propagou a minha obra.[19]

Documentos valem mais do que bravatas! Cai por terra a balela travestida de leitura séria: não é verdade, como atestam os itens reproduzidos do arquivo do filósofo, que a totalidade de sua obra seja composta de transcrições descuidadas.

Evitemos, contudo, incorrer no achismo caricato que repudiamos. Sem dúvida, inúmeras palestras de Mário Ferreira dos Santos foram transcritas e publicadas sem o cuidado devido. No entanto, assim como seria absurdo considerar que os textos do filósofo podem ser reeditados sem um cuidadoso trabalho de edição, ainda mais equivocado seria julgar que a totalidade de sua obra édita é pouco confiável.

Encerremos essa digressão, a fim de retornar à arqueologia de Pitágoras de Melo.

Comecemos com o já citado artigo "Pitágoras de Melo Existe...". Na abertura, o filósofo anuncia o *alter ego* que não apenas domina este livro, como também o romance *Homens da Tarde*, que em breve publicaremos. De imediato,

---

[19] Mário Ferreira dos Santos. "O leitor brasileiro, um grande caluniado!". Arquivo Mário Ferreira dos Santos / É Realizações Editora.

já nesta reedição de *Filosofias da Afirmação e da Negação*, transcreveremos as páginas iniciais do romance para que se avalie o intenso trabalho de reescrita de Mário Ferreira dos Santos.

Eis o anúncio:

> Quando, pela primeira vez, vim a saber que Pitágoras de Melo existia, foi num dia cor de violeta, brumoso e frio.[20]

Por favor, pare um minuto a leitura e procure o artigo reproduzido nesta reedição.

Reparou que, na revisão do texto *já publicado*, o filósofo suprimiu *cor de*, provavelmente pensando em futuro reaproveitamento do material atinente ao personagem que retornará em mais de um livro?

O fecho do artigo é emblemático do futuro estilo de *Filosofias da Afirmação e da Negação*:

> E eu ficava a repetir dentro de mim:
>
> – Positivamente, Pitágoras de Melo existe mesmo!...[21]

Nos artigos saídos no *Diário de Notícias*, na década de 1940, a personagem é onipresente, um autêntico porta-voz das opiniões do filósofo, cujo nome próprio, como já disse, é uma homenagem ao filósofo que foi determinante para a formulação de um pensamento próprio à obra de Mário Ferreira dos Santos. Neste livro, por isso mesmo, cabe a Pitágoras de Melo recordar a centralidade do pitagorismo para nada menos do que a escrita de uma nova história da filosofia:

> Toda a literatura pitagórica, e o que se escreveu sobre ela, ocultava um pensamento secreto, que não convinha ser externado. Quando compreendi isso, e pude entender o que havia de oculto, meus olhos

---

[20] Mário Ferreira dos Santos. "Pitágoras de Melo Existe...", *Diário de Notícias*, 15 de outubro de 1940. Arquivo Mário Ferreira dos Santos / É Realizações Editora.
[21] Idem.

se abriram e, então, pude compreender melhor Platão, Aristóteles, e todo o processo filosófico que se seguiu até os nossos dias.[22]

Nessa fala aparentemente despretensiosa, Pitágoras de Melo ofereceu uma síntese aguda do pensamento de Mário Ferreira dos Santos! Isto é, a intensa releitura que realizou do legado pitagórico, e, sobretudo, a descoberta do ocultamento de suas consequências mais radicais, tanto propiciou ao filósofo brasileiro uma chave de estudo da tradição, quanto favoreceu a formulação de um pensamento singular. Noutra passagem, Mário Ferreira dos Santos propôs uma fascinante inversão da cronologia habitual: "Vê-se deste modo que o pensamento de Pitágoras *antecedeu* ao de Platão e ao de Aristóteles, *e os incluía*".[23] Em outras reedições, exploraremos essa relação temporal muito peculiar, um dos traços da potência da obra do filósofo brasileiro.

No "Prefácio" do romance inédito *Homens da Tarde*, o pensador encarece a relevância da personagem em sua visão do mundo:

> Neste livro, existem muitos personagens, três que ressalto especialmente: Pitágoras, Paulsen e Josias.
>
> O primeiro é o cidadão que se vê forçado a viver duas personalidades, mas que o faz conscientemente [...].[24]

Entenda-se o alcance da nota crítica: *viver duas personalidades* implica, no mínimo, ver o mundo a partir de uma perspectiva dúplice, e sua combinação pode dar origem a variações inúmeras, cuja riqueza reside precisamente na multiplicidade de olhares. O método filosófico da concreção de sistemas diversos de pensamento encontra-se esboçado nessa caracterização de Pitágoras de Melo.

---

[22] Ver, neste livro, p. 131.
[23] Ver, neste livro, p. 245 (grifos nossos).
[24] Mário Ferreira dos Santos. *Homens da Tarde*. Arquivo Mário Ferreira dos Santos / É Realizações Editora. Em breve, publicaremos o romance; edição que será enriquecida com a transcrição de documentos relativos às experiências literárias do autor.

Em texto de 24 de dezembro de 1941, "Em 1914 Éramos Assim...", também publicado no *Diário de Notícias*, a noção já havia sido apresentada e numa formulação ainda mais ousada:

> Pitágoras de Melo, uma vez, classificava a si mesmo de esquizofrênico. Dizia-me que tinha a capacidade de viver tantas vidas quantas quisesse e que sabia encher o vazio de sua solidão, fazendo histórias que a realidade e o destino não lhe quiseram dar.[25]

A metáfora da esquizofrenia evoca o procedimento da heteronímia de Fernando Pessoa, vale dizer, valoriza a capacidade de abarcar um problema a partir de uma miríade de perspectivas. A filosofia concreta exige que se desenvolva a habilidade de vislumbrar simultaneamente os diversos planos de um objeto. E isso sem incorrer no reducionismo de agarrar-se a uma única alternativa em detrimento de todas as outras. Pelo contrário, arco e lira, a concreção demanda um exercício de pensamento movido pela tensão, ágil em preservar a complexidade das questões.

Método exigente, que tanto recompensa quanto cobra um alto preço. Na sequência da passagem, Mário Ferreira dos Santos assim concluiu o perfil da personagem:

> Sentia-se feliz assim, afirmava. Podia engrandecer-se, dar um sentido mais universal aos seus gestos e às suas palavras e tudo isso lhe servia para suportar os momentos de profundo pessimismo, de que ele, como bom latino, não sabia nem de leve como se libertar ou fugir.[26]

Eis que o autor por fim se impôs à personagem. Neste livro, o filósofo explicita sua opção decidida por uma filosofia afirmativa. Em palavras que emolduram um estilo de vida:

> A meu ver, o grande trabalho que nos cabe agora é rever tudo, desde o princípio, todo o processo histórico da filosofia. Não se trata,

---

[25] Mário Ferreira dos Santos. "Em 1914 Éramos Assim...", *Diário de Notícias*, 24 de dezembro de 1941. Arquivo Mário Ferreira dos Santos / É Realizações Editora.
[26] Idem.

propriamente, de reunir positividades, mas estou certo que é possível construir uma filosofia que reúna as positividades num todo coerente, e que permita, nele fundado, recomeçar um outro período do filosofar.[27]

Este volume

Nesta reedição, destaca-se o extraordinário trabalho de André Gomes Quirino e Ian Rebelo Chaves. Graças a seu empenho desinteressado, o Arquivo Mário Ferreira dos Santos / É Realizações passará a ser organicamente incorporado às reedições que organizamos. Portanto, o modelo que agora adotamos será o padrão de futuros lançamentos.

Um dos propósitos principais do projeto de reedição da obra de Mário Ferreira dos Santos é o de conquistar novos públicos, que saibam reconhecer a importância de seu projeto filosófico. Procuraremos incorporar jovens pesquisadores, cujos ensaios serão especialmente encomendados. Inaugurando a série, Ian Rebelo Chaves e André Gomes Quirino escreveram um artigo no qual relatam sua experiência de leitura de *Filosofias da Afirmação e da Negação*.

(Fica o aviso: as portas estão abertas para todos que desejem colaborar!)

Chegamos, pois, ao segundo volume da Coleção Logos e anunciamos a reedição, em breve, de novos títulos: *Filosofia e Cosmovisão*, *Filosofia Concreta*, *Tratado de Simbólica*, *Invasão Vertical dos Bárbaros*, e dos inéditos *Homens da Tarde* e *As Três Críticas de Kant*.

Muito trabalho pela frente; trabalho sério, cujo único propósito é servir à discussão da filosofia de Mário Ferreira dos Santos.

Nada mais nos importa: polêmicas ocas receberão a resposta que merecem: nenhuma.

---

[27] Ver, neste livro, p. 166.

Impressões sobre *Filosofias da Afirmação e da Negação*

André Gomes Quirino & Ian Rebelo Chaves

Um livro e um projeto

A história que pretendemos recuperar é a de como Mário Ferreira dos Santos, em *Filosofias da Afirmação e da Negação*, utiliza recursos literários e filosóficos, com grande erudição, para propor uma mudança de curso no pensamento e na formação dos indivíduos. Ele apresenta, por assim dizer, sua oficina e cada uma de suas ferramentas para construir uma verdade crítica, uma concreção necessária ao pensamento e desenvolvimento humanos. A motivação da composição, que em certos momentos evoca o tom de manifesto, é a de se opor aos pensamentos que surgem com ares de novidade, mas que, ao longo da história, já foram refutados diversas vezes, cooperando de maneira consciente ou não para um "farisaísmo e filisteísmo intelectual". A atitude implícita à obra demonstra-se paralela ao que teria levado, por semelhante sensibilidade, Sócrates às ruas a combater os pensamentos superficiais, sofísticos. Na imagem do filósofo brasileiro: a moeda falsa. O fundo moral dos comprometimentos com a filosofia é claro. Ademais, o ânimo do autor para com sua obra, que, por sua vez, é terapêutico[1] para com os seus leitores, é outra aproximação de

---

[1] Ver, neste livro, p. 9. Mário Ferreira dos Santos atribui ao modo dissertativo com que se dá o prólogo a missão explicativa, de "diagnóstico"; já para o fim da "terapêutica", faz-se necessário o uso da forma do diálogo por ser mais facilmente entendido e colocar

cunho socrático por estar contida em sua obra uma agência farmacológica; mas, nessa aproximação, a personagem protagonista, Pitágoras de Melo, e Sócrates, de Platão, não comungam em sua totalidade.[2] Os rumos da *polis* em um e os rumos do pensamento em outro são seus verdadeiros interesses. Platão se pergunta quem e como seriam os guardiões da cidade grega, quem seria capacitado para protegê-la, conduzindo-a à prosperidade. De diferente modo, Mário se pergunta qual seria a filosofia, a doutrina com a capacidade de conduzir adequadamente o pensamento dos sujeitos. O protagonista platônico discute em favor do bem da cidade, a política tendo importância capital para esse fim. Já o cerne dos diálogos de *Filosofias da Afirmação e da Negação* refere-se à epistemologia. O contraste é notável. Os opositores de Sócrates, frequentemente, sofistas que procuram ganhar os debates fazendo uso da oratória em benefício próprio, desconsiderando os interesses comuns da cidade. Pelo contrário, os opositores de Pitágoras de Melo são céticos no tocante à filosofia concreta, sendo Josias o primeiro a se opor por meio de uma argumentação ficcionalista, e virão outros. No entanto, todos contribuirão positivamente, pois, ao serem refutados, darão abrangência à questão que perpassa o texto, isto é, o problema crítico, ou seja, os limites do conhecimento humano. A cidade que antes a filosofia problematizava agora problematiza a filosofia. Pitágoras de Melo explica a inversão: "passamos por dois séculos de confusão intelectual", culminando em nosso tempo na crise econômica e nos erros filosóficos de "sofistas modernos", a base niilista do pensamento, constituinte da modernidade. Hoje,

---

"face a face" os argumentos e as posições morais encarnadas pelas personagens que as defendem e apresentam.

[2] As propriedades do *phármakon* constituem o modo como se dá a intenção do autor para com seu leitor. O autor toma uma atitude perante o texto, e o leitor, ao compreendê-lo, é afetado por esta intenção, a exemplo do uso de um medicamento: quem o prescreve o faz com a intenção de que ela, a medicação, aja sobre o seu paciente obtendo o resultado intencionalmente desejado. Cf. Jacques Derrida. *A Farmácia de Platão*. São Paulo: Iluminuras, 2005.

há predominância dos métodos negativos de se fazer filosofia e a solução do autor é enfática: é preciso ir às ruas como Sócrates.[3]

De fato, não se trata de uma cópia vulgar de Platão.[4] Os diálogos se distanciam de maneira evidente no uso do narrador-personagem – o narrador da presente obra não protagoniza nem participa ativamente de nenhum dos diálogos, aliás, o narrador se aproxima mais da posição de Platão perante o texto do que da de Sócrates como interlocutor-guia. O texto é o resultado de um trabalho mnemônico após a participação em diversos encontros de Pitágoras de Melo e seus amigos, sendo ele, o narrador, um deles, mas de participação passiva, compenetrado em imprimir na cera da memória os detalhes dos debates. A ironia socrática também é ausente das conversas, julgada por Pitágoras de Melo como uma postura dissimulada perante o interlocutor, o que nada contribuiria para a percepção de positividades. Porém, tal traço não isenta o texto de ironias, pois elas vestem outros usos fora da construção e das regras da teoria do conhecimento do grupo. Seu uso se restringe ao bom humor: referências cômicas à homonímia, riso das personagens, jogos de palavras com siglas[5] etc.; as rugas de expressão das personagens raramente são encontradas nos tratados de filosofia, embora para nós soe familiar – evidência de que se fala de outro lugar em relação a Sócrates, pois a ele estamos simultaneamente próximos e distantes, diz Ricardo, amigo de Pitágoras de Melo. Há diferença na postura dos opositores nos diálogos. Ora, ela não se dá nos mesmos termos que a dos adversários do filósofo grego; o que se constata

---

[3] Ver, neste livro, p. 16.

[4] Em verdade, ainda mais do que com as obras platônicas, o livro guarda semelhanças – no formato assumido pelo diálogo, na voz conferida ao narrador e até na terminologia empregada – com versões modernas do gênero dialógico, como os *Diálogos sobre a Religião Natural*, de David Hume, e os *Novos Ensaios sobre o Entendimento Humano*, de G. W. Leibniz.

[5] Ver, neste livro, algumas das páginas nas quais se encontra esse humor: p. 45, 230, 249.

é que há uma técnica das palavras[6] que oculta ao invés de revelar, que nega ao invés de afirmar, que imita ao invés de ser. Por isso, é necessário que se estabeleça uma nova linguagem com um léxico e seus signos comuns, que se fale das mesmas coisas, construindo *consensus*. A essa proposta, Pitágoras de Melo responde que já possuímos essa linguagem e um bom exemplo é o próprio livro que agora você, leitor, tem em mãos.

É possível pensar o livro numa divisão constituída em quatro partes; divisão essa que trará mais elementos para nossa análise, a fim de exaltar as positividades do livro, tratando-o como o próprio autor sugere.

Vejamos a divisão do livro:

(1) Do Prólogo ao "Diálogo sobre o critério do conhecimento", seções nas quais as bases fundamentais da refutação são apresentadas. Tal é feito através de um apanhado crítico da história da epistemologia realizado pelo protagonista, que enumera as positividades recolhidas com base em certezas axiomáticas. Nessa história, já estão contidas teses próprias,[7] porém elas não são desenvolvidas com profundidade e não ganham a centralidade que até aqui têm as discussões referentes às positividades e às refutações de doutrinas filosóficas.

(2) O capítulo "Alguns pequenos diálogos", um interlúdio; dele constam diálogos que contextualizam os encontros de Pitágoras de Melo, aprofundam o caráter psicológico das personagens, revelando de maneira mais ativa o narrador-personagem, o qual se destaca nesse capítulo que muito difere na forma em relação aos outros. Revela de maneira clara o método que resulta na elaboração dos diálogos, fruto de um deliberado esforço mnemônico. Esse capítulo singular suspende a linearidade e a

---

[6] De certo modo, este é um termo referente ao sofismo do tempo de Platão, mas aqui ele toma outro sentido, sua força é mais ampla, englobando doutrinas posteriores, como o subjetivismo, o relativismo, o ficcionalismo e as outras doutrinas filosóficas negativistas.
[7] Cap. "Diálogo sobre a fenomenologia": ver, neste livro, p. 81-82.

cronologia do livro, permitindo que pensemos que outros arranjos dos discursos seriam possíveis.

(3) Ocorre a concreção das positividades recolhidas na primeira parte. Pitágoras de Melo toma mais fôlego para apresentar suas teses que são comuns à filosofia concreta, como nos informa a única nota incluída no livro por Mário Ferreira dos Santos. Durante a defesa, constantes referências são feitas às refutações da primeira parte, funcionando como um grande paralelo à história da epistemologia, em que teses já refutadas são novamente apresentadas. As teses são expostas como manifestos, convocando aliados com coragem a uma missão de revisitar toda a filosofia, e declarando como inimigos os niilistas, e todos aqueles que baseiam seus argumentos em meras opiniões e sofismas, delimitando uma divisa ética: amigos ou inimigos da humanidade, corajosos ou covardes, parceiros ou traidores etc.

(4) "Um diálogo sobre Deus" inaugura a última divisão do segmento lógico que propomos, reiterando argumentos expostos na terceira parte para a discussão de temas pouco conclusivos e mais abrangentes. Nesta seção, o autor discutirá temas-chaves, como a existência de Deus. Na discussão presente no capítulo "Um diálogo sobre a matéria", utiliza-se de outra forma argumentativa, sem buscar conclusões, mas apresentando uma tese e a sua refutação, passando à seguinte tese seguida de sua refutação, e desta passando à seguinte. O tom das conversas se torna mais intimista, e, de maneira crescente, confessional. Pitágoras de Melo reitera as críticas já feitas aos amigos. Outro lugar é apresentado; acompanhamos Pitágoras de Melo com seus pares, Ricardo e Arthur, mais próximos de suas ideias, saírem do local onde se deram os encontros anteriores à despedida. A conversa toma ares confessionais, os companheiros chegam a tocar nos ombros em sinal de aliança e elementos de partes anteriores são reiterados, "creio que já o fiz", diz ele. Vale reforçar que é possível aproximar as duas últimas partes por tratarem de temas que, durante a construção de sua obra, foram discutidos por Mário Ferreira dos Santos em livros como *Teses da Existência e Inexistência de Deus, As Três Críticas de Kant* e *Pitágoras e o Tema do Número*.

Os princípios que guiam as críticas

O martelo, como se sabe, foi a ferramenta de trabalho de Nietzsche, o profeta do niilismo contemporâneo e o pensador que Mário mais se dedicou a traduzir, isto é, a ler detidamente. Aquele instrumento figura no subtítulo de um dos seus livros de polêmica com a filosofia ocidental (ou de demolição desta), o *Crepúsculo dos Ídolos*. Como todo trabalhador, o filósofo ocupa um lugar e dispõe de uma ferramenta. Hegel, antes de Nietzsche, concebera uma forma de dialética com a qual procuraria superar o dualismo entre objetivo e subjetivo. Sócrates, muito antes de Hegel, pôs à prova o oráculo que afirmava ser ele o homem mais sábio de Atenas, descobrindo então o valor de saber que nada sabia, e vindo assim a se engajar em uma dialética que consistia em manter diálogos cujo fim era conhecer a verdade. Por que situar Mário Ferreira dos Santos após os fundadores das duas grandes dialéticas e o filósofo do martelo? Porque o fundador da decadialética também conhecia o seu lugar e também portava uma ferramenta: a régua. Exatamente como a "cana de medir" grega, κανόν, de onde veio "cânone", com o que medimos a grandeza das produções intelectuais. Mas que mede a régua do filósofo brasileiro? – perguntaria Wittgenstein. O que torna um pensamento canônico? Em sentido frouxo, pode-se responder apelando ao prestígio acadêmico ou à autoridade religiosa, até mesmo apontando para preconceitos que se arraigam no decorrer de séculos. Em sentido forte, ideias e obras passam a integrar o cânone quando não podem ser desprezadas por quem deseja compreender uma pergunta particular de determinada área do conhecimento. O filósofo brasileiro baseia seu pensamento em uma regra simples, positiva e canônica: "Algo há". Como é sabido, aquele foi o problema fundamental das filosofias de Leibniz e de Heidegger, entre outros. É também o "princípio arquimédico" da filosofia de Mário Ferreira dos Santos.[8]

---

[8] Mário Ferreira dos Santos. *Filosofia Concreta*. São Paulo: É Realizações Editora, 2009, p. 67.

Com diferenças, é claro: o mais das vezes, à afirmativa é acrescentada uma negação e, juntas, estas compõem uma pergunta: "Por que o ser, e não o nada?". Mário simplesmente afirma: "Algo há" – e não exige das demais doutrinas nada diferente do que regulou a sua própria construção filosófica. Visitando o cânon, por meio da personagem Pitágoras de Melo, ele recolhe positividades de quem reconhece que "algo há" e acusa negatividades derivadas da negação de que há algo, mas ao mesmo tempo submete ao debate a sua própria filosofia.

Que algo há – e, portanto, que há algo a ser conhecido, isto é: no mínimo, a própria verdade de que algo há – se sabe pelo fato de se viver. Apenas a rejeição deliberada da realidade explicaria que se a negasse. Por isso, Pitágoras de Melo diz que o anti-intelectualismo – as tentativas doutrinárias de invalidar a aptidão do intelecto humano para o conhecimento – não se presta a homens práticos. Mas, embora a demonstração prática ou empírica seja importante, não é nela que Pitágoras de Melo fundamenta o "Algo há"; ela mesma já é uma decorrência da verdade realmente fundamental: a de que esse princípio arquimédico é um juízo logicamente necessário. Isto é, o predicado se conforma ao sujeito, no sentido em que "vão conjuntamente", ou seja, *convêm*. Ora, se "há" convém a "algo", é porque a simples enunciação de uma coisa, a simples menção ao fato de que ela é, implica a afirmação de que ela *há*. Ser é haver, arriscaríamos formular; ou, para ficarmos mais próximos do vocabulário empregado por Pitágoras de Melo, atribuir um predicado (dizer de um atributo que ele é, para determinado sujeito) é atribuir-lhe *presença* em algo:[9] ser é estar – ambivalência especialmente rica na língua portuguesa. Trocar este sólido fundamento pela simples demonstração (como o homem prático poderia ser tentado a fazer para evidenciar que algo há) é um erro; segundo Pitágoras de Melo, é um dos pontos "mais perigosos do filosofar":[10] os *princípios* da demonstração, e não a demonstração ela mesma, é que são autoevidentes e servem de critério de evidência para as demais coisas.

---

[9] Ver, neste livro, p. 56.
[10] Ver, neste livro, p. 107.

Resumo das críticas

Como já terá ocorrido ao leitor, o erro de substituir os princípios da demonstração pela própria demonstração é o que caracteriza algumas das doutrinas modernas, resultado, segundo a expressão de Pitágoras de Melo, de dois séculos de confusão intelectual – podemos citar como exemplos dessa confusão o positivismo e o pragmatismo. Este caso ajuda a entender que a tipologia que Mário apresenta por meio de Pitágoras não se pretende exaustiva, nem se organiza cronologicamente. Seu alvo não são escolas identificáveis na história, mas doutrinas; e tampouco todas as doutrinas, mas algumas a que seja possível reduzir várias outras e, por este expediente, apontar quais erros são compartilhados por pensadores diferentes, os quais por vezes até mesmo se consideram inteiramente divergentes (mas apenas por não notarem as premissas que sustentam em comum). No caso presente, poderíamos reduzir o positivismo a uma forma de ceticismo e o pragmatismo a uma forma de relativismo. O ponto é que um só pode duvidar da validade do pensamento abstrato e o outro só pode questionar a objetividade do conhecimento porque ambos conhecem o funcionamento normal do intelecto humano, o qual é eficaz. De todo modo, as teses que negam valor ao conhecimento – o ceticismo, o relativismo, o idealismo etc. – não podem deixar de afirmar que algo se conhece (no mínimo, aquilo mesmo que a doutrina afirma) e que algo há (no mínimo, nós, sujeitos que conhecemos o que a doutrina afirma). Assim sumariza Pitágoras de Melo: a primeira certeza é a de que "*somos de certo modo*".[11] Formulação que se distingue do *cogito* de Descartes,[12] iniciador da filosofia moderna, não apenas pelo número plural ("somos",

---

[11] Ver, neste livro, p. 42.
[12] A comparação deve ser aplicada à formulação do *cogito* como consta das *Meditações*: "Penso, logo sou". A máxima que se popularizou, contida no *Discurso do Método* – literalmente, "Penso, logo existo" – perde em precisão.

e não "sou"), mas principalmente pela cláusula "de certo modo". Entenda-se: o que quer que explique a percepção que temos da nossa existência, ainda que esteja certo o filósofo taoísta Chuang Tzu e existamos apenas no sonho de uma borboleta, *há* uma ficção que *existe* – isto é ser (de algum modo), e não nada. E este algo apresenta, portanto, as características próprias às coisas que são: se o que julgamos ser a realidade não passa de ficção, trata-se, no entanto, de uma ficção com regularidade e coerência interna; quando nela duas coisas apresentam a mesma natureza, ou dois eventos remetem à mesma causa, as coisas e os eventos compartilham um *sustentáculo*. (Mário emprega com sentido filosófico um vocábulo ordinário do português brasileiro e permite que nós, acostumados – porque de fato necessário – a pensar com conceitos traduzidos de outros idiomas, compartilhemos por um momento a sensação do grego que ouvia Platão e Aristóteles inaugurarem novos usos de termos que ele conhecia tão bem.) E isto que há em comum entre as coisas, ainda que tais coisas sejam ficções, é (porque um uso livre da linguagem só tem valor se não ignora a herança comum dos homens) o que "em todos os pensamentos cultos do mundo chamou-se *ser*".[13]

Há uma positividade até mesmo no ficcionalismo e nas acusações céticas em geral. Seu erro é exacerbar uma constatação correta: a de que às vezes nos enganamos. Mas Pitágoras, que se fundamenta em que algo há e sabe que somos de certo modo, não deve nem pretende negar a falibilidade do intelecto; na verdade, ele é categórico: *tanto afirmar que tudo é verdadeiro como afirmar que tudo é ilusório* são contradições.[14] "Do que não há dúvida é que conhecemos certas verdades" – dessa constatação simples e positiva derivará toda a sua epistemologia. Com ela em mente, somos colocados à procura da explicação mais consistente para o conhecimento.

---

[13] Ver, neste livro, p. 45.
[14] Ver, neste livro, p. 45-46.

Concrecionando as positividades da tradição aristotélico-tomista

Platão, embora normalmente chamado idealista, revela certo empirismo quanto ao conhecimento, especialmente no modo de prover definições: "homem é bípede implume" não é mais do que descrever o homem empiricamente – basta olharmos para que constatemos tanto que ele tem duas pernas como que lhe faltam penas. Aristóteles aprimorou o procedimento: o modo empírico nos fornece o gênero,[15] mas a definição tem de informar toda a espécie, que só estará completa ao se acrescentar *intelectualmente* ao gênero a diferença específica – aquilo que distingue os pertencentes a esta espécie dos demais indivíduos do mesmo gênero. Mas nem Aristóteles está isento daquele juízo que Pitágoras de Melo transformou em bordão (porque de fato se aplica a todos os homens): ele tem razão, mas não toda a razão.[16] Houve positividades em Platão que ele rejeitou, e nisto cometeu erro. Essa insuficiência foi herdada pela escolástica, apesar de seus enormes méritos, uma vez que ela seguiu a epistemologia aristotélica. Foi assim que na modernidade puderam nascer doutrinas "negativistas" aparentadas, *no ponto de partida*, à teoria do conhecimento aristotélico-tomista. É o caso, segundo Pitágoras, do empirismo, do sensualismo, do materialismo, do positivismo e do pragmatismo. A forma da crítica já é conhecida: na modernidade, a validade do conhecimento foi fundamentada nas percepções subjetivas de um indivíduo impermeável aos objetos do mundo, e seria possível fazer a genealogia desta tese remontar até a escolástica ou o aristotelismo. Mas, em conteúdo, a versão do filósofo brasileiro para o argumento é oposta à crítica usual. De fato, algumas das doutrinas citadas por ele

---

[15] Diferentemente da associação habitual entre observação empírica e objetos particulares, Pitágoras de Melo parece estar supondo o paradoxo (que, de fato, Aristóteles às vezes sugere: cf. a conclusão dos *Primeiros Analíticos*) de que as generalidades estão, sim, acessíveis aos sentidos.

[16] Ver, neste livro, p. 242.

– notadamente, o pragmatismo – são hoje, elas mesmas, as que rejeitam um dos princípios epistemológicos básicos atribuídos a Aristóteles e Tomás de Aquino: o representacionalismo – segundo o qual o conhecimento é fundamentalmente um processo em que o intelecto representa para o sujeito os objetos que estão no mundo –, mas vinculando-o a uma tradição mais ampla, por sua vez (controvertidamente, é claro) filiável a Platão e Agostinho: o internalismo, o qual supõe um sujeito que contém em si todos os critérios necessários para validar seu conhecimento. Naturalmente, Pitágoras de Melo não poderia endossar uma alternativa – como o pragmatismo – que, segundo ele, não faz pleno jus ao fato de que algo há. O que a personagem sustenta é, antes, que em Aristóteles há a perda de uma positividade já presente em Platão. A própria exposição desse movimento tornará mais claro por que as demais doutrinas são negativistas. Porém, surpreendentemente, a tese de Pitágoras de Melo, que talvez hoje fosse chamada representacionalista (pelo uso que faz das formas como esquemas noéticos que *representam* as coisas), culminará em acordo com a tese que para um número crescente de teóricos do conhecimento contemporâneos[17] é de fato a mais crucial: um anti-internalismo epistemológico.

A mente, segundo Aristóteles, é uma *tábula rasa*, dividida em intelecto ativo e intelecto passivo, que conhece por um processo de abstração total. O intelecto ativo apreende uma imagem da coisa tal como ela é (seu *phantasma*),[18] a partir

---

[17] Para um panorama da discussão, ver: Laurence Bonjour e Ernest Sosa. *Epistemic Justification – Internalism vs. externalism, foundations vs. virtues*. Great Debates in Philosophy. New Jersey: Wiley-Blackwell, 2003; Timothy McGrew e Lydia McGrew. *Internalism and Epistemology – The architecture of reason*. Routledge Studies in Contemporary Philosophy. London: Routledge, 2006; Sanford C. Goldberg (ed.). *Internalism and Externalism in Semantics and Epistemology*. Oxford: Oxford University Press, 2007.

[18] *Phantasmata*, como concebidas por Tomás de Aquino a partir de Aristóteles, são imagens das coisas, mas num sentido mais forte do que o de mera representação: trata-se das próprias coisas enquanto apreendidas, compostas de matéria e forma assim como elas mesmas o são. Ver, de Santo Tomás: *Suma de Teologia – Primeira parte*: questões 84-89. Coleção do Estudo Acadêmico, vol. 2. Uberlândia: EdUFU, 2005, q. 84; *O Ente e a Essência*. Petrópolis: Vozes, 2005, cap. 2.

da qual formará espécies, a serem impressas no intelecto passivo. Já para Platão, a mente contém um complexo sistema de ideias inatas, que possibilita o conhecimento por assimilação, processo que *inclui* a realização de uma abstração formal. Os estímulos sensíveis são assimilados com uma ordem determinada, que se pode chamar – como Mário Ferreira dos Santos recupera do pitagorismo – proporcionalidade intrínseca, a qual permite ao intelecto se aperceber de formas puras, aquelas mesmas que se encontravam "adormecidas" na alma. De fato, se abdicarmos da linguagem poética empregada por Platão, teremos de reconhecer que tais ideias inatas são um nada relativo: enquanto as formas puras não são geradas, elas são nada *para a mente* – mas, para Pitágoras de Melo, mesmo um nada relativo é alguma coisa. Ele não pretende ter criado originalmente esta solução, porém ressalta que fora proposta por Pitágoras de Samos, antes mesmo de Platão e Aristóteles desenvolverem suas teses.[19] Não se trata de síntese dialética – inclusive porque isso seria uma impossibilidade cronológica –, mas de *concreção*. Pitágoras de Melo sustenta uma hipótese histórica, que enuncia na quarta parte da obra, na qual predominam a abordagem especulativa e o tom de convocação, após ser solicitado a abandonar por um momento as regras do diálogo e haver pronunciado um exórdio de teor moral. A personagem crê que Sócrates foi um pitagórico iniciático, o maior de todos eles, especialmente convicto na fase final da vida; que era a seus colegas pitagóricos que se referia com o termo "amigos das formas" (termo com o qual, em diversos momentos, se opôs aos materialistas). Platão não teria explicitado sua filiação por ser o pitagorismo considerado uma "heresia" pela cidade. Assim, Sócrates acabou por atuar como filósofo na ágora porque o dano que o movimento sofista causava à *polis* merecia uma resposta pública.[20] Contudo, mais

---

[19] Ver, neste livro, p. 242.

[20] Pitágoras de Melo menciona (neste livro: p. 246) como argumento em favor do pitagorismo de Platão a sétima carta atribuída ao filósofo grego. Uma edição da missiva, acompanhada por um importante texto de Terence H. Irwin que discute a autenticidade da obra, é: Platão. *Carta VII*. São Paulo/Rio de Janeiro: Loyola/PUC-Rio, 2008.

importante do que essa hipótese, e o que é apresentado com maior rigor, é o resultado último de Pitágoras. Vale dizer, ele valorizou os princípios exigidos pelo conhecimento. Desse modo, a positividade que há nele e que foi perdida não apenas por Aristóteles, mas também por Platão, é a afirmação de que as formas existem no Ser Supremo e são dele – este é o fundamento do lema que daí surge, "O conhecimento exige princípios". É também o último passo antes que se possa afirmar, como o faz Pitágoras de Melo, com toda a força dos termos, que *não há rupturas no ser*. Antes de explorar as últimas consequências dessa postura metafísica, no entanto, é preciso abrir um parêntese.

Uma crítica a Kant

A reconstrução da epistemologia por Pitágoras de Melo culmina na concreção de Platão e Aristóteles, coincidindo com o que já fora dito pelo Pitágoras grego. Tal coincidência poderia transmitir a enganosa impressão de que Mário Ferreira dos Santos desabona, por meio de sua personagem, toda a filosofia moderna. Embora a referência a Nietzsche como profeta do nosso tempo e o expediente de recolher positividades em todas as manifestações cultas do pensamento humano – o uso da régua – já desautorizem essa leitura, a naturalidade com que Pitágoras de Melo trata de conceitos metafísicos pode ser mal interpretada como uma desatenção às críticas contundentes que a filosofia recente ergueu contra ela. Tampouco tal interpretação estaria correta. A bem da verdade, Pitágoras de Melo acusa uma robusta lista de pensadores modernos de desconhecerem ou não compreenderem suficientemente a escolástica. Entre eles, nomes tais como Descartes, Leibniz, Spinoza, Kant, Hegel, Heidegger. Outros não conheceriam em profundidade a obra de Aristóteles – entre eles, Kant e Hegel novamente, além de Bergson e Husserl. No fundo, eles desconheciam a teoria do conhecimento tanto de Aristóteles como da escolástica. Por isso, Mário Ferreira dos Santos inicia este livro apontando a epistemologia como o problema crucial do nosso tempo. Ora, e mesmo se o problema recebe uma solução no decorrer do livro, o que se busca desde o início é uma "certeza crítica"[21] em vez de ingênua. Assim, o tema de *Filosofias da Afirmação e da Negação* é propriamente kantiano. Não por acaso, Pitágoras de Melo lida de modo detido com os argumentos do autor da *Crítica da Razão Pura* contra a metafísica, o que se torna pertinente agora que sabemos ser preciso haver formas e haver um Ser Supremo.

Registre-se logo: Kant é, para Pitágoras de Melo, "um dos maiores de todos os tempos". Mas isso não o impediu de equivocar-se, muito menos de que seu equívoco fosse agravado pela leitura proposta por alguns de seus intérpretes. Para ele, o que garante legitimidade às ciências puras (matemática, geometria e física) falta à metafísica: a capacidade de produzir juízos sintéticos (que produzem conhecimento, porque o predicado acrescenta informação ao sujeito) *a priori* (que independem da experiência sensível, tendo por isto validade universal). A metafísica – ao fazer afirmações sobre Deus, sobre a alma ou sobre o *cosmos*, todas ideias *a priori* – somente seria capaz de produzir juízos analíticos, tautológicos; ao invés de operar uma revolução copernicana, ela dependeria de conceitos, sendo portanto não científica. Se todo conhecimento humano se fundamenta nos sentidos, como ele poderia versar sobre o que os ultrapassa? Pitágoras de Melo nota que é por dissociar a experiência sensível e o intelecto que Kant descrê da abstração. De fato, ele separa aquilo que é acessível aos sentidos (os fenômenos) de algo que não o é (a coisa em si). Ora, o que se apresentou como problema para Kant é exatamente o mesmo de que se ocupou a filosofia antiga e também a medieval: como alcançar conceitos universais se toda experiência é concreta e singular? Seja (como afirmam muitos) com a pretensão de invalidar toda a metafísica, seja (como afirma Pitágoras de Melo) com a pretensão de refundá-la em bases seguras, o fato é que a solução kantiana consiste precisamente em produzir juízos sintéticos *a priori*. A prova em

---

[21] Ver, neste livro, p. 42.

favor deles, no entanto, é insuficiente, pois, embora estabeleça que a experiência não é a única fonte dos juízos sintéticos, não estabelece que a mente o seja. Se tivesse ponderado as lições dos escolásticos, Kant poderia ter descoberto neles uma solução intermediária. Com os juízos sintéticos *a priori*, ele continuou a restringir o conhecimento ao campo dos fenômenos e a interditar-lhe a natureza em si das coisas. Logo, Kant se encontrou na desconfortável posição em que teve de admitir que conhecemos a heterogeneidade dos fenômenos, as variações por que eles passam, sem nada sabermos sobre o tipo de variação ou heterogeneidade nas coisas em si que os causam. Segundo Pitágoras de Melo, nesse contexto, Kant chegou ao agnosticismo, daí ao ceticismo e, após este, ao idealismo – justamente a doutrina a que desejara se opor. Antes dele, os escolásticos haviam sustentado que o que pode tornar um juízo universalmente válido são conceitos de um tipo especial, aqueles que se definem por serem atribuíveis a muitos indivíduos. Contra o nominalismo, que reduz os universais a meros significados, e o conceptualismo, que os reduz a esquemas puramente mentais (portanto subjetivos), o realismo faz lembrar o que é próprio a qualquer conceito: ser um esquema eidético-noético que representa seu objeto, não física, mas intencionalmente – por conseguinte, que não pode ser inteiramente subjetivo. Segundo tal concepção, os universais agrupam os traços ontológicos essenciais dos indivíduos, aqueles que não são alterados quando os singulares se modificam fisicamente, e, em cada um dos singulares em que estão, eles *são*. A tese conta com uma vertente exagerada ou platônica, que afirma existirem os universais intencionalmente tanto no intelecto (porque existem aí para a coisa) como na coisa (porque há ainda uma instância transcendente a esta para a qual eles também existem), e uma vertente moderada, que afirma existirem os universais intencionalmente no intelecto (para a coisa), mas *concretamente* na coisa (porque nela mesma eles se tornam fundamento para os universais que estão no intelecto). Pitágoras de Melo não expressa, a princípio, preferência por algum dos realismos em particular, mas apenas endossa, para o bem do argumento, a sua versão moderada. E, de fato, ambas as doutrinas satisfazem a exigência básica do conhecimento: a de que haja uma identidade de ordem cognoscitiva (não real, mas representativa) entre o cognoscente e a coisa conhecida. Após a exposição da concreção de Platão e Aristóteles em Pitágoras, no entanto, podemos saber que o realismo exagerado, e não o moderado, é que comporta o processo de conhecimento em toda a sua extensão.

O pitagorismo de Pitágoras de Melo

A possibilidade e a necessidade da metafísica são tão certas que alcançaremos igual sucesso se a demonstrarmos a partir da teoria do conhecimento de Aristóteles ou a partir da teoria do conhecimento de Platão. Mas é Pitágoras quem forneceu os fundamentos mais sólidos para esse empreendimento. Em enfoque bastante esclarecedor, Pitágoras de Melo compara os equivalentes, nos três filósofos, ao problema parmenidiano: "O ser é e não pode não ser, e o não ser não é e não pode ser". Parmênides aqui se refere, diz-nos Pitágoras de Melo, ao nada absoluto – pois, de fato, se se referisse a alguma coisa que *fosse*, em qualquer sentido de *ser*, ele não poderia dizer dela que "não pode ser" sem com isso implicar que não há mudanças reais no mundo. De que modo os outros três gregos compatibilizaram a mudança e o ser? Aristóteles propôs que aquilo a que uma substância pode se mover *é*, para ela, não atualmente, mas ao modo de potência. Pitágoras de Melo lamenta que essa formulação não confira a devida ênfase ao aspecto em que uma potência deve ser *privação*, e não meramente uma presença de valor inferior ao da atualidade. Platão teve o mérito de mostrar que um atributo que uma coisa não tem é *nada*, não em si mesmo, mas *para* a coisa que não o tem – ou seja, é um *não ser relativo*. Mas foi Pitágoras, o grego, o responsável pela imbricação de ser e não ser com maior precisão: "Os entes são o que são porque não são o que não são".[22] Levada a

---

[22] Ver, neste livro, p. 112.

afirmação adiante, tem-se que aquilo que as coisas são ou não são, ou seja, as formas metafísicas, nada mais são do que números – estes (no sentido do *arithmós*: a proporcionalidade intrínseca) é que se baseiam na diferença de tal modo que, se são o que são, isto se deve a que não sejam o que não são. Eles estão no e são do Ser Supremo, e todas as coisas são deles compostas. Portanto, todo ser é inteligível, mesmo que exija investigação (isto é, mesmo que não seja imediatamente inteligível). Ao contrário do que diriam Heráclito, Parmênides, Demócrito, Descartes, Berkeley, Kant, Hegel, entre outros, "enquanto seres, as coisas não mentem";[23] isto é, elas habitam no Ser Supremo, dado que falsidade é *nada* e ser é verdade. Quem considera que as coisas habitam outro plano, por exemplo, a história – é o caso do relativismo historicista-psicológico de Ortega y Gasset, Dilthey, Spengler e Nietzsche – é levado a afirmar que o ser é irracional e os princípios da metafísica são puramente subjetivos. Já Pitágoras de Melo pode dizer que, naquilo que o intelecto sabe com segurança, ele é infalível. O primeiro princípio das certezas que temos é, segundo ele, ontológico: somos capazes de nos referir aos objetos que realmente intencionamos, porque eles – suas formas – habitam necessariamente o Ser Supremo, o qual é racional. Portanto, há uma virtude cognoscitiva naquilo que conhecemos, e assentir ou aderir firmemente a ela é a própria definição de certeza. A razão dessas certezas, ou seu princípio último, é a evidência, que, tal como os escolásticos notaram com inigualável clareza, não pode ser apenas objetiva, nem apenas subjetiva, mas, antes, objetivo-subjetiva – ao mesmo tempo, evidência (objetiva) da certeza e certeza (subjetiva) da evidência.

Eis aqui uma consequência surpreendente da epistemologia e da metafísica de Mário Ferreira dos Santos, tais como apresentadas por Pitágoras de Melo: o conhecimento é uma relação, e só pode ser verdadeiro dentro dela – em uma palavra, *a verdade é relacional*. Um corolário como este corrobora, como dissemos, o anti-internalismo característico da filosofia contemporânea, e

---

[23] Ver, neste livro, p. 143.

possibilita uma aproximação inesperada entre a filosofia de Mário Ferreira dos Santos e movimentos filosóficos recentes, como a fenomenologia – aliás, alguns de seus expoentes eram atuantes quando este livro veio a público. De fato, Pitágoras de Melo sugere que não apenas uma filosofia positiva pode rejeitar a absolutização de dualismos (e poderíamos exemplificá-los com sujeito-objeto e interior-exterior), mas apenas uma filosofia negativista como o idealismo poderia conceber que existem duas positividades metafísicas. Desde o início das discussões, a personagem do filósofo brasileiro afirma: "nossa mente não é algo que esteja fora e seja totalmente outra que a natureza".[24] A aproximação da epistemologia de Mário Ferreira do Santos à filosofia contemporânea, entretanto, não deve ser motivada por mero desejo de aceitação ou paixão pelo novo. Ela resulta da aplicação rigorosa de uma regra (*regula*) do pensamento – o princípio inconteste de que "Algo há". Procedimento que torna a filosofia concreta digna de constar do cânone (*canon*) do pensamento filosófico em língua portuguesa, e faz da maneira positiva de filosofar um modelo admirável de atitude intelectual.

---

[24] Ver, neste livro, p. 50.

Arquivo
Mário Ferreira
dos Santos

Pitágoras De Melo Existe...

Mario D. Ferreira SANTOS

(Especial para o DIARIO DE NOTICIAS)

Quando, pela primeira vez, vim a saber que Pitágoras de Melo existia, foi num dia cheio de violeta, brumoso e frio.

Ele vinha sem chapéu, cabeleira ao vento, mãos aos bolsos, braços muito juntos ao peito como procurando aquentar-se, um cigarro na boca, atirando o fumo por entre os lábios mal entreabertos.

Eu divagava pelas ruas, talvez porque respirava debilmente, temendo a humidade no peito. Quando me vi bem perto dele disse para mim mesmo:
— Está aí um camarada que existe. — E os meus olhos o apontaram para mim.
Naquele momento Pitágoras de Melo existia.

Fui-lhe apresentado creio eu poucos dias depois. Não sei quem me apresentou. Mas desde o dia em que passei a frequentar suas companhias...

Pitágoras foi de grande afabilidade. Falou-me com tanto entusiasmo e sobre tanta coisa que para cada palavra minha certamente ele teria dito umas cem.

Lembro-me que daquele dia em diante Pitágoras passou a ser uma preocupação minha.

Procurei-o depois várias vezes. Gostava de conversar com ele. E buscávamos sempre os lugares menos frequentados, os bares menos frequentados ou barulento. Ele, como eu, odiava o ruído. Odiava a vigília. Quero dizer odiávamos tudo quanto pudesse interromper as nossas conversas.

Pitágoras aparecia cada dia com uma idéia nova. E isto é o que me encantava nele.

Ficava muitas vezes a pensar comigo mesmo: "Que Pitágoras trará hoje de novo?". Ele era para mim sempre um motivo de satisfação quando falava num tema inesperado. Deixava sempre pairando no ar, quando nos despedíamos, uma nova imagem de interrogações. Esperava que no dia seguinte ele viesse trazer alguma resposta. Mas qual! Pitágoras esquecia muito do que dissera na véspera. Vinha com novos temas. Irritava-se quando lhe recordava o que havíamos examinado no dia anterior. E quando lhe perguntava pelas respostas às interrogações que haviam ficado no ar, respondia:
— Que continuem pairando no ar. Eu tenho, hoje, outras interrogações que me estão a exigir também uma resposta.

Eu ria de Pitágoras. Não rio sempre, juro. Mesmo porque não gostava que se risse dele; eu não queria, de maneira alguma perder uma amizade tão preciosa como era a sua, e que me oferecia tantas horas de boa companhia.

PUBLICADO NO "DIARIO DE NOTICIAS" 15/10/1940

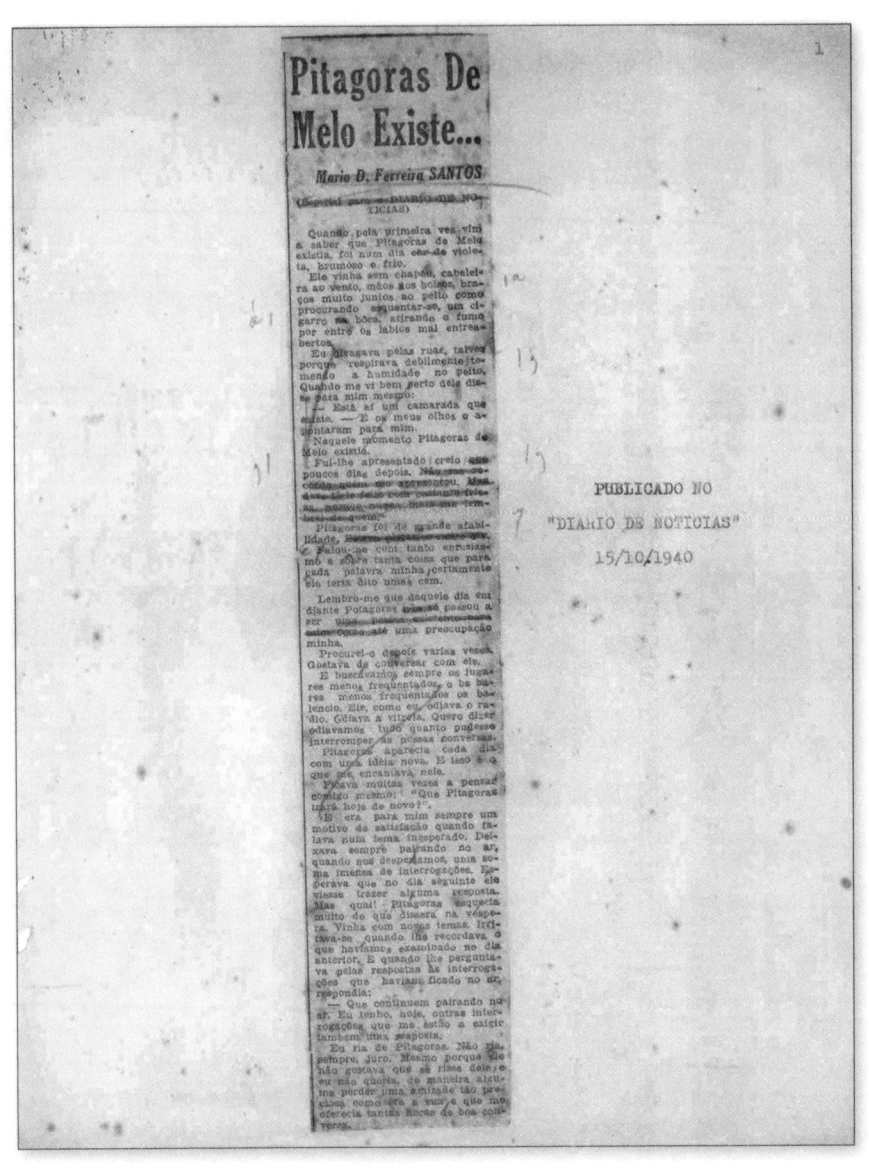

Mário Ferreira dos Santos. "Pitágoras de Melo Existe...", *Diário de Notícias*, 15 de outubro de 1940. Arquivo Mário Ferreira dos Santos / É Realizações Editora.

> Eu, Cavalheiro, Mundo, tenho a honra de apresentar a minha grande companhia de borliantina. Madame Guerra vai engulir espadas. E' a grande atração do genero. Depois apresentarei Madame Fome e Madame Peste, as maiores malabaristas que os olhos já viram.
> Atenção, respeitável público! Atenção! O grande espetáculo vai começar! Maestro, música!
> E eu ficava a repetir dentro de mim:
> — Positivamente, Pitágoras de Melo existe mesmo!...

Não *havia* relatar tudo quanto Pitágoras me disse durante os dias angustiosos da segunda guerra mundial. ~~Caberia em volumes e volumes e~~ muita coisa já perdeu seu interêsse e sua actualidade. Mas foi com verdadeira alegria que um dia dêsses, ao andar por uma das ruas movimentadas de São Paulo, esbarro-me com alguém. Ia já preparando umas palavras de escusas, quando vejo. Quem? Pitágoras... Uma exclamação foi a minha resposta, e nos abraçamos como dois velhos amigos. Logo percebi que êle estava mais velho. Os cabelos já brancos, o rosto marcado pelo tempo. Mas os olhos, aquêles grandes olhos eram os mesmos, vivos, interrogantes, embora ~~já dando mostras de~~ cansados.

-Pitágoras, velho...Que maravilha, ~~tex lha anmantzader~~ velho mocho. Um abraço.

Pitágoras tinha os olhos molhados. Talvez do aperto do meu abraço. Sorria e não falava. Balbuciou alguma coisa, palavras incompletas. E depois:

-Há quanto tempo...

-Deixemos o tempo. Você...você tem muito que me contar.

-Você?.... Por que não tu. Já esqueceste?

É verdade, Pitágoras tinha razão. Eu já me havia metropolitanizado tanto que não sentia mais a intimidade profunda do tu.

-Se não me tratares por tu....

-Sei, respondi-lhe. Tu, velho Pitágoras, velho homem da noite, velho homem do destino.

-Vem comigo. ~~Vamos para um lugar onde não tenha tantos espectadores.~~ Há muito que falar. ~~O momento exige que falemos muito.~~ Há muito que contar, há muito que discutir, há muito, muito...

Mário Ferreira dos Santos. "Pitágoras de Melo Existe...", *Diário de Notícias*, 15 de outubro de 1940. Arquivo Mário Ferreira dos Santos / É Realizações Editora.

Em 1914 Éramos Assim...

Mario SANTOS

Pitágoras de Melo, uma vez, classificara a si mesmo de esquisofrénico. Dizia-me que tinha a capacidade de viver tantas vidas quantas quizesse e que sabia encher o vasio de sua solidão, fazendo histórias que a realidade e o destino não lhe quizeram reservar.

Sentia-se feliz assim, afirmava. Podia engrandecer-se, dar um sentido mais universal aos seus gestos e às suas palavras e tudo isso lhe servia para suportar os momentos de profundo pessimismo, que ele, como bom latino, não sabia nem de leve como se libertar ou fugir.

Numa dessas ocasiões líricas — e que não eram raras, sobretudo quando nos ausentávamos para alguma rua escura em que, às horas mortas, as nossas passadas ritmavam uma estranha melodia — ele se punha a recitar versos seus, de cambulhada com os de outros, repetindo opiniões e frases em que, muitas vezes, a lucidez desaparece para vir de seu subconsciente palavras que falavam ao incompreensível. Numa dessas noites falávamos sobre a situação atual. As notícias das grandes batalhas na frente oriental européas, enchiam os jornais e, as vidas humanas, ali, eram destruídas aos milhares, numa mistura de terra, sangue, carne humana e ferro. Mas Pitágoras pareceu-me não querer embrenhar-se numa análise sobre os últimos acontecimentos.

Por todos os meios procurava recordar fatos da sua infância.

Recordava-me os dias da guerra de 14. Lembrava-se que estava em casa, junto a uma mesa, brincando com soldadinhos de chumbo, quando seu pai entrou e disse em altas palavras: "Rompeu a guerra! A Austria atacou a Servia!"

O que lhe era a Austria e a Servia pouco sabia. Mas ali mesmo começaram a chover opiniões, porque á volta da mesa estavam pessoas amigas que trocavam opiniões. "A Russia irá em defesa da Servia..." afirmou um. "Nesse caso a Alemanha entrará na guerra..." "E se Alemanha entrar, entra a Inglaterra e a França!" "Meu Deus, que horrível, então vai toda a Europa!" Essas últimas palavras, ele recorda-se, eram de sua mãe. Nos outros dias à mesma hora, reuniam-se, naquela mesma peça, as mesmas pessoas. E o assunto era a guerra. Pitágoras continuava brincando com seus soldadinhos de chumbo.

"Tu és a Alemanha... eu sou os belgas..." Como se recorda disso. O seu companheiro protestou e quasi brigaram aquela noite a bofetões se não fosse a intervenção de sua mãe. Pitágoras lembra-se que chamou o companheiro de "boche". Que horrível aquela ofensa. O companheiro chorou um bocado!

Mas a verdade, — prosseguiu Pitágoras — é que nós tínhamos uma impressão da guerra muito

PUBLICADO NO
"DIARIO DE NOTICIAS"
24/12/941

Mário Ferreira dos Santos. "Em 1914 Éramos Assim...", *Diário de Notícias*, 24 de dezembro de 1941. Arquivo Mário Ferreira dos Santos / É Realizações Editora.

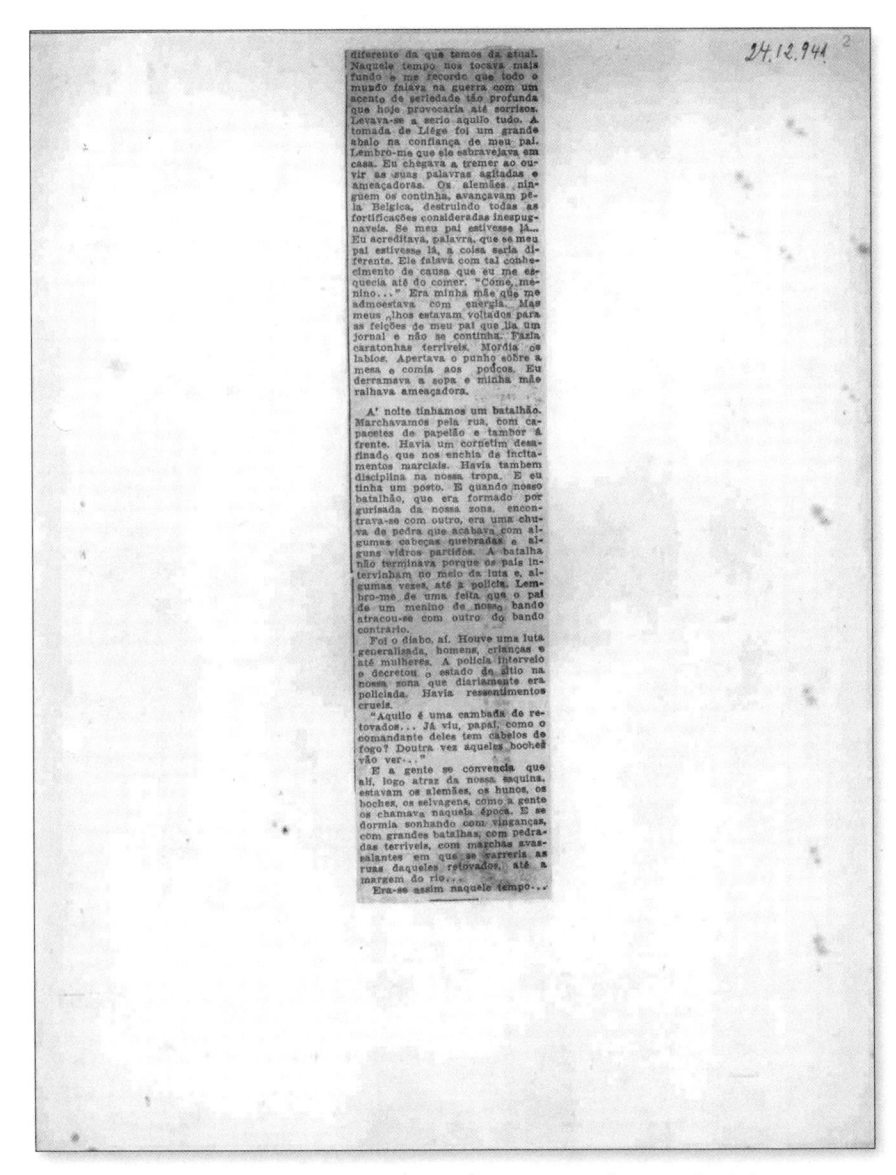

Mário Ferreira dos Santos. "Em 1914 Éramos Assim...", *Diário de Notícias*, 24 de dezembro de 1941. Arquivo Mário Ferreira dos Santos / É Realizações Editora.

O leitor brasileiro, um grande caluniado!

Palavras de Mário Ferreira dos Santos sôbre a sua obra e a repercursão que ela obteve junto aos leitores, do qual, e unicamente, se dirigiu.

Mário Ferreira dos Santos, atendendo uma solicitação que lhe fizemos, concedeu-nos esta entrevista, respondendo às perguntas que lhe fizemos, as quais publicamos, com as respectivas respostas.

A pergunta que lhe dirigimos foi a seguinte:
—Já se pode afirmar que há no Brasil um mercado para livros de filosofia? Como as respostas já implicam as perguntas feitas, deixamos de reproduzi-las.

O leitor brasileiro, um grande caluniado

Assim nos respondeu:
—O leitor brasileiro é um grande caluniado. Constantemente se encontram queixas contra êsse leitor. No entanto, esquecem-se os seus caluniadores de observarem um conjunto de aspectos importantes. Se o Brasil tem uma população de pouco mais de 50 milhões de habitantes, é inegável que apenas há no país um número de alfabetizados, com capacidade aquisitiva suficiente para adquirir livros, da casa, talvez, de 4 milhões de pessoas. Provàvelmente haja exagêro nesse número, e se houver virá em favor da tese que vamos desenvolver. Se realmente o número é êsse ou menor, êsse leitor adquire mais livros que qualquer outro. Se na França, Inglaterra, Alemanha, Estados Unidos, as tiragens são muito maiores, no tocante aos livros de filosofia e de cultura geral, o montante da tiragem das edições não supera, na proporção dos leitores, o número das brasileiras, pois é comum na Alemanha, por ex., do qual estamos suficientemente informados, que uma obra de filosofia é editada na base de 5 a 10 mil exemplares para vender-se num prazo de 3 a 4 anos. Ora tais tiragens, em filosofia, já se observou entre nós, e pelo menos sou testemunha, pois tenho livros meus que alcançaram tais tiragens, e foram vendidos num prazo até menor.

Preconceito refutado

Quando pretendi publicar os meus livros, que há trinta e cinco anos os realizo em silêncio, para cuja realização dei o melhor de minhas horas e das minhas fôrças, procurei vários editôres brasileiros. E todos, sem exceção, diziam-me: 1) não há interêsse no leitor brasileiro pela filosofia; 2) e muito menos por um autor nacional, pois o brasileiro não acredita em si mesmo, e só em estrangeiros; 3) uma edição de obras de filosofia exigiria um grande capital para esperar um redízio duvidoso e, na melhor das hipóteses, tardio; 4) seria necessário mobilizar uma crítica favorável, intensa e extensa, e obter apoio oficial, através do Instituto do Livro, etc.

Nunca acreditei na exactidão dêsse ponto de vista e tive oportunidade de afirmar a um editor que iria provar que não precisaria de nenhuma dessas providências consideradas imprescindíveis.

"Vontade de Potência", a primeira experiência

Foi com a Livraria do Globo que editei êsse livro de Nietzsche, acompanha-

Mário Ferreira dos Santos. "O leitor brasileiro, um grande caluniado!".
Arquivo Mário Ferreira dos Santos / É Realizações Editora.

do de "O Homem que Foi um Campo de Batalha", um longo ensaio que o servia de introducção.

Os ~~reveiro~~ que dirigiam o pensamento daquela editôra não acreditavam no êxito da edição. E, no entanto, ela esgotou-se em pouco tempo e a sua tiragem foi muito grande, como aliás o são as dessa editôra.

"Se a esfinge falasse...", a segunda experiência

Quando quis editar êste livro fui aconselhado que não o fizesse com o meu nome e usasse um pseudônimo. Tais foram as razões, que aceitei. Editei o livro com o pseudônimo de Dan Anderson, e o livro esgotou-se em menos de um ano, com uma tiragem de 3.000 exs. Logo após editei "Realidade do Homem", com o mesmo pseudônimo, com uma tiragem maior que "Se a esfinge falasse", e vendi mais que com a primeira. Logo após editei muitos outros livros, com vários pseudônimos, alguns com tiragens, de 10.000 exs. tendo vendido todos.

Ficava desde logo provado que o leitor brasileiro não só queria romances, mas também obras de pensamento.

"Filosofia e Cosmovisão", a terceira experiência

Considero a mais importante das minhas experiências, a que fiz com êste livro, pois levava o meu nome real. Era um risco extraordinário. Houve um editor que me disse que precisava ter muita coragem para perder tanto dinheiro, pois sendo eu um homem pobre e de trabalho, ia assumir um grande compromisso, pois não dispunha de nenhum capital. Realmente, foi a benevolência da Cia. Litográfica Ypiranga, dando-me crédito, que me permitiu editasse a obra e esperasse que a vendesse para pagá-la. Pois em menos de 3 meses, já havia pago o montante da edição, pois a venda foi tão grande que o livro esgotou-se pràticamente em 3 meses. E provava com essa obra, ademais, que se podia e devia apresentar obra de filosofia, não só de autor nacional, mas ainda em bela e luxuosa apresentação, entregue-o diretamente ao leitor...

Um leitor independentizado

Numa discussão mantida com um grande editor do Rio, afirmei que o leitor brasileiro é um leitor independentizado, que não se guia por crítica de qualquer espécie, mas apenas por seus naturais pendores e preferências. E afirmei que lançaria meus livros, sem pedir a quem quer que seja que escrevesse "bondosamente" sôbre os mesmos. E assim procedi, sem nenhuma atitude adversa à crítica, mas para provar que há no Brasil um leitor independentizado, ao qual o autor pode dirigir-se francamente. E é êle quem se manifestará, adquirindo a obra, e propagando-a junto aos amigos. E tal facto realizou-se, comprovando assim a minha afirmativa.

10 obras em um ano com quatro reedições

Pus-me dessa forma a editar os meus livros e, num ano, como foi o de 1954, editei cerca de 10 títulos. E verdade que não os escrevi nesse período, apenas os editei, nesse período, pois, como já disse, há mais 30 anos trabalho na realização da minha "Enciclopédia de Ciências Filosóficas e Sociais". Mas durante êsse período, reeditei 4 títulos, o último a sair por êstes dias, o que oferece uma média que muito me alegra e vem comprovar o que pensava sôbre o leitor brasileiro, êsse grande caluniado, repito, a quem me dirigi, oferecendo-lhe o meu livro, e de quem tive a mais genuína manifestação de boa vontade e de apoio, pois foi êle quem propagou as minhas obras.

Mário Ferreira dos Santos. "O leitor brasileiro, um grande caluniado!".
Arquivo Mário Ferreira dos Santos / É Realizações Editora.

Milhares de cartas

E durante êsse período, incluindo ainda parte de 1953, recebi milhares de cartas de leitores brasileiros, vindas de todos os Estados e Territórios brasileiros, cartas animadoras, de pessoas de tôdas as profissões e de todos os títulos, dando-me pleno amparo moral e felicitando-me pelo meu trabalho. E uma coisa quero dizer ainda, pois muitos metropolitanos desconhecem: há muita inteligência por êsse Brasil. Muita inteligência desconhecida, muito valor anônimo, pois tenho cartas que são verdadeiras obras primas, revelando imenso saber, muita capacidade de apreciação e de crítica, e apresentando-me idéias e pontos de vista respeitáveis sob todos os aspectos. Graças a essa correspondência, mantenho relações epistolares com centenas de pessoas dispersas por êste país, pessoas que revelam um acentuado interêsse pelo estudo e que demonstram haver alcançado um nível que nem de leve muitos metropolitanos podem calcular. Há muito mais inteligência neste país do que se julga, e, realmente, façamos justiça, a cultura brasileira não está apenas nas capitais, como muitos desejem fazer crer. Em absoluto não quis até hoje aproveitar-me dessa correspondência para publicar trechos que me seriam imensamente favoráveis, embora muitos tenham abertamente declarado que posso fazer uso que quiser das suas palavras.

Êste público espontâneao, indepentizado, senhor de si, êsse leitor tão caluniado, é um dos maiores motivos de satisfação e de recompensa pelo esfôrço que

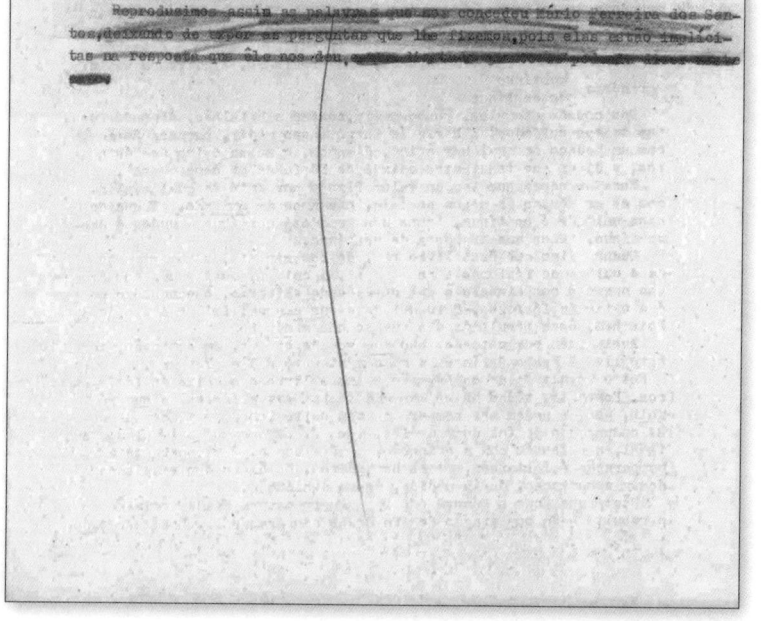

Mário Ferreira dos Santos. "O leitor brasileiro, um grande caluniado!".
Arquivo Mário Ferreira dos Santos / É Realizações Editora.

Outras actividades

—Além da actividade de (professor,) escritor e editor, ocupa-se V.S. com outras actividades?

—Sim. Na verdade a minha actividade como (professor,) escritor e editor exige uma grande soma de tempo. Mas há sempre tempo quando se gosta de trabalhar. E como excluo os divertimentos, emprego a totalidade de meu tempo, não só nesse trabalho, como também em actividades de ordem social. Actualmente, trabalho intensivamente com outros amigos e estudiosos, na realização de um *Centro de Debates e Estudos Culturais*. Nossa finalidade é contribuir com a maior soma de conhecimentos e de experiência, para tratar da melhoria das relações humanas, tema que hoje interessa vivamente a humanidade. Nossa organização funciona em "equipe", preocupando-se apenas com o trabalho científico, ausente totalmente de qualquer orientação política. Temos certeza que, nesse sector, haveremos de cooperar com muitos estudos novos. *Nesse* "Centro de Debates", pretendemos reunir todos os que desejam dedicar-se a um trabalho sério, de orientação segura, sôbre a problemática filosófica, devendo, em breve, iniciarmos por uma mesa redonda, na qual deverão tomar parte estudiosos que sigam correntes e tendências diversas, mas orientados sob um método de trabalho que seja profícuo, e que possa, no futuro, trazer uma grande contribuição em benefício da nossa cultura. A finalidade é apenas cultural, e as sessões serão organizadas com solenidade, e sob *normas* que impeçam estéreis discussões e evitem dar oportunidade a confusionistas, que possam perturbar a verdadeira finalidade do que empreendemos.

Também faz parte de minhas cogitações a instalação de um "Centro de Estudos Brasileiros". O Brasil é o grande desconhecido dos brasileiros, sobretudo o Brasil do passado que, para muitos, é apenas um deserto. Há, no entanto, muitos que consideram o contrário: hoje é que vivemos o deserto, ou pelo menos estamos por êle ameaçado. Trata-se de debater e de estudar a obra de nossos maiores, sempre com espírito objectivo e científico, para que recuperemos uma herança que não temos *motivos para* renunciar. *Os que quiserem cooperar comigo que me escrevam.*"

Mário Ferreira dos Santos. "O leitor brasileiro, um grande caluniado!".
Arquivo Mário Ferreira dos Santos / É Realizações Editora.

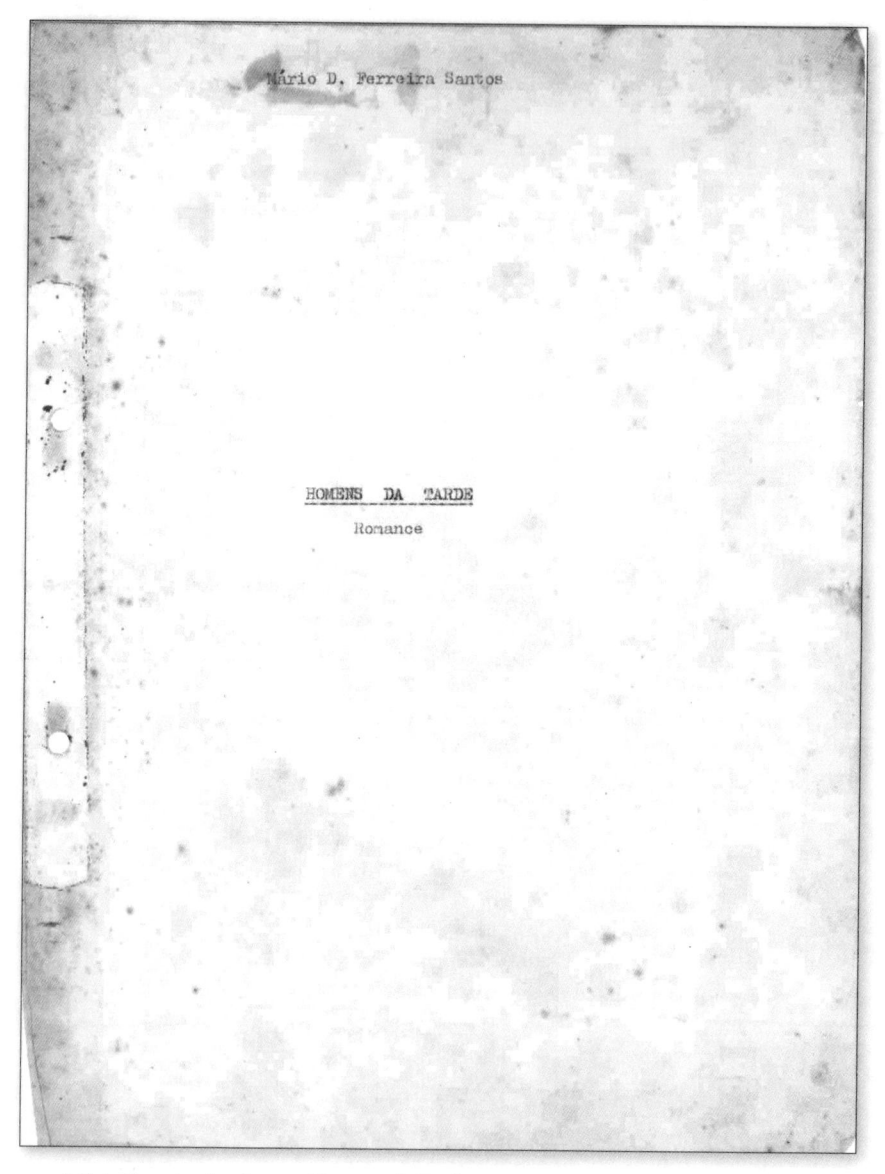

Mário Ferreira dos Santos. *Homens da Tarde*. Arquivo Mário Ferreira dos Santos / É Realizações Editora. Romance inédito que em breve publicaremos.

> "...são homens da tarde, ~~e não têm consciência do entardecer humano~~... [eles]
> nas árvores vêem as sombras, as fôlhas, os troncos, os frutos.
> ~~Mas jamais~~ [Nunca] se lembram de perguntar o porquê das sementes..."

Mário Ferreira dos Santos. *Homens da Tarde*. Arquivo Mário Ferreira dos Santos / É Realizações Editora. Romance inédito que em breve publicaremos.

A vida está nos olhos.

Uma atonia parece segurar os braços de Pitágoras, as pálpebras imobilizam-se e o olhar é penetrante:

—Há gente que traz a morte no rosto, nos olhos... Você já sentiu isso, Paulsen?

—Não sei... A pergunta é tão soturna que francamente tenho até medo de descobrir uma evidência, uma certeza [deriva a cabeça...]

—Preste-me atenção. — O olhar de Pitágoras é cada vez mais frio. — Nunca se sentiu em face de alguém... diga: nunca viu a morte nos olhos de alguém?

Paulsen recua num sorriso. Vira-se para Ricardo a rir, tenta gargalhar, mas estaca incompleta.

Pitágoras prossegue: [voz é longínqua agora]

—Acompanhe meu pensamento. É uma sensação esquisita que não sei explicar. Mistura-se um pouco de simpatia, de compaixão. Olho uma pessoa bem nos olhos brilhantes, cansados ou foscos, a pele rosada ou não, os cabelos são vivos, palpita à minha frente, move-se, fala, gesticula. De repente, sem que o saiba porquê, [Coisa] Acredite, amigo, Não a vejo morta, não! Não pense que a imagino num caixão. Nada disso! É uma impressão diferente. Não sei explicar. — Levanta os olhos, mexe a cabeça, como buscando, como recordando — Lembra-se de Luciano? Um dia olhei-o, tive a impressão da morte, uma vaga intuição que êle morria. Não era bem isso... era outra coisa. Vocês não julguem que estou fazendo literatura, é alguma coisa que até me aterroriza. A verdade é que dias depois Luciano morria [Como se as suas palavras o espandassem] inesperadamente para todos, para todos, menos para mim!

—Mas o que foi que você sentiu? Um mal-estar qualquer ao vê-lo? – Pergunta Ricardo.

– Não sei bem... Uma espécie assim de presciência do inevitável [está indeciso]. Não vi nada, uma estranha de nada sensação diferente muito da visual [suas palavras se arrastam].

– Assim como se fôsse um outro sentido?

– Talvez um outro sentido. [Há um ar de desgôsto em Pitágoras. As palavras saem-lhe difíceis] – Quando, tempos depois, vi uma fotografia de Luciano tive outra vez a mesma impressão. A fotografia confirmava a morte. Quando recebi a notícia, nada senti de inesperado, foi como uma espécie de recordação. Como quem recebe uma confirmação... do que já sabia.

– Por favor, Pitágoras. Olhe bem para mim. Tenho vida, não tenho? [O olhar dêle é exigente].

Pitágoras sorri da pergunta de Ricardo. Segura-o pelo braço:

– Dentro de você, meu caro, ainda há muita vida...

Mas Paulsen entristece, exclama dentro de si:

– E eu tenho uma irmã que morre... que morre!...

. .

Paulsen e Ricardo seguem sozinhos agora. Comentam as notícias da revolução na Espanha. "É o início da guerra mundial", pondera Ricardo e Paulsen concorda. As potências em luta escolheram a Espanha. De um lado os fascistas, do outro os socialistas. A França e a Inglaterra procuram equilibrar o choque para não serem arrastadas.

Mas o que Paulsen quer recordar são as palavras soturnas de Pitágoras. Não desgosta de Ricardo, mas precisa ficar só. Sente uma necessidade imperiosa de recordar.

– Amanhã vou à reunião em casa do chefe do Pitágoras, à Corrêa.

Mário Ferreira dos Santos. *Homens da Tarde*. Arquivo Mário Ferreira dos Santos / É Realizações Editora. Romance inédito que em breve publicaremos.

Para o mais criterioso pensamento filosófico do ocidente, a filosofia não é um mero ludus, mas sim um afanar-se *na obtenção de seu saber* epistêmico, especulativo, culto, capaz de levar o homem ao conhecimento das primeiras e últimas causas de tôdas as coisas.

Pode a filosofia, em mãos pouco hábeis, ter servido apenas para *a* pesquiza desenfreada de temas vários, *até* ao sabor da afectividade e da sem-razão. Entretanto, o que se busca com mais segurança no pensamento ocidental é a construção, *na* filosofia, de juízos apodíticos, *necessários,* isto é, *suficientemente demonstrados,* suficientes para justificar e comprovar os postulados *propostos,* e permitir que o filosofar se processe *em* terreno mais seguro. Sente-se com bastante evidência que a filosofia de outras regiões do mundo, em outras épocas, fundou-se mais em juízos assertóricos, meras asserções de postulados aceitos, os quais recebiam a firme adesão de todos quantos vissem nêles algo correspondente *que dia às suas potências intelectuais e afectivas.*

É por isso que a filosofia no oriente *quase não* se separa da religião e com ela se confunde, porque aquela, *como esta,* funda-se mais em juízos assertóricos, para os quais é suficiente a fé que dispensa a demonstração.

Se observarmos melhor o ocidente, veremos que entre os gregos, predominantemente cépticos e pessimistas, a aceitação de uma nova idéia impunha exigia a demonstração. Vemo-lo quando São Paulo propõe-se cristianizar os gregos, êstes não se satisfazem com as asserções, e exigem demonstrações, como é *próprio* do espírito grego. A filosofia na Grécia, além de especulativa, *esotericamente,* o que já era em outras regiões, caracteriza-se sobretudo pela busca da apodicticidade. A filosofia busca demonstrar os seus postulados e nesse afã atravessou os séculos até os nossos dias.

Na ciência, *Naturais,* a demonstração se faz por via experimental, *em grande parte,* desde que os fatos não contradigam as hipóteses e as teorias. Mas, se observarmos a matemática, vemos que a demonstração se processa dentro de um rigor *ontológico* mais completo. A matemática, como ciência auxiliar, serve inegavelmente de elo entre a ciência experimental e a filosofia. Quem quer fazer filosofia com absoluta segurança deve *dar à* sua demonstração o rigor matemático, *e* nunca esquecer que os esquemas que a filosofia constrói *são* análogos

Mário Ferreira dos Santos. *Filosofia Concreta*. Datiloscrito 1.
Arquivo Mário Ferreira dos Santos / É Realizações Editora.

Para o mais criterioso pensamento filosófico do Ocidente, a filosofia não é um mero ludus, mas sim um afanar-se na obtenção de um saber epistêmico, especulativo, ~~culto~~ *teórico*, capaz de levar o homem ao conhecimento das primeiras e últimas causas de tôdas as coisas.

Pode a filosofia, em mãos pouco hábeis, ter servido apenas para a pesquiza desenfreada de temas vários, ao sabor da afectividade e até da sem-razão. Entretanto, o que se busca com mais segurança no pensamento ocidental é a construção, ~~na filosofia~~ *nela*, de juízos apodíticos, isto é, necessários, suficientemente demonstrados, para justificar e comprovar os postulados propostos, e permitir que o filosofar se processe em terreno mais seguro. Sente-se ~~com bastante~~ *não obstante em certas e em certas* evidência que a filosofia, ~~de outras~~ regiões do mundo, em outras épocas, fundou-se mais em juízos assertórios, meras ~~asserções~~ *das que nada* de postulados aceitos, os quais recebiam a firme adesão de todos quantos vissem neles algo ~~que correspondia~~ *adequado* às suas vivências intelectuais e afectivas. E por isso que a filosofia no Oriente quase não se separa da religião, e com ela até se confunde, porque aquela, como esta, fundam-se mais em juízos assertóricos, para os quais é suficiente a fé que dispensa a demonstração.

~~Se observarmos melhor o Ocidente, veremos que~~ entre os gregos, predominantemente cépticos e pessimistas, a aceitação de uma nova idéia impunha e exigia a demonstração. Vemo-lo quando São Paulo propõe-se cristianizar os gregos. Estes não se satisfazem com ~~as~~ *tue* ~~asserções~~, e exigem demonstrações, ~~como é próprio do espírito grego~~. *de certo modo*

A filosofia na Grécia, além de especulativa, o que já era esotericamente em outras regiões, caracteriza-se sobretudo pela ~~busca~~ *procura* da apodicticidade. A filosofia busca demonstrar os seus postulados e nesse afã atravessou os séculos até os nossos dias.

Na Ciência Natural, a demonstração se faz em grande parte por via experimental, desde que os factos não contradigam as hipóteses e as

Mário Ferreira dos Santos. *Filosofia Concreta*. Datiloscrito 2.
Arquivo Mário Ferreira dos Santos / É Realizações Editora.
Reparar nas modificações feitas a partir das revisões do datiloscrito 1.

aos que a ciência examina e estuda.

Basta para a fé os juízos assertóricos; mas o verdadeiro filósofo exige juízos apodícticos.

Ao desejar-se construir uma Filosofia Concreta, isto é, uma filosofia que dê uma visão unitiva, não só das idéias como também dos factos, não só do que pertence ao campo propriamente à filosofia, como também ao campo da ciência, que cabe ao, deve ela ter a capacidade de penetração nos temas transcendentais, deve demonstrar as suas teses e postulados com o rigor da matemática, e deve justificar os seus princípios com a analogia dos factos experimentais. Porque só assim esta filosofia será concreta, porque não pairará apenas num sector de realidade, numa esfera de conhecimento, mas englobará no seu processo, todo o campo da actividade epistêmica do homem. Suas leis devem ser válidas para todas as esferas e regiões do saber humano. Uma lei, válida se não se subordina as leis precedentais, apenas para uma região, é uma lei provisória, que está excluída do restante da concreção. Ao estabelecerem-se leis e princípios devem, êstes ter validez em todos os campos do conhecimento humano, porque só assim se construirá o nexo que estruturará saber epistêmico num conjunto coordenado, no qual se dê aquêle princípio de harmonia dos pitagóricos, que é, a adequação dos opostos analogados, cujas funções subsidiárias estão subordinadas à função principal que é dada pela normal da totalidade.

Mário Ferreira dos Santos. *Filosofia Concreta*. Datiloscrito 1.
Arquivo Mário Ferreira dos Santos / É Realizações Editora.

Mas, se observarmos a matemática, vemos que a demonstração se processa dentro de um rigor ontológico maior. Aquela, como ciência auxiliar, serve inegàvelmente de elo entre a ciência experimental e a Filosofia.

Quem quer fazer filosofia com absoluta segurança deve dar à sua demonstração o rigor matemático, e nunca esquecer que os esquemas que a filosofia constroi são análogos aos que a ciência examina e estuda.

Basta, para a fé, os juízos assertóricos; mas o verdadeiro filósofo exige juízos apodíticos.

Ao desejar-se construir uma Filosofia Concreta, isto é, uma filosofia que dê uma visão unitiva, não só das idéias como também dos factos, não só do que pertence ao campo pròpriamente filosófico como também ao campo da ciência, deve ela ter a capacidade de penetrar nos temas transcendentais. Deve demonstrar as suas teses e postulados com o rigor da matemática, e deve justificar os seus princípios com a analogia dos factos experimentais.

Porque só assim a filosofia será concreta, porque não pairará apenas num sector da realidade, numa esfera de conhecimento, mas englobará, no seu processo, todo o campo da actividade epistêmica do homem. Suas leis devem ser válidas para tôdas as esferas e regiões do saber humano. Uma lei, válida apenas para uma região, se não se subordina às leis transcendentais, é uma lei provisória. Ao estabelecerem-se leis e princípios devem êstes ter validez em todos os campos do conhecimento humano, porque só assim se construirá o nexo que estructurará o saber epistêmico num conjunto coordenado, no qual se dê aquêle princípio de harmonia dos pitagóricos, que é a adequação dos opostos analogados, cujas funções subsidiárias, estão subordinadas à função principal, que é dada pela normal da totalidade.

Mário Ferreira dos Santos. *Filosofia Concreta*. Datiloscrito 2.
Arquivo Mário Ferreira dos Santos / É Realizações Editora.
Reparar nas modificações feitas a partir das revisões do datiloscrito 1.

Um rápido estudo ~~sôbre o~~ de processo filosófico grego, ~~logo-nos~~ nos mostra ~~de modo claro~~ que ~~logo~~ após a vinda de Pitágoras à Grécia, desenvolve~~-se~~-se uma tendência marcante para a demonstração dos postulados filosóficos.

É'fácil depreender que a ânsia de apoditicidade, que se observa nessa filosofia, tornada exotérica, se deve, e sobretudo, à influência dos estudos matemáticos, e dentre êles à geometria, que por exigir constantemente demonstrações, fundadas no que anteriormente ficou provado, desenvolveu ~~o gast~~ a tendência para o saber teórico, que só o é, quando fundado apoditicamente.

A filosofia, tendendo para êsse caminho, (embora partindo do ~~fundado no~~) ~~afastando-se~~ conhecimento empírico e ~~da~~ na doxa, ~~permaneceram~~ tornou-se uma legítima epistéme, um saber culto, que é ~~sob~~ uma norma ética do verdadeiro filosofar. Os primeiros esquemas noéticos do filosofar grego tinham de provir da conceituação comum e nêles trazer as aderências da sua origem. Mas há uma marcante tendência a afastar-se dos preconceitos de tipo psicologista e tender para o sentido da matemática, como vemos no pensamento pitagórico de grau mais elevado.

Sabe-se que Pitágoras foi um grande divulgador dos conhecimentos matemáticos por êle adquiridos em suas viagens e estudos, embora alguns tenham dúvida quanto à sua existência histórica, o que não cabe aqui discutir. Mas o pitagorismo é um facto histórico, e vemos que é êle que anima o estudo da matemática e é dentre os pitagóricos que vão surgir os mais ilustres dos tempos antigos. A demonstração não se separa da matemática, e ademais esta não é apenas uma ciência auxiliar do conhecimento, um simples método, como alguns pretendem considerar. Tem ela uma significação ontológica muito mais profunda, e a justificação desta afirmativa não caberia ainda aqui. A matematização da filosofia é a única maneira de afastá-la dos perigos da estética (e das meras assecões,) Não que consideremos um defeito a presença do estético na filosofia, mas o perigo está em a tendên

Mário Ferreira dos Santos. *Filosofia Concreta*. Datiloscrito 1.
Arquivo Mário Ferreira dos Santos / É Realizações Editora.

Um rápido estudo do processo filosófico grego, mostra-nos que após a vinda de Pitágoras à Magna Grécia, desenvolveu-se uma tendência marcante para a demonstração dos postulados filosóficos.

É fácil depreender que a ânsia da apoditicidade, que se observa nessa filosofia, tornada exotérica, deve ser, sobretudo, à influência dos estudos matemáticos, e dentre êles à geometria, que por exigir constantemente demonstrações, fundadas no que anteriormente ficou provado, desenvolveu a tendência para o saber teórico, que só o é quando fundado apoditicamente.

A filosofia, tendendo para êsse caminho, embora partindo do conhecimento empírico e da doxa, tornou-se uma legítima epistéme, um saber culto, que é uma norma ética do verdadeiro filosofar.

Os primeiros esquemas noéticos do filosofar grego tinham de provir da conceituação comum, e neles trazer as aderências da sua origem. Mas há uma excessiva tendência a afastar-se dos preconceitos de tipo psicologista e tender para o sentido da matemática, como vemos no pensamento pitagórico de grau mais elevado.

Sabe-se que Pitágoras foi um grande divulgador dos conhecimentos matemáticos, por êle adquiridos em suas viagens e estudos, embora alguns tenham dúvida quanto à sua existência histórica, o que não cabe aqui discutir. Mas o pitagorismo é um facto histórico, e vemos que é êle que anima o estudo da matemática, e é dentre os pitagóricos que vão surgir os mais ilustres dos tempos antigos.

A demonstração se separa da matemática, e ademais esta não é apenas uma ciência auxiliar do conhecimento, um simples método, como alguns pretendem considerar. Tem ela uma significação ontológica muito mais profunda, e a justificação dessa afirmativa não caberia ainda aqui.

A matematização da filosofia é a única maneira de afastá-la dos perigos da estética e das meras asserções. Não que consideremos um defeito a presença do estético na filosofia, mas o perigo está em o estético tender a bastar-se a si mesmo, e reduzir o filosofar ao seu campo, com o predomínio da conceituação, com conteúdos

Mário Ferreira dos Santos. *Filosofia Concreta*. Datiloscrito 2.
Arquivo Mário Ferreira dos Santos / É Realizações Editora.
Reparar nas modificações feitas a partir das revisões do datiloscrito 1.

Índice analítico

A
Abaliedade, 48
Abstração
   aristotélica, 221
   definição aristotélica de, 215
   de primeiro grau, 203
   formal, 205, 209, 215, 221, 232-33, 241
   segundo grau de, 202
   terceiro grau de, 202
   total, 205, 209, 215, 232, 241
Abstratismo, 20, 245
Afirmação, 14
Agnosticismo, 223
Angústia, 14, 116
   de ser, 116
Anti-intelectualismo, 73
   contradição do, 75
   e Kant, 73
Aporia, 61, 74
Argumento
   cosmológico, 220
   ontológico, 220
   teológico, 220
Arithmós, 112
Aseidade, 48
Assimilação
   biológica, 88
   psicológica, 88

Ateísmo, 120
   ascendência do, 120
Ato, 112
Autodidatismo, 20
Axioma, 99

C
Cálculo
   infinitesimal, 195
Catolicismo
   ideias religiosas do, 137
Ceticismo, 22, 46, 223, 247
   absoluto
      impossibilidade do, 46
   fecundidade do, 134
   moderado, 59
   tolo, 134
   universal, 50, 52
      refutação do, 59
   veneno do, 133
Cinismo, 247
Comunhão
   tese católica da, 105
Conceito
   abstrato, 92
   especial, 209
   formal, 92
   geral, 209
   metafísico, 209

origem do, 232
sensível, 92
subjetivo, 206
universal, 157, 206
valor do, 151
Conceitualismo, 154
  crítica ao, 216
  refutação do, 155
Conhecimento
  definição de, 142
  sensível
    valor do, 139
Consciência
  dados imediatos da, 80
Conversação, 129, 134, 212, 218, 225
Cor
  conceito formal, 93
Criacionismo, 194
Crise
  e diácrise, 12
  e finitude, 10, 254
  e sociedade moderna, 13
  e transcendência, 11
Critério, 104
  de Descartes, 105
  de evidência, 107
Criticismo, 151
Cultura
  aviltamento da, 9

D
Dedução, 151, 157

Demonstração
  apodítica, 107
  definição de, 159
Desespero, 19, 21, 40, 116, 119
Diácrise, 10
Dialética
  transcendental
    kantiana, 222
Divindade
  questão da, 169
Dogmatismo, 25, 28, 44
  absoluto, 46
Dualismo, 29, 189
  definição do, 31
Dúvida, 134
  definição de, 132

E
Economia
  síntese da natureza e do espírito, 10
Élan vital, 72
Elo
  comum, 39
Empirismo
  aristotélico, 212
  racionalista, 232
Ensino
  laico, 120
Ente
  imaterial, 202
  material, 202
Epicurismo, 247

Epokhê, 80
Equívoco
   de Kant sobre a metafísica, 221, 259
   kantiano, 219
Escolástica, 63, 104, 123, 166, 192, 199, 220, 222, 259
   admiração pela, 63, 137
   e Kant, 201
   importância da, 135, 257
   primeiros séculos da, 151
   valor da, 135
Espírito
   metropolitano e tardio, 19
Estado
   moderno, 13
Estoicismo, 247
Eternidade
   conceito de, 125
Evidência, 102
   científica, 103
   como razão da certeza, 102
   como razão da verdade, 102
   critério supremo da verdade, 106
   estudo da, 134
   ética, 103
   etimologia de, 102
   extrínseca, 103
   física, 103
   formal, 103
   imediata, 103
   intrínseca, 103
   jurídica, 103
   lógica, 103
   matemática, 103
   mediata, 103, 106
   metafísica, 103
   moral, 103
   objetiva, 103
   objetivo-subjetiva, 103-04
   subjetiva, 103
Eviternidade, 125
Evolução
   acidental, 114
   conceito de, 114
   essencial, 114
Existência
   física, 205
   metafísica, 205
Existencialismo, 74
Experiência, 161
Extensão
   definição de, 142

F

Falsidade
   lógica, 101
Farisaísmo
   intelectual, 9
Fato
   razão de ser do, 162
Fenômeno, 221
   etimologia de, 52, 79, 221
   indeterminismo do, 162
Fenomenologia, 52, 77

em Hegel, 79
em Heidegger, 80
em Husserl, 80
em Kant, 79
Ficcionalismo, 27, 108
Filisteísmo
    intelectual, 9
Filosofia
    católica, 125
        teses da, 125
    da negatividade, 9
    do entardecer, 14
    do não, 9
    do Sim, 9
    grega, 231
    medieval, 231
    moderna, 79, 230
    negativa, 45
    positiva, 45
Filósofo
    astucioso, 133
    católico, 137
    da positividade, 134
    de brio, 133
Forma
    definição de, 181

G
Geometrias
    não euclidianas, 99

H
Herói
    antigo, 117
    moderno, 117
Heterogeneidade
    caráter filosófico da, 135
Hilozoísmo, 243
Historicismo
    psicológico, 113
Homem
    possibilidade do, 208
Humanidade
    como ser metafísico, 205

I
Idealismo, 47, 223
    antigo, 65
    anti-intelectualista, 72-73
    definição de, 65, 68
    fenomenístico, 65
    hegeliano, 74
    integral, 65
    moderno, 65
        acósmico, 65
        empírico, 65
    monístico, 72
    platônico, 65
    refutação do, 64
    solipsista, 141
    transcendental, 65
Ideia
    universal, 152
Imanência
    definição de, 13
    intencional, 68

princípio da, 68
total, 68
Imitação, 95
　emergência da, 95
Inaliedade, 48
Inatismo
　platônico, 212
Inconsciente, 141
Indução, 151, 157
　científica, 161
　definição de, 160
Infinito
　definição de, 177, 180
Intelectualismo, 151
Inteligência
　moderna, 44
Intuição
　eidética, 80
　na filosofia de Bergson, 72
Irracionalismo, 72

J
Juízo
　analítico, 219
　apodítico, 104
　contingente, 99, 104
　lógico, 97
　　operação do, 97
　necessário, 99
　ontológico, 105
　sintético
　　a posteriori, 200, 219
　　a priori, 200, 220, 222

L
Lei
　da física pura, 219
　da proporcionalidade intrínseca, 206, 209, 214
Lógica
　definição da, 72
　valor da, 123

M
Materialismo, 151, 179, 205
　crítica ao, 181, 186
Mathesis
　suprema, 131
　　saber como, 131
Metafísica
　como ciência positiva, 210
　crítica à impossibilidade da, 223
　definição da, 202, 204
　de Leibniz, 221
　e abstração de terceiro grau, 203
　e abstração formal, 206
　especial, 202
　fronteiras da, 200
　geral, 202
　greco-romana, 220, 259
　impossibilidade (kantiana) da, 219
　objetividade da, 212
　objeto de estudo da, 206, 220
　possibilidade da, 210
　possível como ciência, 201

racionalístico-leibniziana, 220
validez da, 216
validez objetiva da, 209
Método
   científico, 161
      fundamentos do, 161
   das diferenças, 161
   de concordância, 161
   dos resíduos, 161
   socrático
      definição do, 170
Metropolitano
   displicência do, 19
Modernidade, 116
Mostração
   definição de, 159
Mundo
   como *res ficta*, 27
   das formas, 244
   exterior
      negação do, 145
      realidade do, 145
   fenomênico, 244
Mundo-verdade, 243
Mutação
   acidental, 189
   de lugar, 189
   qualitativa, 189
   substancial, 189

N
Nada
   absoluto, 208
   negação do, 111
   anelo do, 119
   relativo, 208
Náusea, 116
Necessidade, 220
Negação, 14
   definição de, 45
   filosofias da, 14
Neoescolástica, 51
Neopositivismo, 85
Nietzsche
   grande profeta do século XIX, 9
Niilismo, 9, 166, 226
   ascensão do, 9
   como miséria intelectual, 14
   e nada absoluto, 10
   e sofística grega, 12
   invasão do, 10, 254
   moderno, 10
Nominalismo, 154
   refutação do, 155
Noumeno, 221
   etimologia de, 221
Número
   definição de, 142

O
Observação, 161
   pura, 161
Ontologismo, 151
Operação
   intelectual, 93
   sensível, 93

Opinião
  definição de, 131

P
Panteísmo, 151
Pensar
  como mutação, 191
Pessimismo, 22, 40
Petições
  de princípio, 103
Pitagorismo, 131, 217, 245
  como seita iniciática, 246
  iniciático, 131
  simpatizante, 131
Platão
  como pitagórico, 217
Platonismo
  fundamentos do, 156
Polêmica
  dos universais, 206, 221
Potência, 112
Primeiro, 190
Princípio
  da certeza, 104
  de causalidade, 162
  de contradição, 54, 108
  de evidência, 107
  de identidade, 53, 108
    validez do, 54
  de razão suficiente, 162
  ontológico, 104
Privação, 112
Pseudoproblema, 43

Psicologia
  empírica, 80
Psicologismo
  histórico, 113

R
Racionalismo
  de Descartes, 72
  de Hegel, 74
Rationalitas, 233
  dos escolásticos, 89
Real
  definição de, 202
Realidade
  exterior, 145
Realismo
  definição de, 68
  exagerado, 154, 156, 207
  moderado, 154, 157
  platônico, 156
Relativismo, 47, 52
  aspecto positivo do, 142
  definição de, 52, 75
  e Protágoras, 53
  fundamento do, 52
  particular, 52
  psicológico, 113
  universal, 52, 75
    refutação do, 59
Religiões
  primitivas, 243
Ritornello, 20
Romantismo, 115

S
Sensação
    definição de, 140
Separação
    ânsia de, 14
Ser
    definição de, 45
    incausado, 210
    primeiro, 188
        transcendência do, 188
    supremo, 216
Silogismo, 146
    como juízo analítico, 160
    definição de, 159
Símbolo, 95
    emergência do, 95
Simultaneidade, 184
Síncrise, 10
Síntese
    transcendental, 13
Sistema
    artesanal, 11
Sociedade
    escravagista, 11
    industrial, 11
    moderna, 11
Sofista
    moderno, 10
Sofística, 10
    denúncia da, 16
Solipsismo, 65, 147
Solução
    aristotélico-escolástica, 222

Subjetivismo, 151
Subsistente
    definição de, 207

T
Tempo
    conceito de, 174
    definição de, 194
Teologia
    moral, 191
    religiosa, 124, 191
Teoria
    da abstração
        de Aristóteles, 80, 212
    da tábula rasa, 213
    gnoseológica
        de Aristóteles, 232
        de Platão, 240
Transcendência, 12
    sintética, 13
Três princípios
    de Balmes, 51
Trindade
    tese da, 126

U
Unidade
    de similitude, 153
    de singularidade, 153
    essencial, 153
Universais
    tema dos, 151
Universal

    como ser, 152
    direto ou metafísico, 152
    lógico, 153
    reflexo, 153
Universalidade, 220

V
Verdade
    absoluta, 71
    critério de, 102
    da palavra, 93
    definição kantiana da, 85
    fenomenal, 85
    gnoseológica, 83
    intelectual, 72
    lógica, 83, 94, 95, 101
        definição da, 84
    ontológica, 83, 92-93
    ontológica da coisa, 95
    vivida, 72
Verificação, 95
Verossimilhança
    definição de, 60
    e verdade, 60

Índice onomástico

Alexandre (o Grande), 160
Anaxágoras, 246
Aristóteles, 62, 79-80, 88, 104, 112, 131, 136, 159, 165, 189, 212-13, 215-16, 221, 232, 239, 241-42, 245, 265, 277-82, 284-85
Bach, Johann Sebastian, 228
Balmes, Jaime, 51
Bañez, Domingo, 135
Beethoven, Ludwig van, 228
Bergson, Henri, 72, 136, 154, 281
Berkeley, George, 143, 285
Biel, Gabriel, 154
Buridan, Jean, 154
Camões, Luís de, 228
Cervantes, Miguel de, 228
César, Júlio, 160
Copérnico, Nicolau, 115
Cuvier, Georges, 231
Demócrito, 143, 182, 285
Derrida, Jacques, 270
Descartes, René, 51, 72, 105-07, 135-36, 142-43, 166, 222, 258, 276, 281, 285
Dewey, John, 154
Dilthey, Wilhelm, 113, 285
Epicuro, 154
Euclides, 99-100, 132
Galileu Galilei, 62-63
Glotz, Gustave, 230

Gomperz, Theodor, 230
Hamilton, William, 80
Hegel, G. W. F., 74, 79, 135-36, 143, 258, 274, 281, 285
Heidegger, Martin, 74, 80, 136, 258, 274, 282
Heráclito, 143, 154, 243-44, 246, 285
Hume, David, 140, 154, 200, 258, 271
Husserl, Edmund, 80, 281
James, William, 154
Kant, Immanuel, 6, 73, 79, 85, 135-36, 140, 143, 154, 199-201, 219-223, 258-59, 267, 273, 281-83, 285
Kierkegaard, Søren, 74
Leibniz, G. W., 12, 135-36, 220-22, 241, 258, 271, 274, 281
Machado de Assis, 261
Mill, John Stuart, 154, 160
Mozart, Wolfgang Amadeus, 228
Newton, Isaac, 12
Nietzsche, Friedrich, 9, 113, 120, 166, 226, 274, 281, 285
Ockham, Guilherme de, 154
Ortega y Gasset, José, 113, 285
Parmênides, 111, 143, 246, 284-85
Pitágoras, 63, 130-32, 223, 230-32, 244-45, 280-81, 284-85
Platão, 6, 88-89, 92, 111-12, 131, 165, 170, 207, 211-17, 232, 235, 240-42, 245-46, 265, 270-72, 277-81, 284-85

Protágoras, 53
Ptolomeu, 115
Ribot, Théodule-Armand, 154
Roscelino de Compiègne, 154
Russell, Bertrand, 207
Santo Tomás de Aquino, 135, 192, 279
São Boaventura, 135
Scot, Duns, 135-36
Sócrates, 16, 170, 246-71, 274, 280
Spengler, Oswald, 113, 285
Spinoza, Baruch, 135, 258, 281
Suárez, Francisco, 135
Taine, Hippolyte Adolph, 154
Tales de Mileto, 243
Tzu, Chuang, 277
Vázquez, Gabriel, 135
Wittgenstein, Ludwig, 274
Wolff, Christian, 136, 220, 222

Você pode interessar-se também por:

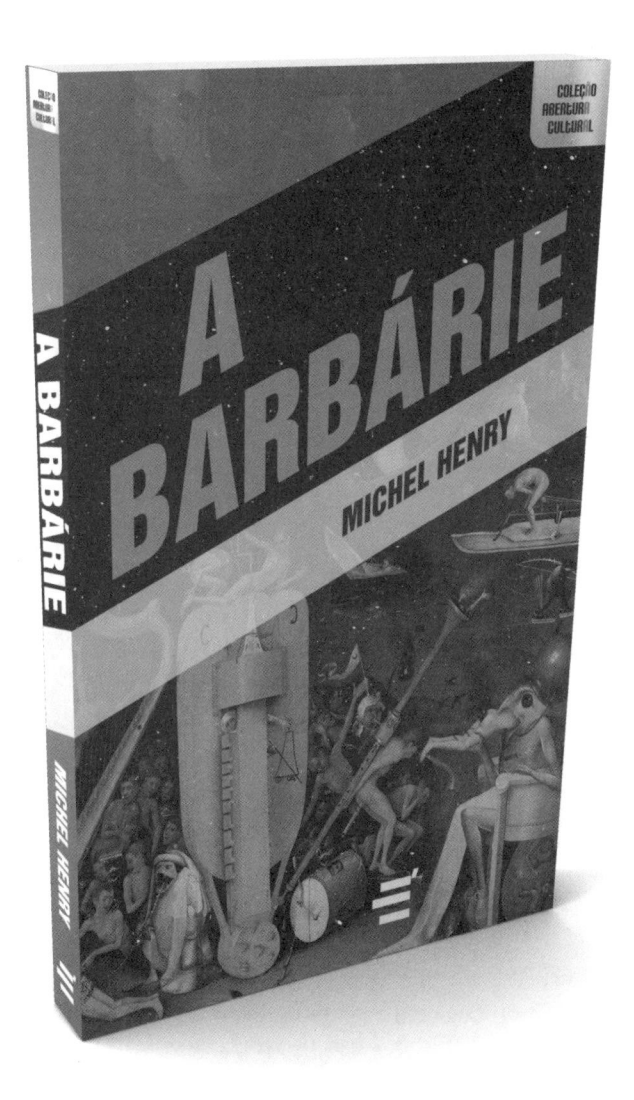

A BARBÁRIE
MICHEL HENRY

Uma constatação simples e paradoxal de nossa época: o desenvolvimento sem precedentes do saber caminha lado a lado com o desmoronamento da cultura. Pela primeira vez na história da humanidade, saber e cultura divergem. A análise oferecida por Michel Henry é urgente para pensarmos nas formas possíveis de resgatar a vida cultural que se degrada a cada dia.

Filosofia da Crise ocupa um lugar de destaque na vasta produção de Mário Ferreira dos Santos. O filósofo discute o conceito de crise em seus diferentes matizes: econômico, moral, ético ou comportamental, artístico ou social. Trata-se de tema bastante atual, que deve interessar a todos aqueles que queiram tanto aprofundar seu conhecimento da obra do pensador brasileiro quanto entender com novos olhos o mundo contemporâneo.

facebook.com/erealizacoeseditora   twitter.com/erealizacoes   instagram.com/erealizacoes   youtube.com/editorae

issuu.com/editora_e   erealizacoes.com.br   atendimento@erealizacoes.com.br